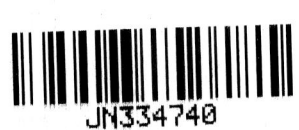

一生に一度だけの旅 *discover*

世界の四季

ベストシーズンを楽しむ

マーク・ベイカー他 著　藤井留美 訳

米国ミシガン州を流れるオ・セーブル川の秋。
両岸が紅葉で彩られている。

一生に一度だけの旅 *discover*

世界の四季

ベストシーズンを楽しむ

マーク・ベイカー他 著　藤井留美 訳

フランス、ノルマンディー地方のバランソル高原は、ラテン語で「太陽の谷」という意味。陽光を浴びてラベンダーとヒマワリが咲きほこる。

目次

カナダ、ウィスラーの名物ゲレンデ、セブンス・ヘブン・エクスプレス。その名のとおりスキーヤーにとって天国で、絶景の中でダイナミックな滑りを満喫できる。

旅人の暦はいいところどりだ。
刻々と変化する空気の中で、
完璧な瞬間に向けて時間と場所が収束していく。

はじめに

アンドリュー・エバンズ
ナショナル ジオグラフィック トラベラー誌編集者

12月後半のロシアのサンクトペテルブルクほど、寒さがこたえるところはない。息を吸うたびに氷点下の空気が肺に刺さり、胸が痛くなる。ここはピョートル大帝が建設した堂々たる都。中心部を流れるモイカ川もすっかり凍結して、氷の板になっている。川に面して並ぶパステルカラーの建物はケーキのようだ。暖を求めて喫茶店に飛び込めば、着ぶくれした人々が濃いチャイをすすっている。赤ら顔のウェイトレスは「今度は6月の白夜にいらっしゃい」と言う。けれども昼間の時間が長い夏のロシアではなく、あたり一面真っ白で、太陽がすぐに沈む、清らかで静寂に包まれた冬のロシアに出会えて、私は満足だ。

冬は私の好きな季節だが、春はまた格別だ。オランダではチューリップが一斉に花開き、色とりどりの縞模様がどこまでも広がる。ボーイスカウト時代、米国ウェストバージニア州の激流を制覇した思い出がよみがえる。青春時代を過ごしたフランスでは、サント・マリー・ド・ラ・メールの巡礼祭に遭遇した。ロマの哀調を帯びた歌声とともに聖サラの彫像が町を練り歩き、ミルキーブルーの地中海を目指した。やっぱり夏はいいなと思う間もなく、紅葉が燃えたつ秋が訪れ、ブドウ畑が収穫のときを迎える。

旅人の暦はいいところどりだ。刻々と変化する空気の中で、完璧な瞬間に向けて時間と場所が収束していく。さまよう者は、それぞれの季節が最も輝く風景を発見する。この本には、今ここにしかない美しさが詰まっている。ケニアのピンクフラミンゴの大群、ポリネシアで咲きほこるバニラの花の甘い香り。ノルウェーのオーロラ、インドのぜいを尽くしたモンスーン・ウェディング。ページをめくるたびに世界各地の四季折々の楽しみが現れて、旅の手がかりを教えてくれる。旅はどこに行くかだけでなく、いつ行くかも大切な要素なのだ。

春　P.10-77

1. サン・フアン・カピストラーノ（米国カリフォルニア州）P.12
2. クレーターズ・オブ・ザ・ムーン（米国アイダホ州）P.13
3. セオドア・ルーズベルト国立公園（米国ノースダコタ州）P.14
4. ナッシュビル（米国テネシー州）P.15
5. インディアナポリス（米国インディアナ州）P.16–17
6. メンフィス（米国テネシー州）P.18
7. ニューオーリンズ（米国ルイジアナ州）P.19
8. オースティン（米国テキサス州）P.20–21
9. バーモント州（米国）P.22
10. ウェストバージニア州（米国）P.23
11. バージニア州（米国）P.24
12. オーガスタ（米国ジョージア州）P.25
13. グレート・スモーキー・マウンテンズ国立公園（米国テネシー州／ノースカロライナ州）P.26–27
14. 米領プエルトリコ（カリブ海）P.28
15. セントルシア（カリブ海）P.29
16. アンティグア島（アンティグア・バーブーダ）P.30
17. レオン（ニカラグア）P.31
18. テオティワカン（メキシコ）P.34
19. エクアドル（南米）P.35
20. グアテマラ高地（中米）P.36–37
21. ダブリン（アイルランド）P.38
22. ローモンド湖（英国スコットランド）P.39
23. アムステルダム（オランダ）P.42
24. スヘフェニンゲン（オランダ）P.43
25. ワッデン海国立公園（デンマーク）P.44
26. モンテカルロ（モナコ）P.45
27. パリ（フランス）P.46–49
28. サント・マリー・ド・ラ・メール（フランス）P.52–53
29. コモ湖（イタリア）P.54–57
30. ジローナ（イタリア）P.58–59
31. セビリア（スペイン）P.60
32. ドナウ・デルタ（ルーマニア）P.61
33. イスタンブール（トルコ）P.62–63
34. 聖カタリナ修道院（エジプト）P.64–65
35. フェズ（モロッコ）P.66
36. アトラス山脈（モロッコ）P.67
37. ビクトリア滝（ザンビア／ジンバブエ）P.70
38. ヤンゴン（ミャンマー）P.71
39. ジャイプル（インド）P.72–73
40. キエフ（ウクライナ）P.74–75
41. 大阪と東京（日本）P.76
42. 日本（アジア）P.77

夏　P.78-161

1. バンクーバー（カナダ）P.80
2. イヌビック（カナダ）P.81
3. アラスカ州（米国）P.82–85
4. カルガリー（カナダ）P.88
5. サンフアン諸島（米国ワシントン州）P.89–91
6. パシフィック・クレスト・トレイル（米国カリフォルニア州／オレゴン州／ワシントン州）P.92–93
7. テルライド（米国コロラド州）P.94
8. トラバースシティー（米国ミシガン州）P.95
9. デモイン（米国アイオワ州）P.98
10. モントリオール（カナダ）P.99
11. ブルー・ヒル（米国メーン州）P.100–101
12. ニューポート（米国ロードアイランド州）P.102
13. ワシントンD.C.（米国）P.103
14. シンコティーグ（米国バージニア州）P.106–107
15. ポーレイズ島（米国サウスカロライナ州）P.108
16. コッパー・キャニオン（メキシコ）P.109
17. ラ・ティラナ（チリ）P.110
18. チャパダ・ディアマンティナ国立公園（ブラジル）P.111
19. サクサイワマン（ペルー）P.112–113
20. ブエノスアイレス（アルゼンチン）P.114
21. アイスランド（ヨーロッパ）P.115
22. エディンバラ（英国スコットランド）P.118–121
23. コーンウォール海岸（英国イングランド）P.124
24. ゴットランド島（スウェーデン）P.125
25. スバールバル諸島（ノルウェー）P.126–127
26. バルト海（ヨーロッパ）P.128
27. サンクトペテルブルク（ロシア）P.129
28. ジェレス（ポルトガル）P.130
29. ピレネー山脈（スペイン／フランス）P.131
30. プロバンス地方（フランス）P.132–133
31. スイス（ヨーロッパ）P.134–135
32. ザルツブルク（オーストリア）P.136
33. シエナ（イタリア）P.137
34. サントリーニ島（ギリシャ）P.140–141
35. ベローナ（イタリア）P.142
36. オカバンゴ・デルタ（ボツワナ）P.143
37. ナクル湖（ケニア）P.144–145
38. ルワンダ／ウガンダ／コンゴ共和国（アフリカ）P.146
39. ナミビア（アフリカ）P.147
40. ケープ・ワインランズ（南アフリカ共和国）P.148–151
41. モンゴル（アジア）P.152
42. 香港（中国）P.153
43. 富士山（日本）P.154
44. タヒチ（フランス領ポリネシア）P.155
45. グレート・バリア・リーフ（オーストラリア）P.156–157
46. カカドゥ国立公園（オーストラリア）P.158
47. スノーウィー・マウンテンズ（オーストラリア）P.159
48. クイーンズタウン（ニュージーランド）P.160–161

冬　P.228-309

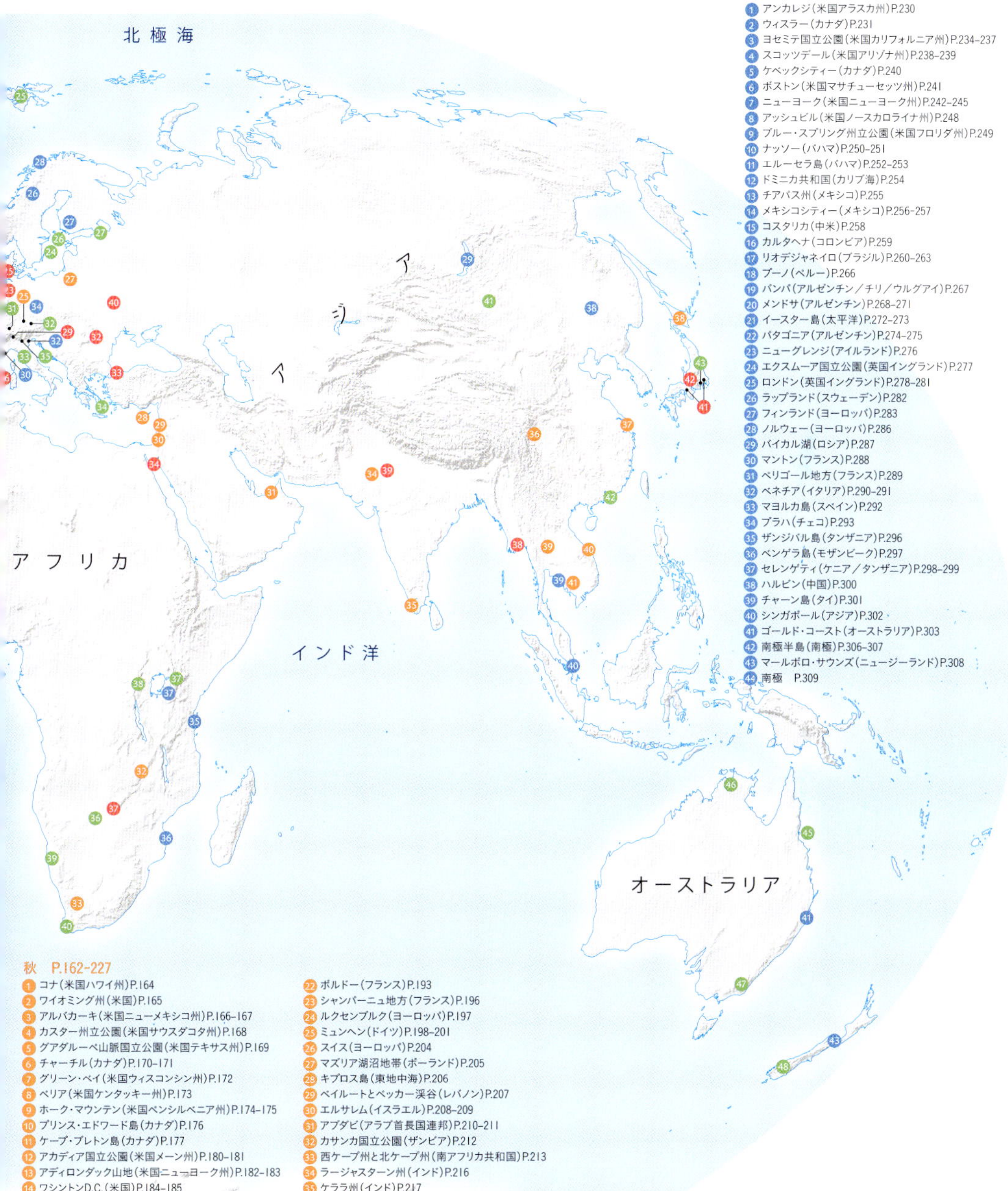

秋　P.162-227

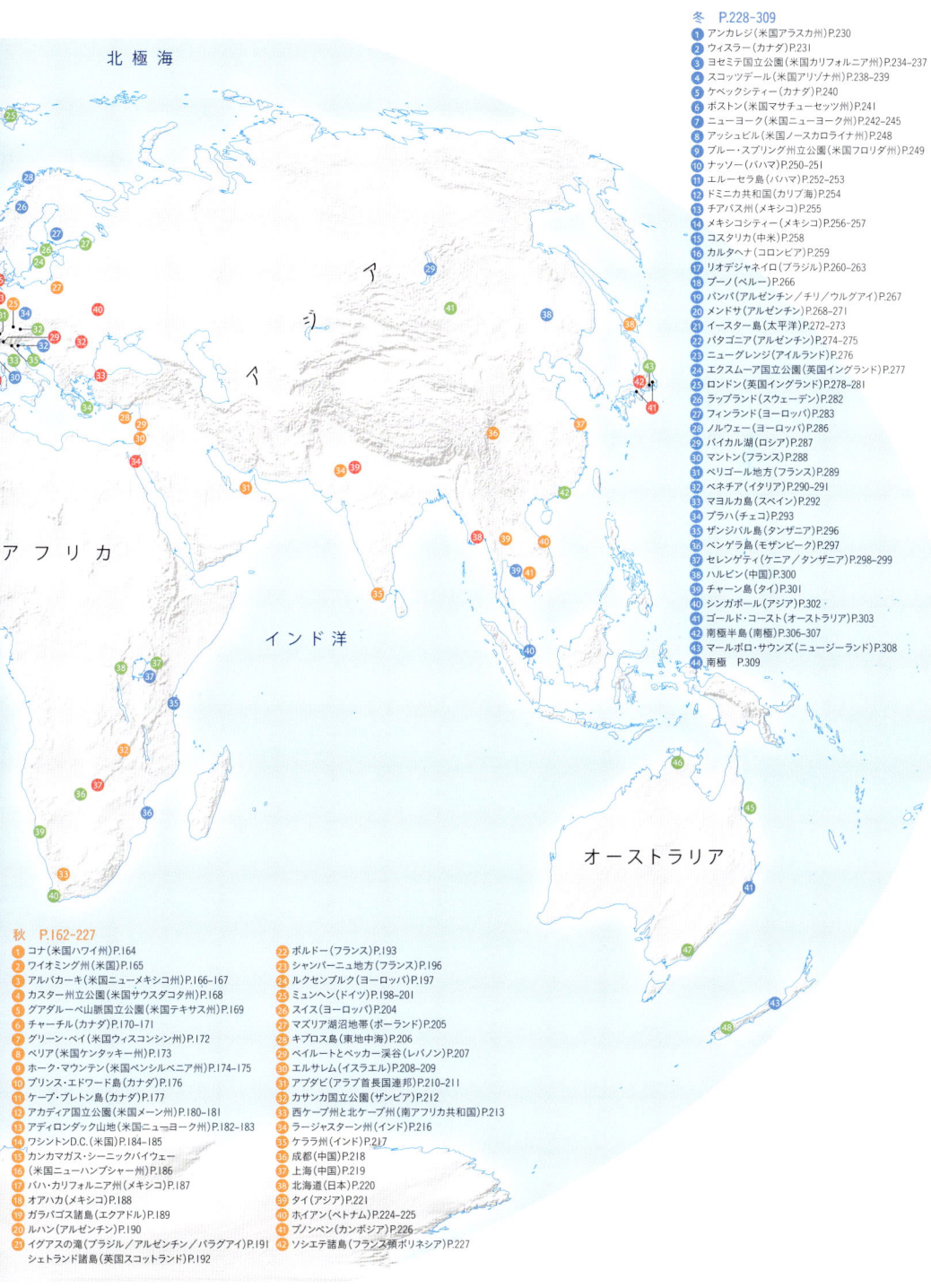

春

咲きほこる花々、動物たちの行進、
カリブ海のサンゴ礁、そして世界の音楽を楽しむ。

名古屋城を彩る満開の桜。17世紀初頭に築城されたが、1945年の空襲で大部分を焼失。1959年に天守などの外観が復元された。

米国カリフォルニア州

サン・フアン・カピストラーノ

毎春戻ってくるツバメとともに、歴史ある伝道所を訪ねる。

サン・フアン・カピストラーノ伝道所では、聖ヨセフの日である3月19日に、その年最初のツバメがやってくるという。実際には、気の早いツバメや遅刻してくるツバメもいるが、暦を見ているわけではないから仕方がない。

100年ほど前には、飛来するツバメで空が暗くなるほどだった。日干しれんがを積み上げたサン・フアン・カピストラーノ伝道所の壁は、ツバメが羽根を休めるために作られたかのようだ。ツバメたちは鐘の音に合わせてにぎやかにさえずったのだろう。細長いセラ礼拝堂に入れば、黄金の祭壇の前で信者がお供えしたろうそくが、羽ばたきのように揺らめいている。ツバメの数は減る一方だったが、伝道所の努力が実り、今では春になると数千羽が飛来する。礼拝堂の開いた窓から聴こえてくるツバメたちの歌声は止むことがない。

ここに注目

ミッション・トレイル

サンディエゴからサンフランシスコ北部に至る旧街道、エル・カミーノ・レアルには、1760年代～1820年代にスペイン人宣教師が建設した伝道所が21カ所ある。およそ1日歩けば、次の伝道所に着く。伝道所には農場や鍛冶屋などの工房があり、教会は静かな礼拝堂から、毎日ミサが行われ、信者でにぎわう教会まで、さまざまだ。伝道所をたどるミッション・トレイルは、国道101号線とほぼ重なる。
www.parks.ca.gov/?page_id=22722

■ 旅のヒント　**サン・フアン・カピストラーノ**　www.sanjuancapistrano.org　**伝道所**　ロサンゼルスから南に車で1時間、伝道所は町の中心部にある。www.missionsjc.com

サン・フアン・カピストラーノ伝道所。日が暮れてねぐらに戻るツバメを、鐘が静かに待っている。

アイダホ州南部のプロングホーンの大移動。
まだ雪は残っているが、春の訪れは近い。

米国アイダホ州

クレーターズ・オブ・ザ・ムーン

西部の国立モニュメントを駆け抜けるプロングホーンの群れ。

クレーターズ・オブ・ザ・ムーン国立モニュメント・保護区は火山岩の荒涼とした風景が広がるが、3～4月だけ生命が躍動する。レイヨウの仲間で、首回りの白い毛が特徴のプロングホーンが、冬の餌場から夏を過ごすパイオニア山地に大移動するのだ（10月には逆方向に移動）。

数百頭にもなる群れの移動ルートはほぼ定まっていて、国道20、26、93号線に平行する。野生動物学者トッド・ステファニックによると、「通り道は地面の色も変わるので、グーグルアースでも確認できる」という。約1カ月におよぶ大移動に出会えるかどうかはタイミング次第。ドライブ中、あるいは吹きさらしの草原をハイキングした後に目撃できるかもしれない。ただし、近づけるのはせいぜい90メートルまで。プロングホーンは極度の怖がりで、逃げ出すときは時速80キロ以上にもなる。

ここに注目

ヘミングウェイとアイダホ

作家のアーネスト・ヘミングウェイは1950年代後半以降、クレーターズ・オブ・ザ・ムーンから車で90分ほどのケッチャムで晩年を過ごした。隣接するサン・バレー・リゾートに出かけては、ゲーリー・クーパーといった映画スターと遊んでいた。また、周囲の山や渓谷で狩猟と釣りを満喫。特にシルバー・クリークでマス釣りを堪能した。彼の息子ジャックの尽力で、一帯は自然保護区に指定された。ケッチャムにある彼の墓のそばには、3本の常緑樹が伸びる。

www.nature.org

■旅のヒント　**クレーターズ・オブ・ザ・ムーン国立モニュメント・保護区**　移動の時期は短いので、最新情報はウェブサイトなどで確認を。www.nps.gov/crmo/naturescience

公園内にはアメリカバイソンやプレイリードッグのほか、約100頭の野生馬も生息していて、時折道路に降りてくる。

米国ノースダコタ州

セオドア・ルーズベルト国立公園

草原をハイキングし、太古の地層や化石化した森に息をのむ。

セオドア・ルーズベルト国立公園は、夏の観光シーズンは混雑し、冬は厳しい寒さがひたすら続く。ここならではのバッドランドや野生動物（アメリカバイソン、野生馬、プレーリードッグなど）を楽しむなら、晩春がいい。公園の解説広報責任者アイリーン・アンデスは、「ルーズベルトはこの地で、ニューヨークのやせっぽちの若造から本物のカウボーイに成長し、自然保護の理念を培った」と話す。

公園の南地区から入ってすぐ左に曲がってメドラのビジターセンターで地図をもらい、ピースフル・バレー・ランチへの行き方を教わって、飲み水を補給する。少し車を走らせた後、ややきついコースを歩いて、米国最大級の珪化木（化石化した木）の群落を目指す。プレーリー独特の背丈の高い草をかきわけ、異世界のような地層のそばを通る。「まさに荒野。ほかにはない風景です」とアンデス。

おすすめの宿

コットンウッド・キャンプ場

夜は冷えるが、フリースの上着に指先の開いている手袋、キャンプファイアーがあれば十分しのげる。敷地内を通りすぎるアメリカバイソンの群れを見たら、少々の不便は吹きとぶはず。このキャンプ場はバッドランドと呼ばれる荒れ地をリトル・ミズーリ川が流れる絶景が楽しめ、毎年訪れるリピーターが多いのもうなずける。1泊10ドル、先着順ですぐに満杯になるが、遅い春が訪れる時期なら入りやすい。
www.nps.gov/thro/planyourvisit/cottonwood-campground.htm

■ 旅のヒント　**セオドア・ルーズベルト国立公園**　www.nps.gov/thro　**ラフ・ライダーズ・ホテル**　メドラにある。セオドア・ルーズベルトが米西戦争従軍時に所属していた義勇騎兵隊の愛称に由来。www.medora.com

米国テネシー州

ナッシュビル

大物歌手や有名ソングライターのステージを夜ごと聴く。

ナッシュビルを楽しむなら、外歩きが気持ちいい春先がおすすめだ。ティン・パン・サウス・ソングライターズ・フェスティバルで、ナッシュビルの神髄に触れることができる。フェスティバルは、市内のライブハウスを舞台に5夜にわたって繰り広げられる。シンガーソングライターの大物や、ヒット曲を手がけて歌手をスターダムに押し上げたソングライターがステージを盛り上げる。ソングライターの自作自演を生で聴くのは格別だ。

ティン・パン・サウスは、業界の重鎮にも新たな情熱を吹き込む。アカデミー賞受賞者で、米国作曲家作家出版者協会の会長を務めるポール・ウィリアムズはこう話す。「初めてナッシュビルを訪れたのは、大成功を収めてから何年もたった後だった。それでもティン・パン・サウスに行くと、音楽とその誕生の地に本気で恋してしまうんだ」

食の楽しみ

ファーマーズ・マーケット

ジャマイカウェーのコラード（ケールの変種）、人気シェフのアーノルド・ミントがAM@FMで出す本日のおすすめ、地元産のイチゴやカブの若葉など、ナッシュビル・ファーマーズ・マーケットの屋台やレストランは、春になるとおいしいものであふれる。味見しながら一通り見てまわったら、産地直送の南部の春の味覚を買ってみよう。写真に収めるだけでも楽しい。車だとつい買い込んでしまうが、新鮮な野菜や果物は傷みやすいので、トランクに詰めすぎないように。

nashvillefarmersmarket.org

■ 旅のヒント　**ナッシュビル**　www.visitmusiccity.com　**ティン・パン・サウス・ソングライターズ・フェスティバル**　www.tinpansouth.com

楽器を持ってナッシュビルのブロードウェーを渡るミュージシャンたち。「ロワー・ブロード」に並ぶナイトクラブで、これから仕事だろうか。

米国インディアナ州インディアナポリス

インディアナポリス500マイルレース

「ターン4に入ると、緑色のフラッグが振られる。
重さ730キロの金属のスズメバチの群れが重たい羽音を響かせ、すさまじい爆音を残して観客席の前を通りすぎる。とにかくやかましくて、おっかなくて、興奮する」

ゲーリー・マケシュニー、旅行ライター

1911年に始まった自動車レース、インディ500は、世界最大の規模を誇るインディアナポリス・モーター・スピードウェーで、毎年5月最後の週末に開催される。
写真：コーナーを曲がるサム・ホーニッシュ Jr.。

米国テネシー州

メンフィス

ブルースの都は、5月にバーベキュー世界選手権で盛り上がる。

メンフィスはバーベキューを愛してやまない町だ。バーベキュー選手権の公認審査員を務める、地元テレビの気象予報士ロン・チルダーズは、「メンフィス名物は教会とバーベキュー。どの町角にもかならずある」と語る。毎年5月に開かれるバーベキュー・クッキング世界選手権の舞台にぴったりだ。出場者はさまざまな大きさや形のバーベキュースモーカーを持ち込み、自慢のレシピを披露する。食品衛生法の関係で観客がお相伴に預かることはできないが、飾り立てたテントやスモーカーを見て歩こう。飛行機形のスモーカーを使ったパイロットの団体もあったそうだ。

お腹が空いたら、バーベキューレストランへ。チルダーズが勧めるメニューはクラシックカット。「メンフィスのバーベキューは、ポークリブかポークショルダー、あるいは豚1頭丸ごと。スパイスをしっかりすり込むんだ」

ここに注目

ビール・ストリート・ブルース

ビール・ストリートはミシシッピ川を起点に東西に延びる2マイル（3キロ）ほどの通りで、20世紀前半、ひと旗揚げたいミュージシャンが集まり、アップビート・ブルースが生まれた。第二次世界大戦後はさらに先鋭的になり、ハウリン・ウルフやB・B・キングらが、ここから世界へと羽ばたいていった。観光地と化した今でもその魅力は健在で、どの店に入っても外れはない。メンフィス・ブルースからロックンロールまで、さまざまな音楽を楽しめる。
www.bealestreetonline.com
www.bealestreet.com

■旅のヒント　**メンフィス**　www.memphistravel.com　**バーベキュー・クッキング世界選手権**　www.memphisinmay.org

メンフィス名物のバーベキュー。ターキーのドラムスティックやポークのベビーバックリブも試してみよう。

2012年のフェスティバルで演奏する、ギタリストのバスティ・ジャクソン。

米国ルイジアナ州

ニューオーリンズ

文化のるつぼのような町で、ジャズ・フェスティバルに身も心も陶酔する。

ニューオーリンズ・フェア・グラウンズ・レース・コースに鳴り響く音楽は、世界共通のものから、ケイジャンやザイデコといったルイジアナ独特のものまで、さまざま。ジャズはその1つに過ぎない。1970年から毎年4月末に開催されるニューオーリンズ・ジャズ＆ヘリテージ・フェスティバルは、音楽はもちろん、美食、文学、芸術、文化など、音楽と深い関わりがあるすべての伝統を祝福する。

4月後半は夏の気配が感じられるものの、ルイジアナ特有のじっとりした暑さは始まっていない。フェスティバルにはブルース・スプリングスティーンといった一流アーティストや、ファッツ・ドミノやプリザベーション・ホール・ジャズ・バンドなどニューオーリンズのレジェンドも出演する。会場には12のステージがあり、即興のショーがそこかしこで始まる。耳を開放して気ままに散策しよう。

ここに注目

ジョージ・ウェインの遺産

このフェスティバルを発案したのは、ジョージ・ウェイン。ニューポート・ジャズ・フェスティバルの創始者でもある。1954年に第1回が開かれたニューポートは、それまで薄暗いナイトクラブに引きこもっていたジャズミュージシャンたちが、幅広い聴衆に演奏を披露する画期的な場となった。ニューオーリンズで始まった1970年には、ジャズ・フェスティバルはすでに人気を確立していたが、ウェインが目指したのは、この町の生命力旺盛な文化が育んだ幅広い音楽を紹介するフェスティバルだった。

■旅のヒント　**ニューオーリンズ・ジャズ＆ヘリテージ・フェスティバル**　チケットはチケットマスターの店舗かオンライン、ニューオーリンズ・アリーナで購入できる。www.nojazzfest.com

米国テキサス州オースティン

サウス・バイ・サウスウェスト

カリフォルニア州ロサンゼルスからテキサス州オースティンに向かう飛行機は、アーティスト風情の乗客でいっぱいだ。早春のこの時期、世界中のとんがった若者たちがオースティンを目指す。お目当ては、音楽・映画・インタラクティブテクノロジーの一大イベントであるサウス・バイ・サウスウェスト、通称「サウスバイ」だ。

3月初旬から10日間開かれるサウスバイは巨大パーティーのようだが、真面目にテーマを掘り下げる講演やワークショップ、展示企画も用意されている。第2のマーク・ザッカーバーグ（フェイスブック創業者）を目指して、インターネットやゲームの新しいアイデアを売り込む若者たちの熱気に圧倒される。ザッカーバーグもサウスバイで講演したことがある。今や世界最大のSNSとなったツイッターも、2007年にここで初めて紹介された。現役の大学生や野心的な若者たちが、20年前には存在もしていなかった業界で一旗揚げようと懸命に売り込む姿は壮観だ。

テクノロジー関連の催しが一段落すると、酒と音楽が本格始動だ。ジェイ・Z、フー・ファイターズ、メタリカ、ホワイト・ストライプスといった人気アーティストに加え、大御所やインディーズも参戦し、ステージとバーは大いに盛り上がる。セントラル・オースティンにあるバーでは、今まで聴いたことのない斬新なサウンドに触れることができる。数日間で15のバンドを聴いたが、1980年代に大人になった私が最高に感激したのは、デュラン・デュランだった。すっかりおじさんになっていたが、汗が飛び散る熱いステージは相変わらずで、満員の観客も大興奮だった。

そんなサウスバイを体験したい人に、私からのアドバイス。歩きやすい靴で行くこと！

著者　**リサ・リン**

オプラ・ウィンフリー・ネットワークの番組「私たちの米国」のエグゼクティブ・プロデューサーでホストも務める。CBSの「ザ・ジョブ」の司会も担当。

サウスバイは、新興企業から売り出し中のバンドまで、次世代のビッグスターをいち早く発見できるショーケースだ。
写真：水玉模様の衣装が特徴のピペッツ。

ウェスト・ブラトルバロ近郊で、馬が引くタンクにサトウカエデの樹液を集める農家。昔ながらの光景だ。

米国

バーモント州

採れたての香り高いメープルシロップで、ひと足お先に春を味わう。

ほとんどの農場では植えつけも始まっていない春先、バーモント州の農家は収穫期を迎える。樹齢を重ねたサトウカエデが多いこの州は、メープルシロップの生産量が全米一だ。この時期いちばんのお楽しみが、北部のセント・オールバンズで50年近く前から4月に開催される、バーモント・メープル・フェスティバル。フェスティバルの共同運営委員長、キャロリン・パーレイ「味見は明るい色のものから始めて、濃い色に移るのがコツ」と話す。

メープルシロップ作りを見るなら、フェスティバル前に現地に入ろう。雪が積もったサトウカエデの木立を歩きながら樹液を採取し、シュガーハウスと呼ばれる作業所で煮つめると、甘い湯気が当たりに流れ出す。「バーモント・メープルシロップ」を名乗れるのは、無添加で100パーセント天然のものだけだ。

おすすめの宿

ファームステイで農場生活を満喫

■フォー・スプリングス・ファーム
キャビンとキャンプサイトがある。朝の日課を手伝い、自分で食べる野菜を収穫する。www.fourspringsfarm.com

■ホリスター・ヒル・ファーム　家族経営の小さな農場で、乳牛の世話をし、搾りたてのミルクを飲む。泊まるのは、19世紀初頭に建てられた母屋だ。
www.hollisterhillfarm.com

■トレビン・ファームズ　鶏、馬、ヤギを飼い、無農薬野菜を栽培。搾ったヤギ乳は後でチーズ作りに使う。
www.trevinfarms.com

■ 旅のヒント　**バーモント・メープル・フェスティバル**　www.vtmaplefestival.org　**バーモント州メープルシロップ情報**　シュガーハウスはたいてい観光客歓迎だ。大半は通年開いているが、季節営業のところもある。vermontmaple.org

米国

ウェストバージニア州

激流下りはスリル満点で、美しい風景も魅力だ。

ウェストバージニア州南部の山岳地帯は川が多く、産業やレクリエーションに利用されてきた。川は大きく蛇行しながらゆったりと流れるかと思えば、激流となって白く泡立ち、切り立った崖を急降下する。

ホワイトウォーター・ラフティング（急流下り）で人気のニュー川に挑戦するなら、春がいい。雪解け水で水位が上がり、流れにも勢いがある。ゴーリー川は手ごわい急流と急勾配で知られ、大勢の人でにぎわうのはダムから放水される秋だが、春にも力強い魅力がある。リバー・マネジャーを務めるリック・ミラーは言う。「秋の川下りは予測がつくけど、最高に面白いのは春だ」

激しい川にも穏やかな顔を見せる所がある。美しい渓谷を流れるニュー川上流は、低い段差が続くので初心者におすすめ。流れが遅いところでは景色を思う存分眺めよう。

ここに注目

危険を避けるために

愛好者から初心者まで毎シーズン数千人も楽しむホワイトウォーター・ラフティングだが、常に危険と背中合わせだ。未経験者は時間をかけてラフティングの感触をつかもう。転覆時は急流を泳がなくてはならないので、健康状態や医師の制限を考慮して川を選ぶこと。ラフティング人気の高まりとともに、自然環境への悪影響も問題になっている。二酸化炭素の排出を減らすために、出発地までは車の乗り合いをしよう。キャンプをするときは、岸辺を守るために川から離れた場所で。

■ 旅のヒント　**ウェストバージニア州**　www.wvcommerce.org　**ワイルドウォーター・エクスペディションズ**　ウェストバージニア州でいちばん早くからアドベンチャーツアーを催行してきた業界の古株。www.wvaraft.com

ウェストバージニア州のゴーリー川。水煙が立ち上る激流を、パドル1つで下っていく。

米国

バージニア州

ブドウ畑が広がる田園風景と米国の歴史に思いをはせながら、春祭りを楽しむ。

ブルーリッジ山脈の麓に立つ、第4代米国大統領ジェームズ・マディソンの屋敷。バージニア州最古のワイン祭り、モントピーリア・ワイン・フェスティバルの舞台だ。地元のワイン農家が、同州産ブドウを使ったワインを出品する。1100ヘクタールの敷地でピクニックも楽しめる。

この地のブドウ栽培は、マディソンをはじめとする米国建国の父たちが始めた。彼らは博学の農学者でもあり、ヨーロッパに対抗するワイン産業を興そうと、第3代米国大統領トマス・ジェファーソンは、モンティセロにブドウを植えた。彼のブドウ栽培は失敗に終わったが、その伝統は現代のワイン農家に引き継がれている。フェスティバル最大の楽しみは、ワインの試飲だ。「ドライ、フルーティー、スパイシーなどいろいろな風味があります」と話すのは、地元のバーバラ・バナー。醸造家の話も興味深い。

ここに注目

建国の父はワインの父

トマス・ジェファーソンが米国にワイン造りを根づかせたことは、あまり知られていない。彼は所有するブドウ畑を熱心に世話していたが、ワインを造るには至らなかった。彼が育てていたブドウは、1980年代半ばにモンティセロで、イタリア出身のブドウ栽培研究者ガブリエレ・ラウッセが復活させた。「ジェファーソンが最初に植えたのはタバコだった」とラウッセは言う。「タバコは土を傷めることがわかり、ブドウ栽培を奨励したが、誰も耳を貸さず、タバコ栽培が普及した」。200年たった現在、ワイナリーは200を数える。

■ 旅のヒント　**バージニア州のワイン祭り**　モントピーリア　www.montpelierwinefestival.com、モンティセロ　monticellowinetrailfestival.com、アッシュ・ローン・ハイランド　www.ashlawnhighland.org

バージニアのワイン造りは、トマス・ジェファーソンの農業指導から始まった。

オーガスタ・ナショナル・ゴルフクラブの7番ホールで、プレーヤーの登場を静かに待つ観客たち。

米国ジョージア州

オーガスタ

歴史が息づく南部の町、オーガスタ。伝説のグリーンで一流選手のプレーを見守ろう。

アザレアのつぼみが膨らみはじめる毎年4月、世界のトップゴルファーがオーガスタに集結する。伝統のマスターズ・トーナメントの開幕だ。本選の入場バッジは手が出ないが、練習ラウンドなら庶民にもチャンスがある。チケットは抽選販売で、幸運な人は世界一有名かつ美しいと言われるコースで、一流のプレーを目の当たりにできる。クラブの正門から延びるマグノリア・レーンは、春には美しい散歩道になる。コースで最も低い場所にあるレイズ・クリークは、多くの選手のボールを無情にも飲み込んできた。

地元出身でファットマンズ・ミル・カフェを経営するブラッド・アスリーは、4月のオーガスタを「ほとんどカリビアン」と評する。「ハナミズキが満開で、気候が穏やかで朝は過ごしやすく、誰もがご機嫌だ」。サバナ川の岸辺を散歩し、南北戦争前に建てられた豪壮な屋敷を訪ねよう。

おすすめの宿

パートリッジ・イン

ジョージア州が東海岸の避寒地として人気だった100年以上昔、社交の舞台はサマービル歴史地区の中心部に立つパートリッジ・インだった。1836年に住宅として建設され、増築して145室のホテルとなってからは、一流プロゴルファーや有名人、米国大統領が宿泊。緩やかなカーブを描く長さ400メートルのポーチが往時をしのばせる。おすすめはサンデーブランチ。シュリンプ＆グリッツ（粗挽きトウモロコシのおかゆのようなもの）からピーカンパイまで、ディープサウスの味覚を楽しめる。www.partridgeinn.com

■ 旅のヒント　**オーガスタ**　www.augustaga.gov　**マスターズ・トーナメント**　練習ラウンド入場チケットのオンライン抽選登録は、前年のトーナメント終了後間もなく始まるが、倍率は恐ろしく高い。www.masters.com

米国テネシー州／ノースカロライナ州

グレート・スモーキー・マウンテンズ国立公園

「ノース（北）では春はぎりぎりまで息をひそめ、
それから全速力でやってくると、足元の宝物を蹴散らして去っていく。
でもここはサウス（南）の魂が息づくところ。
春は３カ月かけて少しずつ姿を現わしたと思うと、
力強く盛り上がってはじけ、色と香りと歌の洪水で土地を埋めつくす」

マーガレット・W・モーリー『カロライナの山々』1913年

テネシー州とノースカロライナ州の境にまたがるグレート・スモーキー・マウンテンズ国立公園は、面積2100平方キロ。森を伐採から守るために1934年に制定された公園で、動植物合わせて1万7000種と多様な生態系が息づいている。写真：オコナルフテー谷に訪れる夜明け。

ハワイの花々も嫉妬する色彩の饗宴。カリブ海は魚もサンゴもヒトデも極彩色だ。

カリブ海

米領プエルトリコ

スヌーバで海中散歩すれば、熱帯ならではのサンゴ礁が目の前に広がる。

プエルトリコ南部の海岸はうだるような暑さだが、水深4.5メートルの海中は別世界。ロイヤルブルーのスズメダイの仲間とたわむれ、ミドリイシというサンゴのトンネルをくぐり、大きなコンク貝が点在する海底を眺めながら、潮の流れに身をまかせる。スキューバダイビングで楽しむのかって？　いや、スヌーバだ。シュノーケリングとスキューバダイビングをいいところどりしたもので、マスクとフィンを着けるだけで、重たいタンクを背負う必要はなく、講習もライセンスも不要。腰に巻いたウェイトで海底に降り、空気はボートのタンクから送りこまれる。

プエルトリコでスヌーバを楽しむなら、春がいちばんだ。グアニカにあるコパマリーナ・ビーチリゾート＆スパからボートで出発。透明な水の中を泳いでいると、虹色の魚たちが目の前を横切り、見渡すかぎり青一色の世界が広がる。

ここに注目

プエルトリコの隠れた顔

プエルトリコの南西岸は隠れた楽園。サボテンの生えるグアニカ・ドライ・フォレスト保護区をハイキングしたり、グアニカ生物圏保護区にあるギリガンズ島にカヌーで渡ったり、カボ・ロホ灯台の断崖から夕陽を眺めたりしよう。太陽が照りつけるグアニカ村は、1898年に米軍が侵入し、プエルトリコが米領になるきっかけになった場所。植民地の面影を残すポンセでは、2月に1週間にわたるカルナバル・デ・ポンセが開かれ、ボンバやプレーナといった独特の音楽に合わせて、当時の衣装を着けたパレードが練り歩く。

■ 旅のヒント　**アクア・アドベンチャー**　スヌーバやスキューバダイビング、シュノーケリングツアーなどを催行。www.aquaadventurepr.com　**コパマリーナ・ビーチリゾート＆スパ**　www.copamarina.com

カリブ海

セントルシア

野生のランが咲きみだれる熱帯雨林をハイキング。

火山島のセントルシアは力強い美しさにあふれ、カリブ海でいちばん変化に富んだ風景が楽しめる熱帯の楽園だ。ここを訪れるなら、夏の雨期が始まる前で観光シーズンの谷間になる4～5月がいい。

セントルシアの熱帯雨林には全長47キロのトレイルが整備され、どこも絶景に息をのむ。野生のランやジャスミン、インドソケイ（プルメリア）が芳香を放ち、不思議な形をしたオウムバナ（ヘリコニア）の花の間をハチドリが飛びまわる。おすすめはミクードの町から近いパロット・トレイルで、4時間のハイキングだ。ガイドのファビアン・フィリップは「2010年にハリケーン・トマスが沿岸部を直撃した後、ここで巣作りをする鳥が増えた」と言う。なかでもセントルシア固有種のイロマジリボウシインコは、顔が鮮やかなブルー、喉が赤、翼が緑で、尾は黄色と華やかだ。甲高い鳴き声が聞こえたら、あたりを見てみよう。

最新ベストスポット

ナイト・ジップライン

スリル好きにおすすめなのが、夜間に木々の間に張られたワイヤーを滑車で滑降する「ナイト・ジップライン」だ。満月の夜、北部の町シャシンをガイドと一緒に出発して3時間、エコアドベンチャー・パーク内のイーグルズ・クローという窪地に到着。ぐらぐらする階段を上がり、ケーブルに身体を固定して、滑降開始だ。ヘッドランプに照らされた夜行性の動物たちが好奇心いっぱいにこちらを見つめる。終点のタランチュラズ・ネストに到着したら、懸垂下降でジャングルに降り立つ。
www.rainforestadventure.com

■ 旅のヒント　**セントルシア**　www.visitstlucia.net、www.saintlucia-tourism.com　**ファビアン・ツアーズ**　www.fabiantoursstlucia.com　**ATVパラダイス・ツアーズ**　www.atvstlucia.com

セントルシアにそびえるプチ・ピトン山とグロ・ピトン山は大きな火山の一部で、周囲には噴気孔があり、温泉が湧く。

アンティグア・バーブーダ

アンティグア島

シーズン最後を飾るセーリング・ウィークには数百隻のヨットが出場する。

カリブ海東部のアンティグア島を一周するヨットレース、セーリング・ウィーク。雨期が終わり、ハリケーンが襲来する前の4月末に毎年開催されるこのレースは格別だ。お祭り騒ぎとセーリングの真剣勝負。この2つの楽しみが、このレースを一大イベントにしている。

出場ヨットは大きさ、形状、国籍で29のカテゴリーに分かれて、3日間競う。その日の競技が終了すると、誰もが子どものようにはしゃぎ、ビーチパーティーに繰り出す。

「セーリング・ウィークは、カリブ海ヨットレースの原型です」と語るのは英国人のクリスティアン・レイノルズ。全長16メートルのノーザン・チャイルド号で6回出場した経験がある。緩やかなカテゴリーなら、出場ヨットのクルーに登録して乗船することもできる。南岸のネルソンズ・ドックヤードではコンサートなどの催しが目白押しだ。

ここに注目

アンティグアのネルソン提督

1784年、26歳の英国海軍将校ホレイショ・ネルソンはフリゲートのボリアス号でアンティグアに赴任。独立間もない米国の交易を阻止するために、航海法を執行するという気の進まない任務を帯びていた。ネルソンにしては珍しく職務を全うできず、ボリアス号に8カ月拘束されて軍事裁判寸前にまでなった。しかし私生活は充実しており、近くのネビス島で若い未亡人ファニー・ニズベットと知り合い、間もなく結婚する。1787年夏、ネルソンは英国に戻り、18年後にトラファルガー海戦に臨むことになる。

■ 旅のヒント　**アンティグア・バーブーダ**　www.antigua-barbuda.org　**アンティグア・セーリング・ウィーク**　www.sailingweek.com　**ノーザン・チャイルド**　ボートのクルーを募集。www.northernchild.com

クルーはレースに勝つために、あるいは速度を保つためにジブを整える。

たった数時間で路上に芸術作品が完成する。材料はおがくずだ。

ニカラグア

レオン

ラテンアメリカらしい華やかな聖週間のお祭りには、アートへの情熱がほとばしる

ニカラグア北西部の大学都市レオンは、宝石の原石だ。スパニッシュ・コロニアル様式の教会と学生向けバーが軒を連ね、革命壁画ははがれかけている。そんなこの町の古き良き伝統が、復活祭前の聖週間、セマナ・サンタだ。聖金曜日、目抜き通りはアルフォンブラ・デ・アセリン、すなわち「おがくずじゅうたん」の色彩で埋めつくされる。作業は夜半から始まり、手本の写真を見ながら、イエスや聖母マリアといった聖書の題材を、松葉や花弁、砂、色をつけたおがくずで描く。100年以上の伝統があるという。

「普段は絵など描かない住民も、我先に場所を取って描きます」と語るのはツアーズ・ニカラグアのジェネラルマネージャー、リカルド・レオナルディだ。家族や友人、見物人までもが、絵の描き方に口を出す。だがせっかく完成した労作も信者に踏まれて、あっという間に壊れていく。

食の楽しみ

メルカード・セントラル

聖週間においしいものを食べたければ、迷うことなくメルカード・セントラル（中央市場）に行こう。広場に屋台がひしめきあい、ウエボス・チンボス（蔗糖とアーモンドで卵を模した菓子）、マンゴーと栗のシロップ煮といったお菓子や、ガスパール（ガーという魚の干物）、イグアナのスープといった現地ならではの食べ物に出会える。ガジョ・ピント（豆ご飯）やパパ・レジェーナ（詰め物入りコロッケ）もおすすめ。食事のお供に人気なのは、トウモロコシの酒、チチャだ。

■旅のヒント　**レオン**　ホテルは早めに確保しよう。聖週間はスリが横行するので、貴重品に注意。www.visit-nicaragua.com、www.nicaragua.com　**カルチャーツアー**　www.toursnicaragua.com、www.vapues.com

Top10 屋外の花市場

バケツいっぱいに咲きほこる、珍しい花やおなじみの花。
花市場では五感が圧倒される。

1 クエンカの花市場
エクアドル、クエンカ

豊かな歴史を受け継ぐ古都クエンカには、スペイン植民地時代の教会が50以上残る。だが最大の魅力は、毎日開催の花市場だ。カテドラル・デ・ラ・インマクラダ・コンセプシオン（無原罪の御宿り大聖堂）のお膝元に、ランやオランダカイウ、バラを売る店が並ぶ。

www.cuenca.com.ec/cuencanew/en/node/163

2 マルシェ・オー・フルール
フランス、パリ、シテ島

200年の歴史がある花市場は、ボバリー夫人にひょっこり会いそうなベル・エポックな雰囲気が魅力。フリージア、ジャスミン、チューベローズの香りが当たりに漂う。日曜は鳥市になる。

www.parisinfo.com

3 ブロメンマルクト
オランダ、アムステルダム

シンゲル運河沿いに延びる「浮かぶ市場」、ブロメンマルクトは色彩の洪水だ。19世紀にチューリップ投機が過熱したのもうなずける。はしけを使った店には、クイーン・オブ・ザ・ナイトなどの有名品種があふれんばかりに並ぶ。球根や木靴ならお土産に持ち帰れる。

www.amsterdam.info/shopping/flowermarket

4 カンポ・デイ・フィオーリ
イタリア、ローマ

15世紀から続く小さな市場をローマっ子は愛してやまない。夜明けとともに農家が自然の恵みを運び込む。午後1時ごろまで営業しているが、最後は店主もおしゃべりに忙しく、バラをおまけしてくれるかも。

www.turismoroma.it

5 アダレー・ストリートの花市場
南アフリカ共和国ケープタウン

南アフリカ最大の花市場は女性たちの威勢のいい商売で有名。彼女たちから、カーネーション、ユリ、南アフリカ原産のピンクッション・プロテアを買うときは、握手をして値切り交渉しよう。

www.capetown.travel/activities/entry/Adderley_Street_Flower_Sellers

6 ガージプール・フール・マンディ
インド、ニューデリー

アジアでいちばん華やかな花市場には、世界中の花が集まる。卸売りなので、香り高いチューベローズも、キクもユリも1束が大きい。花輪に使われるマリーゴールドは、ひと抱えもある麻袋に詰めて売られる。時間は夜明けから午前9時ごろまで。

www.sodelhi.com/wholesale-markets/5284-ghazipur-phool-mandi-ghazipur-new-delhi

7 パク・クローン市場
タイ、バンコク

パク・クローンの花市場では、次々と花が売れていく活気に目を奪われる。24時間開いているので、涼しくなる真夜中過ぎに行こう。チャオプラヤ川から舟で運ばれてきた蓮の花が荷揚げされる様子も見られる。

www.bangkok.com/shopping-market/pak-klong-market.htm

8 曹家渡
中国、上海

つるの絡まった門をくぐると、上海最大のにぎやかな花市場がある。3階建ていっぱいにあらゆる種類の花や植物がそろい、値段の安さは折り紙つきだ。

www.shanghainavi.com/shop/218

9 ダンワ・フラワーマーケット
フィリピン、マニラ

恋を実らせたい人は、学生街のサンパロックにあるダンワの花市場で、真夜中に花束をあつらえよう。バレンタイン・デーには同じことを考えるマニラっ子で大混雑だ。小さな露店がぎっしり並び、ずっと開いている。酔っぱらいが寝込む時間でも、花は新鮮だ。

directionsonweb.blogspot.jp/2011/10/how-to-get-to-dangwa-flower-market-by.html

10 フレミントン花市場
オーストラリア、シドニー

シドニーの穴場中の穴場。午前5時から美しい花と緑の熱気でむせかえる。午前9時には喧騒も静まり、花屋は今日の稼ぎを持って退場する。

www.sydneymarkets.com.au

オランダ、アムステルダムのシンボル2つ。ブロメンマルクト（花市場）と自転車で来た買い物客。

メキシコ

テオティワカン

毎年3月、古代遺跡からご来光を拝めば、気持ちも新たになる。

メキシコシティーの北の外れにある古代都市遺跡テオティワカン。毎年3月20日、太陽のピラミッドの最上部に数千人が集まる。白装束の人もいれば、太陽のエネルギーをもらおうと水晶やお守りを身に着ける人もいる。シエラ・マドレ山脈の端に太陽が顔を出したら、両手をいっぱいに広げ、詠唱や歌で春分を祝う。

米国アリゾナ州立大学で春分の儀式を撮影したケネス・ファガンは、この経験が忘れられないという。「100万人近くが遺跡を歩きまわり、ピラミッドに登るんです」。メキシコ人にとってこの儀式は「遠い過去と自らの歴史を確かめる」ものだ。

この集会は誰でも参加できる。アステカ族の踊り手やメキシコ全土から来た人々と一緒に楽しもう。できたてのタマル（トウモロコシのちまき）を売る商売人があちこちに出現する。シャーマンに未来を占ってもらい、結果が悪かったらブルーホ（魔法使い）に悪霊退散を頼もう。

ここに注目
太陽のピラミッド

古代都市テオティワカンにそびえる太陽のピラミッドは20階建てに相当する高さで、世界第3の大きさを誇るメソアメリカの代表的建築物だ。建設開始はおよそ2000年前で、春分と秋分のときに太陽が沈む位置になっている。日干しれんがと石と漆喰で造られたピラミッドは、250万トンの建材が使われている。内部に部屋は見つかっていないが、地下に溶岩チューブの謎のトンネルがあり、聖堂か王室の墓所だったとも考えられる。平坦な最上部に至る石段は248段ある。

■ 旅のヒント　**テオティワカン**　www.visitmexico.com、whc.unesco.org/en/list/414

春の訪れを告げるテオティワカンの遺跡には、インディオの民族衣装に身を包んだ楽隊もやってくる。

グアヤキルでカカオ豆を選別する女性。豆は外国に運ばれてチョコレートになる。

南米

エクアドル

かつて不老不死の薬と珍重されたカカオ。春の収穫期に産地を訪れ、味わおう。

エクアドルでは、カカオは通年収穫できる。チョコレートの甘い夢に浸るなら、アマゾン川流域のナポ県にあるプランテーションを訪ねよう。絶滅したと思われていた最高品質のナシオナル種が近年ここで見つかったのだ。

この地域の収穫は3月に始まる。1年に2度ある雨期の前半で、カカオ栽培の見学に最適だ。小規模農家が発酵から乾燥、ローストまで手作業で行う。このあたりは生物多様性が豊かで、植物4000種、鳥類1000種、哺乳類195種の楽園だ。極彩色のチョウやハチドリにも出会えるだろう。

カカオ農場を訪ねるなら、850軒の家族経営の有機生産者が作るカヤリ協同組合がおすすめだ。スローフード・インターナショナルの認定を受けた農家が、熱帯雨林の伐採を防ぎ、先住民キチュア族の自立を助けるために、フェアトレードと持続可能な農業を実践する。

ここに注目

カカオに恋して

最初にカカオを栽培したのはベネズエラとされているが、エクアドルはカカオ豆の生産を増やすうえで大きな役割を果たした。高級チョコレート用のカカオ豆では、世界最大の生産量を誇る。グアヤス川流域は香りの良いアリバ種の産地で、その収益でロス・リオス県のビンセスといった町が造られ、カカオで巨万の富を築いた人々が暮らした。1916 〜 1919年に発生したカビでアリバ種は壊滅的な打撃を受け、その後は病気に強いCCN-5といった品種に代わった。

■ 旅のヒント　**エクアドル**　eduador.travel　**カヤリ協同組合**　先住民キチュアの家にホームステイし、ボランティアができる。www.kallari.com　**チョコレート・ジャングル**　カカオ豆のロースト体験ができる。www.ecuadorjunglechocolate.com

グアテマラ南部に広がるグアテマラ高地は、地元ではロス・アルトスと呼ばれる。火山、渓谷、山脈と多彩な地形に抱かれて、マヤ文明が栄華を極めた。
写真：活火山のパカヤ山は人気のハイキングスポット。

中米

グアテマラ高地

「悠久の時と野生に触れられるグアテマラは、
自然を愛する人に訪れてもらいたい国だ。春の渡りの季節には、
720種類以上の色鮮やかな鳥を見ることができる。
そのうち22種類は、グアテマラ高地固有の珍しい鳥だ。
今も火山活動が続くグアテマラ高地は、アティトラン湖の周囲に
古代遺跡とケチャンの村々が点在する」

アダム・グレアム、ナショナル ジオグラフィック ライター

ブルームズデイを祝い、ジョイスの時代の服装でサンディコーブを散歩するダブリンっ子たち。

アイルランド

ダブリン

ジェームズ・ジョイスのブルームズデーは文学の狂気に酔いしれ、はめをはずす日だ。

ダブリンでは毎年6月16日の「ブルームズデー」で、ジェームズ・ジョイスの傑作小説『ユリシーズ』に描かれた、シュールで不埒なダブリンの町が再現される。小説の中で、主人公のレオポルド・ブルームら登場人物たちは、1904年6月16日に早朝からダブリンの町を歩きまわった。現在のブルームズデーには、エドワード朝の衣装に身を包んだ人々が、小説に出てくる場所に集まる。ジェームズ・ジョイス・センター主催のブルームズデー・ブレックファストでは、ブルームが食べた、焼いたマトンの腎臓も供される。

ジョイスの世界に飛び込むには、彼の本を1冊とダブリン市内の地図、それに少しの想像力があればいい。アイルランド系米国人の作家、フランク・マコートは言う。「ダブリンとアイルランド、家族とカトリック信仰、エロティシズムと愛を旅してほしい」

ここに注目

ブルームズデーのお楽しみ

■デイビー・バーンズ・パブ　デューク・ストリートにある。第8話「ライストリュゴネス族」で、ブルームがゴルゴンゾーラ・サンドイッチとブルゴーニュのグラスワインで昼食をとった店。www.davybyrnes.com

■ジェームズ・ジョイス・タワー・博物館　サンディコーブにある。第1話「テレマコス」で、ブルームの1日が始まった場所。jamesjoycetower.com

■スウィニー薬局　リンカーン・プレイスにある。第5話「食蓮人たち」でブルームがレモンせっけんを購入。sweny.ie

■旅のヒント　**ブルームズデー**　jamesjoyce.ie　**ウォーキングツアー**　www.walkingtours.ie

英国スコットランド

ローモンド湖

英国最大の湖で過ごす終わらない1日は、美しい夕陽が締めくくる。

英国最大の湖にして、「ハイランズの玄関口」と呼ばれるローモンド湖は、グラスゴーから車でわずか30分の距離。だが、スコットランド北部を満喫するなら、キャンピングカーで巡るのがおすすめだ。広大なローモンド湖・トロサックス国立公園は、古代から続く森や静けさをたたえた湖、美しい村々、トレッキングコースが点在する。

ローモンド湖は季節だけでなく、1時間ごとに色と天候と雰囲気が変わる。なかでも5月は格別だ。この時期のスコットランドは、柔らかな光を放つ日暮れが何時間も続き、真夜中になってもほんのり明るいままだ。「5月の空は積雲が盛り上がって、写真や絵の題材にもってこいの風景です」と話すのは、ウィルダネス・スコットランドのスティービー・クリスティーだ。「にわか雨の後は、魔法のように光が透明になるんです。春の花の甘い香りがあたりを満たします」

食の楽しみ

オーク・ツリー・イン

丘をハイキングしていても、湖をクルージングしていても、すぐ雨に降られるのがスコットランドだ。ローモンド湖東岸のバルマハにあるオーク・ツリー・インは、泥だらけの靴でも快く迎えてくれる。暖炉にあたるとほっとするだろう。スモークサーモンやハギス、クリーミー・カレン・スキンク（タラの薫製、ジャガイモ、タマネギの濃厚なスープ）といった地元の料理とエール（ビールの一種）を楽しめる。バーでは地元産のグレンゴインなどモルトウイスキーが50種類以上そろう。
www.theoaktreeinn.co.uk

■ 旅のヒント　**スコットランド**　www.visitscotland.com　**ローモンド湖**　www.lochlomondtrossachs.org.uk、www.lovelochlomond.com　**ハイキングツアー**　雨具と暖かい上着を忘れずに。www.wildernessscotland.com

ローモンド湖は夕陽だけではもったいない。カヤック、ウィンドサーフィン、水上スキー、釣りも人気だ。

Top10 世界各地の聖パトリック・デー

米国各地からスペインのコスタ・ブランカまで、アイリッシュ魂ここにあり！

1 ニューヨーク
米国ニューヨーク州

この町のパレードは1762年、英軍のアイルランド兵が故郷をしのんで行ったのが始まりだ。世界最大のパレードで、毎年200万人が訪れる。軍隊に先導されて、44丁目から5番街まで、6時間近く徒歩で行進する。www.nycstpatricksparade.org

2 ボストン
米国マサチューセッツ州

米国で最もアイリッシュな州（住民の4分の1近くがアイルランド系）の聖パトリック・デーは、州都ボストンのサウス・ボストン地区が中心となる。3月17日にいちばん近い日曜に開かれるパレードは1901年からの伝統を誇り、行進する人も見物人も全身エメラルド色になる。パレードの出発地はブロードウェイ駅だ。

www.southbostonparade.org

3 シカゴ
米国イリノイ州

土曜日のパレード・デーには、シカゴ川がケリー・グリーンと呼ばれる明るい黄緑色に染まる（環境に配慮した染料を18キロ使用）。正午にはコロンバス・ドライブでバグパイプ隊や騎馬隊、少女たちのパレードが始まり、グランド・パークを通って北へ向かう。

www.chicagostpatsparade.com

4 サバナ
米国ジョージア州

州最古の都市では、1813年から聖パトリック・デーを祝う。3月17日（日曜にぶつかった年は前日）に、3時間にわたるストリートパーティーが開かれる。

savannahsaintpatricksday.com

5 モントセラト
西インド諸島

「カリブ海のエメラルド」と呼ばれるこの島に上陸した最初のアイルランド人は、17世紀に近隣の島から宗教迫害を逃れてきた年季奉公人だった。パスポートのスタンプはシャムロック（クローバー）のマークだ。祭りは1週間続き、カリプソのビートが鳴り響く。www.visitmontserrat.com/St_Patricks_Festival

6 モントリオール
カナダ、ケベック州

1824年から毎年続く聖パトリック・デーのパレードは、3月17日にいちばん近い日曜に行われる。雨でも雪でも決行。山車、バンド、衣装を着た人たちが3時間にわたって練り歩いた後は、ダウンタウンのパブで大騒ぎだ。www.montrealirishparade.com

7 ダブリン
アイルランド

アイルランドの文化とクラック（楽しい時間）を祝福する4日間。最大の呼び物である3月17日のパレードは、正午にパーネル・スクエアを出発、トリニティー・カレッジを通って聖パトリック大聖堂近くが終点となる、2.7キロのルート。大変な混雑で誰かの頭しか見えないので、特別観覧席を予約しよう。

www.stpatricksfestival.ie

8 バーミンガム
英国イングランド

聖パトリック・デーにいちばん近い日曜日、この町のアイルランド人街ディグベスで、英国最大のパレードが始まる。沿道のパブは緑を着た人たちでどこも満員だ。通りすぎる山車やダンサーは、この町の文化の多様性を示している。

stpatricksbirmingham.com

9 カボ・ロイグ
スペイン、コスタ・ブランカ

この町は、アイルランド人が休暇で行きたい人気の町。聖パトリック・デーではスペイン最大級のパレードが出る。大通りに面したカフェに陣取って、マーチングバンドやオートバイ、聖職者の行進を見物しよう。www.spain-holiday.com/Cabo-Roig

10 オークランド
ニュージーランド

同国最大の都市オークランドは、世界でいちばん早く聖パトリック・デーが始まる町。高さ328メートルのスカイタワーが緑にライトアップされ、パレードやフラー（踊りと音楽の祭り）で盛り上がる。

www.stpatrick.co.nz

ニューヨークの聖パトリック・
デー。長い5番街を行進する
バグパイプ隊は体力勝負だ。

オランダ

アムステルダム

国王の誕生日を祝うキングズ・デーは町がオレンジ一色に染まる。

縦横に走る運河沿いに整然と並ぶ家々。フェルメールの絵が現実になったような町並みが、アムステルダムの魅力だ。しかし、4月27日のキングズ・デーだけは、そんな詩的なイメージが跡形もなく消える。国王ウィレム・アレクサンダーの誕生日を、普段は堅物なアムステルダム市民が髪をオレンジ色に染め、ぶっとんだ仮装をして、オレンジ色の酒を下品に飲み干してお祝いする。中心部の通りは興奮のるつぼで、トラムも思うように走れない。「大騒ぎだよ。旧市街全体がパーティー会場になる」と話すのは、赤灯地区でウォーキングツアーを主催するキンバリー・ルイスだ。

お祭り騒ぎが終わったら、町の南西にあるキューケンホフ公園を訪ねよう。32ヘクタールの広大な敷地は、かつて王室の猟場だった。チューリップをはじめとした春の花が幾何学的に配置され、万華鏡のような美しさだ。

ここに注目

チューリップマニア

アムステルダムの花市場では、20ユーロも出せば上質の球根を袋いっぱいに買ってお釣りが来る。しかし17世紀には、チューリップの希少品種が投機対象となり、値が釣り上がった。ウイルス感染症で花弁に縞模様が入り、縁がフリルになったセンペル・アウグストゥスは特に珍重され、1637年初めには球根1個に熟練職人の賃金10年分に相当する値がついた。しかし数週間後に市場は崩壊し、破産者が続出。センペル・アウグストゥスは商人たちの強欲ウイルスにやられて、系統は途絶えてしまった。

■ 旅のヒント　**キングズ・デー・フェスティバル**　www.amsterdam.info/kingsday、www.iamsterdam.com　**キューケンホフ公園**　開園は3月下旬～5月。www.keukenhof.nl

キングズ・デーでは、髪までオレンジ色に染める人が続出する。ライフジャケットももちろんオレンジ色。

海辺のニシン祭りでは、政治家や有名人が初物ニシンの正しい食べ方を披露する。

オランダ

スヘフェニンゲン

海辺のリゾート地で、銀色もまぶしい新鮮なニシンを食べまくろう。

18世紀、オランダではその年最初のニシン漁に出発する船が祝い旗を掲げる習わしだった。その伝統は廃れたが、毎年6月のフラッグ・デーには、ハーグに近い海辺の町スヘフェニンゲンに大勢の人が押し寄せ、催し物と初物ニシンを楽しむ。

フラッグ・デー直前の木曜日、初物ニシンのチャリティーオークションが開かれる。脂がのった生ニシンの旬はわずか6週間で、それを過ぎると冷凍になる。アムステルダムで薫製店を経営するフランク・ヘインは、「年中、新ニシンと称して売る魚屋もあるけど、オークションから数カ月もしたら魅力は半減だね」と言う。港に並ぶ屋台では、タマネギとピクルスをまぶした肉厚の切り身が次々と胃袋に収まり、オランダ産のジン、コーレンベインが後を追いかける。尾を持って高く掲げ、上を向いて口に入れるのが流儀だ。

最新ベストスポット

マウリッツハイス美術館

スヘフェニンゲンを訪れる前に、この美術館で17世紀オランダ黄金時代の傑作の1つ、ヨハネス・リンゲルバッハ「スヘフェニンゲンからのチャールズ2世の出立」を見ておこう。海辺の風景がいっそう味わい深くなるはずだ。美術館はホフフェイファの池に面した17世紀の邸宅で、シンメトリーが美しい。オランダおよびフランドル絵画の膨大なコレクションが16室に展示されている。レンブラント「テュルプ博士の解剖学講義」、フェルメール「真珠の耳飾りの少女」も必見。

www.mauritshuis.nl

■旅のヒント　**スヘフェニンゲン**　denhaag.com/en/scheveningen、www.denhaag.nl　**フラッグ・デー**　www.holland.com/jp/tourism/article/flag-day-jp.htm、www.vlaggetjesdag.com

夕陽を背景に、生き物のように形を変えるホシムクドリの群れ。

デンマーク

ワッデン海国立公園

春の夕空を飛ぶホシムクドリの群れは自然が生みだす動く芸術だ。

デンマーク西岸、ワッデン海国立公園に広がる干満の差が大きい葦原は、渡り鳥のルート上にある。バードウォッチングをするなら、3月半ば～4月がおすすめ。「黒い太陽」と呼ばれる空中バレエを見ることができる。スペクタクルが始まるのは夕暮れ。餌場から戻ってくる100万羽以上のホシムクドリの群れが、暮れなずむ空に巨大な塊となって現われる。タカやワシの襲撃に遭うと緊張が高まり、群れは変幻自在に形を変える。美しくも命がけのショーだ。

見学はユトランド半島南部、ドイツ国境にほど近いトゥナー湿地がおすすめ。群れがどこに出現するか、経験豊かなガイドが当たりをつけてくれる。ワッデン海で毎年2万5000人の観光客を案内するアイバー・グラムはこう話す。「スタッフがホシムクドリの居場所を見つけておきます。夕方になったら葦原に身を潜めて、じっと待つんです」

最新ベストスポット

モーゲルトゥナー教会

ホシムクドリの群れが現われる夕暮れまでの間、トゥナー湿地から約8キロにある小さな村、モーゲルトゥナーを訪ねてみよう。13世紀建造のモーゲルトゥナー教会の内装は、デンマークでも指折りの豪華さだ。ロマネスク様式の身廊で上を見れば、雲の中に聖書の逸話を描いた天井画が目に飛び込む。4つの翼を持つ祭壇（1500年頃）は、金色の凝った装飾が美しい。絢爛な装飾もよく見ると茶目っ気がある。説教壇はケルビムたちが懸命に支え、国内最古のオルガンのパイプからは、いたずらっぽい顔がのぞいている。

■旅のヒント　**デンマーク**　www.visitdenmark.com　**ワッデン海センターとホシムクドリ観察ツアー**　www.vadehavscentret.dk　**デンマークの国立公園**　danmarksnationalparker.dk

モナコ

モンテカルロ

フランス・リビエラで1週間にわたって開かれるグランプリは、めくるめくスピードの祭典。

5月に開かれるF1モナコ・グランプリは唯一無二のモーターレースだ。怪物のようなマシンが空気を切りさいて疾走した後、あるいはその前に、誰もがコースを普通に歩けるし、世界最高のドライバーと気軽に触れ合える。1週間のレース中は、道路に面したレストラン、シェ・バッコに入ったら、隣がセバスチャン・ベッテルだったりする。観戦ツアーを手配するドゥエイン・ペナーは、モナコGPは「象徴的イベント」だと話す。「世界の王室や一流どころが集まるお祭りです。フェラーリやベンツといった高級車が一堂に会し、町を歩くだけで、セレブ気分を味わえます」

青空が広がる日には、市街の1周3.3キロのコースを徒歩か自転車で回ってみよう。日曜のレースは、コースに面したプライベートテラスを確保しよう。もちろん最高級のシャンパン、ドン・ペリニョンも添えて。

ここに注目

ヨーロッパのモーターレース

■マン島TTレース マン島の春の風物詩で、1907年から続く公道のオートバイレース。コースは1周61キロ、最高速度は時速210キロにもなる。www.iomtt.com

■ル・マン24時間レース 1923年開始の世界最古の24時間耐久レース。コースはフランス西部にあり、1周13.7キロ。www.lemans.org

■ラリー・フィンランド フィンランドのユバスキュラで、7月末～8月初頭の3日間開催される自動車レース。一般車をパワーアップさせて速さを競う。www.nesteoilrallyfinland.fi

■旅のヒント **モナコ** www.visitmonaco.com **グランプリ観戦ツアー** プライベートパーティー招待、ニース空港へのヘリコプター送迎、オテル・ド・パリの専用バルコニーでの観戦ができる。www.roadtrips.com

モナコ・グランプリではモンテカルロ市街地の狭い道路を疾走する。

パリを流れるセーヌ川には37本の橋がかかる。アレクサンドル3世橋は、ロシアとフランスの友好の証だ。

フランス

パリ

庭園もレストランも、カフェも中庭も華やかに装って、春のパリでは誰もが新しく生まれ変わる。

春のパリは特別な輝きを放つ。通りや公園は花であふれ、舗道のカフェも道行く人を眺めるお客で満席だ。レストランのメニューも軽い味わいの料理が増え、町全体が季節を謳歌する。

パリの春を味わいつくすなら、何はともあれ通りを歩こう。スイセン、チューリップ、ヒヤシンス、フジ、ライラック、バラ、ボタンが鮮やかな色彩と芳香で古代の門や石柱、石壁を彩る。「公園や脇道を散策していると、アーモンドの花の濃厚な香りが漂うの。ジャン・ジャック・サンペの絵の世界に迷いこんだよう」と話すのは、旅行ライターで、パリに住む家族をよく訪ねるというオリビア・ストレンだ。

手入れの行き届いた公園や庭園を訪ねるのもおすすめだ。セーヌ左岸のリュクサンブール公園には、彫刻が点在する庭園のほかに、リンゴや梨の木が枝いっぱいに花をつける果樹園もある。あまり知られていないが、バンセンヌの森にあるパリ花公園は、バラをはじめ世界中の3000種の植物が植えられ

何はともあれ通りを歩こう。
スイセン、チューリップ、
ヒヤシンス、フジ、ライラック、
バラ、ボタンが、
鮮やかな色彩と芳香で、
古代の門や石柱、
石の壁を彩る。

いつ見ても圧巻のエッフェル塔だが、
春は足元の花が咲きほこり、思わず
シャッターを切りたくなる。

ヘミングウェイやサルトルも常連だったカフェ、ドゥ・マゴ。彼らの作品を論じたり、人間観察をしていると時間があっという間に過ぎる。

ている。草の生えた小道を散歩しながら印象派の絵画そのままの風景を楽しみ、日なたでピクニックをしよう。バスティーユの近くから始まるプロムナード・プランテも忘れてはいけない。線路跡を活用した一段高い小道には、桜や栗の木が美しい花をつけ、色とりどりの花壇もアクセントになって、午後のひとときを過ごすのにぴったりだ。

ピクニックに行こう

春のパリを訪ねるなら、パリっ子気取りでピクニックに出かけよう。16区の西端に広がるブローニュの森には湖があり、貸ボートで小島巡りができる。ナポレオン3世が造らせた19区のビュット・ショーモン公園は小高い丘になっていて、トレイルや散歩道が曲がりくねっている。ルーブル美術館の隣にあるチュイルリー公園は、美しい彫刻や青銅細工、それに都会の景色が楽しめる。ピクニックにはワインを忘れずに。

カフェの風景

暗い冬の終わりと春の訪れを肌で感じるのに、オープンカフェよりすてきな場所はない。コーヒーを注文したら、青空の下でお気に入りの本をお供に日なたぼっこ。町じゅうどこでもすてきなカフェは見つかるが、有名どころならモンパルナスのパブロ・ピカソ広場へ。ル・セレクト、ル・ドーム、ラ・ロトンド、ラ・クポールなど目白押しだ。1925年にヘミングウェイがフィッツジェラルドに自己紹介したディンゴ・アメリカン・バーもある。

グルメの都パリでは、レストランも春の素材を使ったメニューに衣替え。ラム、丸々としたイチゴ、鮮やかなインゲン、ホワイトアスパラガス、モリーユ（アミガサタケ）、シェーブルチーズ、その日水揚げされたマトウダイやタラ、イシビラメ。シェフのおすすめをいただいたり、産直市場で食材を探すのも楽しい。料理研究家の故ジュリア・チャイルドはクレール通りの市場によく顔を出していた。バスティーユとモンジュ広場にもいい市が立つ。

ここに注目

スポーツで楽しむパリ

春は身体を動かしたくなる季節。スポーツ観戦にももってこいだ。テニスの全仏オープンは、5月にスタッド・ローラン・ギャロスで開かれる。競馬ならオートゥイユ競馬場、ロンシャン競馬場へ。サッカーのフランスリーグも盛り上がっている。パルク・デ・プランスはパリ・サンジェルマンの本拠地だ。リュクサンブール公園や、大通り沿いの小さな公園では、伝統的な球技ペタンクに人々が興じている。

www.rolandgarros.com
ja.parisinfo.com
www.psg.fr

テニスの全仏オープンは、フランスの飛行家にちなんで「ローラン・ギャロス」とも呼ばれる。上位シード選手がクレーコートに泣く大会だ。

■旅のヒント　パリ　ja.parisinfo.com　ガイド付きツアー　www.toursbylocals.com

トップ10　春のワイナリー巡り

世界有数のワイナリーで
春の喜びを味わおう。

1 イニスキリン・ワインズ
カナダ、オンタリオ州ナイアガラ・オン・ザ・レイク

カナダはアイスワインの名産国。氷点下の気温で収穫したブドウは風味が濃縮され、糖度が高く、複雑な味わいがある。アイスワイン造りのパイオニアであるイニスキリンでは、併設のレストランもおすすめ。

www.inniskillin.com

2 ペナー・アッシュ・ワイン・セラーズ
米国オレゴン州ニューバーグ

ウィラメット渓谷は、優れたピノ・ノワール種で世界有数のワイン産地となっている。有名生産者のうち、ペナー・アッシュ・ワイン・セラーズが最も美しく、対応が気さくかもしれない。大きな窓と宙に浮いているような屋根の建物は、ワイン同様、印象的だ。

www.pennerash.com

3 ジャスティン・ビンヤーズ&ワイナリー
米国カリフォルニア州パソ・ロブレス

ナパやソノマは高級ワインで有名だが、最近は南が注目だ。セントラル・コーストにあるパソ・ロブレスは、カベルネ・ソービニヨン種やシラー種の芳醇な赤ワインの産地。ジャスティン・ビンヤーズ&ワイナリーはトスカーナ風の試飲室とレストラン、宿が完備され、カベルネ・ソービニヨンを主体としたアイソセレスというブレンドワインがおすすめ。www.justinwine.com

4 ペダーネイルズ・セラーズ
米国テキサス州ストーンウォール

丘陵地が緩やかにうねり、温泉の湧く川が流れるテキサス・ヒル・カントリーは、ワイン造りが盛んだ。ペダーネイルズ・セラーズでは、夕陽を眺めながら受賞歴のあるビオニエ種やテンプラニーリョ種のワインを味わおう。pedernalescellars.com

5 ラウラ・ハートウィック
チリ、サンタ・クルス

サンティアゴから車で南に2時間。アンデス山脈と太平洋に挟まれたコルチャグア渓谷にブドウ畑が集まる。チリを代表するカルメネール種のワインを味わおう。ラウラ・ハートウィックは伝統的な建物が目印だ。

www.laurahartwig.cl

6 カバス・レカルド
スペイン、サン・サドゥルニ・ダノイア

スペイン産のスパークリングワインは「カバ」という。バルセロナの南、ペネデス地域で生産されるカバは祝祭的なワインだ。カバス・レカルドは環境に優しいバイオダイナミック農法で育てたブドウを使い、すべて手作業で生産している。

recaredo.es

7 ドメーヌ・デュ・ダレー
スイス、リュトリー

スイス産ワインはほとんどが国内で消費されるため知名度は低いが、ドメーヌ・デュ・ダレーは創業1392年、現在は12品種のブドウを栽培している。フルーティーでドライなシャスラは、ラクレットにぴったり。

www.daley.jp

8 ベッキ・テッレ・ディ・モンテフィリ
イタリア、グレーベ・イン・キャンティ

スーペル・トスカーナは、ブレンドや呼称のルールにとらわれない上質なワインのこと。フィレンツェ南部にある家族経営のワイナリー、ベッキ・テッレ・ディ・モンテフィリで試飲しよう。100%サンジョベーゼ種のキャンティ・クラシコもぜひ。

www.vecchieterredimontefili.it

9 クラメレ・レカッシュ
ルーマニア、レカッシュ

ローマ神話の酒神バッカスはルーマニアの生まれかもしれない。トランシルバニア地方の丘陵地はブドウの産地だが、なかでもクラメレ・レカッシュは、上質のカベルネ・ソービニヨンの赤やブレンドの白ワインを安く提供している。吸血鬼と狼男のラベルも楽しい。

www.recaswine.ro

10 セレシン・エステート
ニュージーランド、マールボロ、レンウィック

ニュージーランドはソービニヨン・ブラン種の産地として名を上げた。セレシンでは無農薬栽培が行われ、収穫は手摘みだ。畑に囲まれたテーブルでは、自家製オリーブオイルの味見もできる。

seresin.co.nz

12世紀からブドウ栽培が続くスイスのデザレ地区。レマン湖を見下ろす急峻にブドウ畑が広がる。

信仰の証である旗を掲げたロマたちが、小舟でこの浜にやってきたと伝えられる聖サラを称える。

フランス

サント・マリー・ド・ラ・メール

華やかに着飾ったロマの巡礼者とともに、遠い昔の奇跡を祝福する。

フランス、プロバンス地方。古都アルルと地中海に挟まれた湿地帯のカマルグは、角の長い牛とたてがみをなびかせる白い馬で有名だ。300種類以上が生息する鳥たちの楽園でもあるが、なかでも目を引くのはオオフラミンゴだろう。ひょろりとしたピンク色の鳥が青空を滑空する光景はひと目見たら忘れられない。

古代の伝説

静けさに包まれたカマルグも、春になると一変する。毎年5月24、25日の巡礼祭には、色とりどりのスカーフやスカートで着飾り、銀の装身具を派手に鳴らすロマが何千人も集まって、洗礼を受け、家族の再会を喜び合う。人々がたたえるのは、紀元40年に初期キリスト教徒の小舟に付きそったとされるエジプト人侍女、聖サラだ。

伝説はさらに続く。イエス・キリストが磔刑《たっけい》になったあと、3人のマリア（マグダラのマリア、聖母マリアの姉妹であるクロパの妻マリア、使徒ヤコブの母マリア・サロメ）と侍女サラが、帆

ここに注目

カマルグの闘牛

カマルグでは夏になると、半野生化した角の長い牛を駆り集めて闘牛場に運ぶ。コルス・カマルゲーズと呼ばれる地元の闘牛では、牛は殺さない。代わりに、ラズトゥールと呼ばれる闘牛士が、雄牛の角につけられた飾りを熊手で取る。獲得した飾りの種類によってポイントが与えられる。牛を興奮させるために卵をぶつけるたびに、観客から悲鳴とも怒号ともつかない歓声が上がる。最も権威がある7月のコカルド・ドールはアルルの円形競技場が舞台だが、ほかにもニーム、タラスコン、サント・マリー・ド・ラ・メールで開催される。

も櫂《かい》もない小舟で海に出た。波間に漂いながら到着したのがこの地とされ、サント・マリー・ド・ラ・メール（海の聖母マリア）の名がついた。マリアたちが感謝の気持ちを込めて建てた礼拝堂には、マリア・サロメとクロパの妻マリアの聖遺物が納められているという。聖サラの像には、信者が寄進したドレスが幾重にも着せられている。

海への行進

5月24日、サント・マリー教会でのカトリックのミサに出席したロマは、行列を作って大騒ぎしながらサラの像を海へと運ぶ。先導を務めるのは、カマルグ産の白馬だ。像に触れたり、キスをすれば健康になれるという。映画を学ぶデラサド・デガティは、この祭りを撮影しにやってきた。「まるで別の世界に来たみたいだね。ロマの人たちは普段は生活が苦しいはずだけど、とことん楽しんでいる。衣装も色彩も、すべてが暖かくてハッピーだ」

サラ像が海で沐浴すると、巡礼者は踊ったり、花を投げ込んだりして祝福する。歌声と歓声と鳴り響く鐘のなか、像は再び教会に戻る。祭りは夜遅くまで続き、行進は翌日も行われる。

おすすめの宿
カマルグ

■オーベルジュ・カバリエレ・ドゥ・ポン・デ・バンネ　伝統的な日干しれんがと草ぶき屋根のロッジが並ぶ。室内は近代的なインテリア。
www.aubergecavaliere.com

■マ・ド・ラ・フーク　伝統的なホテル。広々とした部屋は床がタイル張りで、天井を太い梁（はり）が横切る。プライベートテラスからは干潟が一望できる。
www.masdelafouque.com

■マ・ド・パン　カマルグ中央部にある農場。優雅で上質な時間が楽しめる。野性味あふれる風景の中での乗馬体験がおすすめ。
www.masdepeint.com

■ 旅のヒント　**サント・マリー・ド・ラ・メール**　www.saintesmaries.com　**プロバンス**　車で北に45分の古都アルルなら、宿の選択肢は多い。www.avignon-et-provence.com、www.provenceweb.fr

鳥たちの楽園でもあるこの一帯で、巡礼者がサント・マリー・ド・ラ・メール教会に敬意を払う。

コモ湖に面して立つビラ・モナステロの庭。小道には彫刻があしらわれ、柑橘類の果樹が幅広く集められている。

イタリア

コモ湖

甘美でかぐわしい春の香りに包まれて、風格あるビラと手入れの行き届いた庭園を散策する。

夜のコモ湖は時の流れが止まる。湖岸に並ぶ邸宅の明かりが水面を照らし、フェリーの航跡の中で星のようにまたたく。ホテルの窓からはワイングラスのぶつかる音と笑い声が漏れ、中庭では冬ごもりから抜け出したばかりの人々が春の宵を楽しんでいる。水深410メートルとヨーロッパで最も深いコモ湖は、長さ48キロ。湖がたたえる水は地域の産業や農業用水に役立っている。

湖の各地を結ぶフェリーは快適で効率が良いので、観光におすすめ。道路はあるにはあるが申し訳程度だ。しかも、コモ湖は水上からでないと、その秘密を明かしてくれない。陸からは樹木やつる草で見えない家々が、みずみずしい芝生の向こうに隠していた顔を見せる。王族やロック・スター御用達のホテルもある。春の花が満開の庭では、凍てついた冬を噴水が勢いよく吹きとばす。彫刻の並ぶ柱廊も見えるかもしれない。湖上で春風に頬をなでられると、この湖をもっと知りたくなる。

夜のコモ湖は
時の流れが止まる。
湖岸に並ぶ邸宅の明かりが
水面を照らし、
フェリーの航跡の中で
星のようにまたたく。

湖畔の町バレンナ。湖の絶景と春ならではの味覚、そして急ぐ必要のないゆったりした時間は、何よりの贈り物だ。

バレンナの曲がりくねる小道と、
漁民たちの素朴な家々は、まさに
イタリア・アルプスの絶景だ。

石畳の道を気ままに散歩

Yの字を逆さまにしたようなコモ湖のちょうど二股に分かれるところに、ベラージオがある。曲がりくねる石畳の道や階段の多い小さな町で、高級ブティックの間に、おいしい焼き菓子やジェラートの店が隠れている。灰色の石造りが印象的な12世紀のサン・ジャコモ教会が、青い鏡のような湖に面した白亜のホテルを見下ろす。レストランは春の初物でお客を呼びこもうと懸命だ。200年の歴史を持つビラは庭園の手入れが見事で、緑一色の丘とうまく融合している。角を曲がるたびに湖が新しい顔を見せ、同じ景色には二度とお目にかかれない。古代ローマ時代からリゾート地で鳴らしたこの地は「湖の真珠」と呼ばれた。気ままに散歩してみれば、その理由がわかる。

ぜいたくの極みを追体験

コモ湖畔にあるコモの町には古代の城壁が残り、中心部は迷路のように入り組んでいる。ケーブルカーに乗って800メートル登ったブルナーテからは、スイスまで一望できる。足に自信があるなら、町外れから始まるトレッキングルートを歩いてみよう。うっそうとした木立に点々と雪が残っている。コモは絹製品が有名で、マルコ・ポーロが中国で探し求めた絹の博物館があり、市中の店には色とりどりの絹製品が並ぶ。

だが、コモ湖の最高の過ごし方は、昔の優雅な暮らしぶりをしのぶことだ。湖畔のグランド・ビラを訪ねれば、庭園はピンセットとはさみで手入れしたのかと思うような緻密さで、壁にはうジャスミンが芳香を放つ。17世紀のビラ・カルロッタにもそんな香りの庭があり、シャクナゲやアザレア、珍しい植物が集められている。ビラ・デル・バルビアネッロは当初、フランシスコ会修道院として建てられ、18世紀後半に邸宅に造りかえられた。映画「スター・ウォーズ」の撮影にも使われている。咲きこぼれる花に囲まれて夢を見る。それがコモ湖の春だ。

最新ベストスポット

湖に浮かぶ小島

山々が影を落とす長い冬が遠ざかったら、コモ湖が枝分かれした西側に浮かぶコマチーナ島へ、シーズン初のピクニックに出かけよう。古代ローマの廃墟に囲まれて、オリーブの木陰で食事をすれば、遠くに見える17世紀の聖地、サクロ・モンテ・ディ・オッスッチオの上を、太陽が横切っていく。アンティクアリウムという博物館前から島の先端に行く船は、さながら異界への渡し舟だ。
www.isola-comacina.it

ベラージオにあるビラ・メルジ。古代の胸像に誘われて陽光の差す芝生に出てみよう。

■ 旅のヒント　**コモ湖**　www.discovercomo.com　**フェリー**　www.navigazionelaghi.it　**ベラージオ**　www.bellagiolakecomo.com　**ビラ・カルロッタ**　www.villacarlotta.it　**ビラ・デル・バルビアネッロ**　www.villabalbianello.com

スペイン

ジローナの花祭り

「中世の都市ジローナの花祭り、テンプス・ダ・フロルスの時期は、創造性が爆発する。大聖堂の階段は花を使った作品が並び、町じゅうの広場や中庭にアートがあふれかえる」

アビゲイル・キング、ナショナル ジオグラフィック トラベラー誌ライター

スペイン北東部にあるジローナは5月7～15日、巨大な庭園になる。カタルーニャ語で「テンプス・デ・フロルス」という花祭りで、花を使った色鮮やかなアレンジメントが町を覆いつくす。通りに描いたフラワーアートに、最後の仕上げをする。

スペイン

セビリア

アンダルシアの春は聖週間とフラメンコでにぎやかに始まる。

カスタネットを鳴らし、小刻みなステップ、そして強く足を踏みならす。ここセビリアは、町全体が音楽だ。開け放った扉の向こうからフラメンコが流れてくる。ナショナル ジオグラフィックの写真家で、スペイン育ちのジャド・ダベンポートは、この町の魅力をこう語る。「ほかの地域には見向きもせず、独自の音楽で踊りつづけるロマンチックな町。イベリア半島のニューオーリンズだ。いっとき現実を忘れ、アンダルシアの奔放さに身を任せられる」

行くなら春だ。聖週間とそれに続く復活祭では、パソと呼ばれる山車が通りを練り歩く。子どもたちはお菓子をねだり、沿道ではフラメンコの歌が湧きおこる。2週間後には春祭りだ。グアダルキビール川沿いに派手な飾りつけのテントが並び、大量のマンサニージャワインが人々の胃袋に流れ込む。地元っ子の言う、セビリアの「甘い生活」だ。

最新ベストスポット

フラメンコ

ギターとカスタネットはどこにでもあると言っても、セビリア以外の町では、フラメンコはなかなか見られない。春の夜風に当たりながら市内を歩くと、どこのレストランも扉を開け放ち、音楽が漏れてくる。途中でタパスをつまみながら、気に入った店をはしごしてもいい。踊りを見る前に、フラメンコ舞踊博物館で歴史を学ぼう。初心者向けの講座で足を踏みならしたら、もうただの観光客ではなく、春のセビリアの鼓動と一体化できる。
www.flamencomuseum.com

■ 旅のヒント　**セビリア**　聖週間と春祭りの時期は早めにホテルを確保しよう。www.turismosevilla.org、www.sevillaonline.es　**フラメンコ**　www.sevillaflamenco.com

聖週間でセビーリャ大聖堂に向かう行列。先のとがったカピローテをかぶったナサレーノは、悔恨と悲嘆を象徴する。

ドナウ川が黒海に流れ込む河口付近、ムリギオル湖で飛び立つカンムリサギ。

ルーマニア

ドナウ・デルタ

ヨーロッパを代表する川の河口は、巣作りに励むペリカンをはじめ鳥たちの楽園だ。

ヨーロッパ第2の長さを誇るドナウ川は、ルーマニアの港町トゥルチャで黒海に流れ込む。川はトゥルチャの先で9本の支流に分岐して広大なドナウ・デルタを形成。多様な鳥が生息し、春は鳥好きでなくとも感動する。「春のドナウ・デルタでのバードウォッチングは、胸躍る体験です。ブッポウソウ、ハチクイ、ヤツガシラ、セアカモズなどヨーロッパ固有の鳥たちが、数も種類もけた違いで見られます」と話すのは、ツアーガイドのダニエル・ペトレスクだ。

渡りの季節が始まるのは4月。飛来した鳥は葦原の間や小さな入り江で巣を作る。訪れるなら、雨期が終わって過ごしやすくなる5月が最適だ。デルタはたいてい車両乗り入れ禁止なので、トゥルチャから船で海寄りのスリナやスフントゥ・ゲオルゲを目指す。南端の支流にあるスフントゥ・ゲオルゲの手つかずの砂浜では、白いペリカンが見られる。

食の楽しみ

ドナウ・デルタの魚のスープ

ドナウ・デルタというと、ハイキングやバードウォッチング、ボートといったアウトドアが注目されるが、おいしいものにも事欠かない。特に、魚のスープはどのレストランの料理人も腕によりをかけて作る。コイ、ヒラメ、チョウザメ、地元名物のソムという大きなナマズなど、淡水や海水のあらゆる魚を使い、ガーリックソースとトウモロコシ粉を使ったママリガを添えていただく。

■ 旅のヒント　**バードウォッチング**　ドナウ・デルタ生物圏保護局では、デルタの保護のために利用料を徴収。ウェブサイトは、船やハイキングのルートなどの情報が充実している。www.ddbra.ro/en

ヒッポドロームに咲きほこるチューリップ。トルコ人はオランダも一目置くチューリップ好きだ。

トルコ

イスタンブール

永遠の都は、春になると、古代から続く石畳の通りが花と祭りでにぎわう。

ヨーロッパとアジアにまたがり、ボスポラス海峡に面した東西の架け橋として、数千年の歴史を紡いできたイスタンブール。かつてコンスタンティノポリスと呼ばれ、東ローマ帝国の都ビザンティウムだった時代もあるが、今はトルコの社会と経済の中心地だ。複雑に入り組んだ路地に迷い込み、礼拝の合図を聞くのも楽しいが、とりわけ春は万華鏡のように花が咲きほこり、いろいろな祭りが行われる。

色とりどりのチューリップ

まずはチューリップ祭り。アジアの大草原地帯が原産の色とりどりのチューリップが、イスタンブールの町を埋めつくす。「イスタンブールの4月は格別です。町全体が満開で、オープンカフェや屋外の施設に人が繰り出します」。トルコで旅行会社ソフィスティケイティッド・トラベルに勤めるアール・スターキーは言う。「人口1300万の都会なので、1年中何かしら催しがあります。でも春は特別ですよ」

春は創造力がほとばしる季節らしく、市内のアートギャラ

最新ベストスポット

トプカピ宮殿

1459年に建設され、オスマン帝国皇帝が居住していたトプカプ宮殿は、ボスポラス海峡と金角湾を見下ろす丘の上にある。さまざまな様式が融合した建物はオスマン建築の最高傑作と評され、まさに「地上の楽園」だ。各国元首を迎えた謁見の間や後宮を見てまわろう。後宮の女たちは窓やバルコニーから中庭を眺めることができたが、男は立入禁止だった。彼女たちを見ていいのは、スルタンだけと決まっていたからだ。

topkapisarayi.gov.tr/en

リーやイベントもにぎわいを見せる。観光地巡りだけでなく、もう少し深くこの町を知るにはいい機会だ。3月下旬～4月中旬には、イスタンブール国際映画祭も開かれる。東西の感性が切磋琢磨し、知的な会話が楽しめるかもしれない。4月23日の独立記念日・子どもの日は、この国の歴史を振り返り、民主政を打ち立てた建国の父に敬意を表するとともに、未来を担う子どもたちを国を挙げて祝福する。首都アンカラでは「子ども議会」も開かれる。

音楽と踊りと願い事

5月第1週のフドレルレズ祭りは、3000年前の預言者をたたえる祭り。海辺のアフルカプ公園を中心に、町じゅうで音楽が鳴り響く。トルコ人やロマの楽師が見物人を楽しませ、人々はドネルケバブや羊腸を炒めたココレチを食べ、レモネードやお茶を飲んで元気をつけたら、踊りに繰り出す。願い事や夢を紙に書いたら、ナフルと呼ばれる木に結びつけよう。もう一度イスタンブールに戻れることを願って。

おすすめの宿

チュラーン・パレス・ケンピンスキー

ボスポラス海峡のヨーロッパ側、オスマン帝国時代の宮殿を改装した、世界でも指折りの豪華なホテル。温水のインフィニティ・プールは目の前の海と一体化して、海に浮いているような感覚になる。春の庭園は咲きみだれる花々で目にもあでやかだ。花に囲まれた庭で食事もできる。ハマム、スパ、屋内プールで過ごせば、イスタンブールのスルタン気分を味わえる。
www.kempinski.com

■ 旅のヒント　**イスタンブール**　www.goturkey.com、www.tourismturkey.jp　**イスタンブール・チューリップ祭り**　www.visitistanbul.org/istanbul-news/tulip-festival-istanbul.html　**イスタンブール国際映画祭**　film.iksv.org/en　**ソフィスティケイティッド・トラベル**　イスタンブールをはじめとするトルコ国内および周辺国のツアーを手配。sophiscated-travel.com

フドレルレズ祭りのアフルカプ公園では、バンドの生演奏が気分を盛り上げる。

エジプト、シナイ半島

聖カタリナ修道院での祈り

部屋のすぐ外で大音響の鐘が鳴って、私はベッドから飛び上がった。鐘はいつまでたっても止む気配はなく、耳をふさいでシーツを頭からかぶる。15世紀に造られたカリヨン（組み鐘）は、時計より古い目覚ましの合図だ。

シナイ半島南部の山中にある聖カタリナ修道院は、モーセが神の声を聞いたとされるこの地に1500年前に建てられた。今も正教会の修道院として十数名の修道士が暮らし、1日5回ミサを行っている。

私は前の晩、修道院内の探索に出かけた。しのび足で階段を降り、過去の修道士たちの頭蓋骨が安置された部屋を過ぎる。小道の突き当たりに、高さ3メートルほどのラズベリーの木があった。モーセがここを通った3200年前から生えている木だという。

私は腰を下ろして物思いにふける。ガスランプの光と、モーセが十戒を授かったとされる山の影を見つめるうちに、畏敬の念が湧き上がる。そのとき、ラズベリーの根元に消火器があるのに気づいた。興ざめだと思ったが、ひょっとすると、燃えやすい柴《しば》に火がついたときのため？　その場面に遭遇したら、消火器を使うべきか、それとも神の姿を探すべきか。余計な想像を頭から追い出そうとしていたら、目の周りに茶色いぶちのある白ネコが茂みから飛びだし、私の足元に着地してひと声鳴いた。私は急いで部屋に戻った。正教の勉強をしなおしたほうがよさそうだ。

春は過越《すぎこし》の祭りだ。ユダヤ人がエジプトを脱出したとき、この地を通ったとされる。世界中の聖地を訪ねて20年近くになるが、時の流れを拒む聖カタリナ修道院ほど神聖な場所は見たことがない。建築や信仰の伝統が交わる十字路だ。この修道院こそが春そのものだと私は思う。

著者　**ブルース・ファイラー**

世界的ベストセラー『聖書を歩く　旧約聖書の舞台を巡る旅』著者。PBS（米公共放送サービス）で放送された同名シリーズ番組のホストも務める。brucefeiler.com

修道院の石造りの調理場で、修道僧とベドウィンがパン種をこねる。

モロッコ

フェズ

モロッコの文化と精神が息づく町で、いろいろな音に耳をすませてみよう。

フェズは1200年の歴史を持つモロッコの芸術と精神と知性の都で、中世と現代が奇妙に混ざり合う。1週間にわたる世界宗教音楽祭は、多彩なコントラストが魅力。異なる背景の音楽がぶつかり合い、文化や伝統からの脱却を試みるアーティストが共演する。アイスランドのビョーク、米国のフォークシンガー、ジョーン・バエズ、コンゴ系フランス人ラッパーのアブダル・マリックなど顔ぶれも豪華だ。

昼間は市街を逃れて、スルタンの宮殿だったバーサ博物館へ。午後はバルバリオークの木陰で、琴に似たカヌーンが伴奏するアラム語の歌や、遊牧民トゥアレグの音楽、ゴスペルの和声で歌うコーランの一節、セネガルのダンス音楽ンバラ、ブルーノートスタイルのジャズを聴いていると、おとぎ話の世界に迷い込んだ気分になる。日が暮れたらバブ・アル・マキナに行き、夜のコンサートを楽しもう。

おすすめの宿

ラ・メゾン・ブルー

宮殿前で音楽を楽しんだ後は、ぜひとも宮殿らしい雰囲気の中で眠りたい。迷路のようなメディナにある宿、ラ・メゾン・ブルーは、判事で大学教授、占星術師でもあったシディ・モハメッド・エル・アバディの邸宅を、孫が修復した建物を使う。ゼリージュと呼ばれる青いタイル装飾、彫刻が施されたシダー材の扉、涼しげな噴水、天蓋付きベッドなど、宮殿さながらの意匠に加えて、美しい装幀の書物や古文書、油彩を所蔵する図書室も歴史を感じさせる。www.maisonbleue.com

■ 旅のヒント　**フェズ世界宗教音楽祭**　www.fesfestival.com

ピンク色の照明が夜空に映えて、ベレン・マヤ・スペイン舞踊団が舞台に登場する。

イミルシルからアトラス山脈に登ったハイカーたちが、山頂から景色を眺める。次に目指すは北アフリカ最高峰のツブカル山。

モロッコ

アトラス山脈

春の雪解けを迎えた山あいの村々と渓谷には、ベルベル文化が色濃く息づく。

自らを「自由な人々」という意味の「イマジゲン」と呼ぶベルベル人は、アトラス山脈の最高峰ツブカル山（4167メートル）の麓に暮らす。ツブカル山へ1泊のハイキングでも、マラケシュからイムリルのような村までの日帰り旅行でも、春の雪解けの光景は一見の価値がある。雪解け水がオウリカ渓谷に一気に流れ込み、芽吹きかけた木々は忘れがたい風景をつくり出す。

村での生活は、モスク、イスラム神学校、パン焼き釜、町中の噴水と公衆浴場ハンマームが中心だ。信者に礼拝を呼びかける声が岩がちな谷に響き渡り、日々の生活が規則正しく過ぎていく。伝統が今も息づくこの地では、女性の姿を見かけることはめったにない。「これが本当のモロッコです」と語るのは、イムリルのホテル、カスバ・ドゥ・ツブカルのオーナー、マイク・マクヒューゴだ。

おすすめの宿

カスバ・ドゥ・ツブカル

要塞の建物を利用したカスバ・ドゥ・ツブカルは、近代的で快適なホテル。オートアトラス山脈の絶景は見事だ。春の1日は長い。テラスでの日なたぼっこや、岩山のトレッキングが楽しめる。夜は冷え込むので、熱々のタジンを堪能した後は、暖炉のそばでほかの宿泊客とのんびり談笑しよう。部屋に戻るときはぜひ夜空を見上げて、驚くほど大きく見える星を眺めてほしい。このホテルの収益の一部は、女子中等教育を支援する活動に使われる。
www.kasbahtoubkal.com

■ 旅のヒント　**アトラス山脈**　マラケシュから60キロ。アトラス山脈西部にあるツアー会社は、ツクバル国立公園地域で、徒歩やラバ、ラクダのツアーを企画。www.visitmorocco.com

Top10 世界の庭園

美しい景色とともに、春の香りを思いっきり吸い込もう。

1 ブッチャート・ガーデンズ
カナダ、バンクーバー

1904年に誕生した庭園で、元は石灰岩の採石場だった。バンクーバー島の起伏のある地形を生かした園内には、植物が700種、100万株以上植えられ、3～10月、途切れなく花を咲かせる。採石場の名残があるサンクン・ガーデンや、日本庭園を散策しよう。

www.butchartgardens.com

2 ブルックリン植物園
米国ニューヨーク州ブルックリン

ブルックリン中心部にあるこの植物園は1910年に誕生し、6000種類以上の植物を生育する。盆栽ミュージアムには350点が展示され、日本以外で最大級のコレクションだ。4月後半には4万5000本を超えるブルーベルが満開になり、チェリー・エスプラネードでは大勢の人がピクニックを楽しむ。www.bbg.org

3 クリティーバ植物園
ブラジル、パラナ州

ブラジル南部のクリティーバにあるフランス風の植物園。中央の大きな温室は、英国ロンドンにあったクリスタルパレス（水晶宮）を模したものだ。「感覚の庭」では、来園者は目隠しをして、植物や滝を聴覚・嗅覚・触覚で感じる。www.visitbrasil.com

4 キューケンホフ公園
オランダ、リッセ

アムステルダムの南西にある32ヘクタールの公園。世界最大級の公園で、3～5月の開園時期には、700万本のチューリップ、スイセン、ヒヤシンスが百花繚乱となる。ほとんど無音で走る電動のウィスパー・ボートに乗って、オランダの風景とチューリップ畑を眺めることができる。www.keukenhof.nl

5 モネの庭
フランス、ジベルニー

印象派の巨匠クロード・モネの傑作の多くは、パリ北西部に構えた自宅の庭に触発されたものだ。公開は4～11月で、スイセンやフジの花が美しく咲く。5月に訪れれば、池のスイレンの花に、光と影がたわむれる様子を見ることができる。fondation-monet.com/en

6 ビラ・デステ
イタリア、ティボリ

ルネサンス期のイタリア庭園の最高傑作。ローマ北東に位置し、洞窟や滝、古代の彫刻が配されている。ローマ皇帝ハドリアヌスが造らせたビラ・アドリアーナの廃墟では、水を吐き出す動物の頭や、百もの噴水の小道に咲くユリの花を見ながら散策しよう。

www.villadestetivoli.info/storiae.htm

7 カーステンボッシュ植物園
南アフリカ共和国ケープタウン

テーブル・マウンテンの東斜面を利用した広さ36ヘクタールの植物園で、1913年開園。南アフリカ特有の植生であるフィンボスも保存されている。訪れるなら南半球の春である8～11月だ。

www.sanbi.org/gardens/kirstenbosch

8 セーシェル国立植物園
セーシェル、ビクトリア

100年以上前に首都ビクトリアに造られた植物園は、最古の国立施設だ。固有種のランや貴重な香辛料の木が植えられ、オオコウモリのコロニーもある。飼育しているアルダブラゾウガメには、年齢が150歳を超えるものも。www.seychelles.travel

9 シンガポール植物園
シンガポール

1859年に開園した52ヘクタールの植物園には、ブーゲンビリア、竹、ヤシなど地元の植物が植えられている。東南アジアの伝統的な薬草を集めたヒーリング・ガーデンは静かに散策するのにぴったり。園内の最も高い場所にある広さ3ヘクタールのナショナル・オーキッド・ガーデンでは6万種を超えるランが美しい姿を見せている。www.sbg.org.sg

10 兼六園
石川県金沢市

17世紀に加賀藩が造営した庭園で、日本で最も美しいとされる。池や小山を巧みに配した回遊式庭園で、茶室もある。3月にはアンズの濃いピンクの花が満開になり、曲水にはカキツバタが咲きほこる。

www.pref.ishikawa.jp/siro-niwa/kenrokuen

バンクーバーにあるブッチャート・ガーデンズは、20ヘクタールを超える広さだ。100年以上にわたって、市民に静寂と自然美とシャッターチャンスを提供してきた。

そのままでも絶景の滝だが、虹がかかると感動もひとしおだ。

ザンビア／ジンバブエ

ビクトリア滝

「世界最大の瀑布」を上空から眺め、立ち上る水煙を浴びよう。

英国スコットランド出身の探検家デビッド・リビングストンは、「あまりにも美しいこの景色は、天使も空から眺めたに違いない」と語り、ビクトリア滝を世界に知らしめた。ユネスコ世界遺産委員会が地球上で「最大級の瀑布」と表現したこの滝は、雨期が終わった直後の4～5月にいちばん迫力ある姿が見られる。高さ90メートル、幅1.6キロの滝の前に立つと、地質と大量の水と悠久の時が成し遂げた仕事にひたすら驚嘆するしかない。

ビクトリア滝をザンビア側とジンバブエ側の両方から見るなら、2人乗りのモーターハンググライダーでの遊覧飛行がおすすめだ。機体はむきだしで、ザンベジ川やリビングストン島、周囲の草原に暮らす野生動物まで、風を感じながらじかに眺められる。パイロットのケビン・マキッシュによると「条件が整えば、滝から立ち上る水煙にも触れられる」という。

最新ベストスポット

ザンベジ川でラフティング

ザンベジ川は別名「忘却」とも「悪魔の便器」とも呼ばれ、流れの激しさを物語る。そんなザンベジ川でのラフティング（急流下り）は興奮度がけた外れで、特に流れの速い4月と5月はスリル満点だ。日帰りラフティングは25キロを下り、20カ所ある急流の約半数は難度が上級者向けのクラスVだ。小型とはいえ、川にはクロコダイルもいる。川べりで昼食をとり、夜はキャンプファイアーで過ごす数日間のツアーもある。

www.zambezirafting.com

■旅のヒント　**ビクトリア滝**　滝へのツアーはホテルやロッジで手配可能。www.zambiatourism.com、www.zimbabwetorism.net　**リビングストン・アドベンチャー**　モーターハンググライダーで遊覧飛行。www.livingstonesadventurecom

ミャンマー

ヤンゴン

黄金と花々に囲まれて、仏教の儀式に参加する。

国名は変わっても、変わらないことはたくさんある。目覚まし時計が不要なこと。夜明けとともに僧侶の詠唱が始まり、いやでも目が覚める。木造の平底船で漁をする光景は、タイムマシンで昔に戻ったかのようだ。ラドヤード・キプリングはこう書いた。「これがビルマだ。君たちの知るどんな国とも似ていない」

3月の満月の夜、国じゅうからヤンゴンに出てきた人々が、ブッタの毛髪が納められているという、黄金色のシュエダゴン・パゴダに参拝する。過去何十年か祭りの開催は禁止されたが、今では数千人が参加する。祝祭感にあふれたこの祭りでは、敬虔《けいけん》な信仰心と娯楽がほどよく混ざり合う。人形劇や伝統舞踊ザトはブッダの生涯を伝える。夕食どきには祈りの声に混じって、モヒンガー（魚のスープ）やタミントゥッ（米のサラダ）の匂いが漂う。金箔を買って、寄進しよう。

最新ベストスポット
水かけ祭り

熱帯のミャンマーでは、涼しくなるのにルールはいらない。春のティンジャンは、動くものすべてに水を容赦なくぶっかける祭りだ。初日は仏教の伝統的な儀式が続くが、日暮れと同時にお楽しみが解禁となる。舞台で音楽と舞踊が上演された後、いよいよ水かけの始まり。最初は地面に水をまいて祈りを捧げるが、それからは無礼講だ。水鉄砲でも水風船でも、行きずりの相手に水を発射できれば何でもあり。ミャンマー最大のこの行事は数日間続く。myanmartravel.org/festivals/thingyan.html

■ 旅のヒント　**ミャンマー**　インターネット予約はあまり普及していないので、ホテルやツアー会社への予約は電話が確実。www.myanmartourism.org

輝きを放つシュエダゴン・パゴダ。金のほかに、外壁に埋めこまれた宝石が太陽の光を反射してまばゆく光る。

3月最初の満月を迎えると、インド全土でホーリー祭が最高に盛り上がる。人々は春の到来を祝して色粉をかけあう。北部のジャイプルでは象祭りも重なって大変な騒ぎだ。

インド、ジャイプル

ホーリー祭

「どの道も歌と太鼓の響きにあふれている。すべてが黄色がかった赤に染まり、ところかまわずまかれた香りの粉をかぶっている」
『ラトナーバリー』7世紀のサンスクリット劇

ウクライナ、キエフ

邪気を振りはらう

重々しくとどろく大砲に続き、空に向かって発射された銃から白い煙が立ち上る。空気は暖かく、音楽はやかましいほどだ。ウクライナの首都キエフの目抜き通り、長さ1.6キロのフレシチャーティクを軍のブラスバンドが行進し、灰色のいかめしい建物に、太鼓の響きがこだまする。続いて登場するのは、磨き込んだ勲章を下げた白髪の退役軍人だ。よそいきの服を着た子どもが、おずおずとピンクのカーネーションを差し出す。世代から世代に贈り物が渡される光景は、何度見ても感動する。

5月9日は大祖国戦争、つまり第二次世界大戦が終結した記念日だ。家族連れのお目当てはポニーライドやホットドッグ、風船だが、ドイツ軍がこの通りを進軍した歴史を忘れるわけにはいかない。

キエフの5月は、私の好きな季節だ。長い冬が突然終わり、町は10日間のお祭り騒ぎで機能を停止する。5月1日のメーデーは、旧ソ連時代の習慣を受け継いで、労働者の休日となる。赤い星の名残がなくもないが、今のメーデーは楽しさが最優先の春の祭典だ。流れの速いドニエプル川に向かう急斜面の丘も、雪はすっかり消えて、代わりにクリの白い花が満開だ。丘の上に立つ黄金のドームは、キエフ・ペチェールシク大修道院。1000年の歴史を持つ正教会の修道院で、天然の洞窟を利用して建てられた。

キエフは古代から続く由緒ある都市だが、ウクライナはまだ若い国だ。5月の祝日は、屋内から戸外へ、暗闇から光へという国の足どりを象徴する。日を追うごとに昼間の時間が長くなり、数週間もすれば、肥沃な黒土は一面緑に芽吹く。ウクライナ語で5月はトラーベニ、「草」という意味。それが祝福の何よりの理由だ。戦乱でどんなに国土が荒廃しようと、冬の寒さがいかに過酷だろうと、自然は本来のリズムを刻みつづけ、春になると新しい生命をもたらす。

著者　**アンドリュー・エバンズ**

ナショナル ジオグラフィック トラベラー誌寄稿編集者。ウクライナとアイスランドの旅行ガイドを執筆。

12世紀初頭、キエフの守護天使ミカエルに捧げるために創建された、聖ミハイール修道院。黄金ドームの様式はここから始まった。

日本

大阪と東京

日本古来の武道、相撲の人気を体感しよう。

日本の春は桜で知られているが、体重160キロ（幕内力士平均）もの男たちが生身でぶつかりあう大相撲も、胸が躍る。春に行われる2つの本場所は、ゴールデンウィークもあって、ことににぎわう。

3月場所は大阪府立体育館（BODYMAKERコロシアム）、5月場所は東京の両国国技館で、それぞれ15日間にわたって熱戦が繰り広げられる。大阪は「荒れる春場所」として知られていて、テレビで放送されない幕下や十両の取組が実に面白い。

東京で行われる5月場所は、さらに盛り上がる。国技館に併設されている相撲博物館では、木版で刷られる番付表や、歴代横綱の化粧まわしなどを見ることができる。

ここに注目

相撲入門

相撲は、土俵の外側に身体のどこかが触れる、あるいは外に押し出されたり、投げ出されたりしたら負け。まげを引っ張る、耳を平手打ちする、首を絞める、こぶしで殴る、股間を蹴るのはすべて反則。決まり手は80種類以上あるが、通常見られるのは十数種類だ。体重も大きく物を言う。「ダンプトラック」と呼ばれた小錦八十吉は、286キロという史上最高記録の持ち主だ。力士の食事はちゃんこ鍋で、鶏肉、牛肉、大根、豆腐などタンパク質が豊富。これを白飯やビールで食べて最大限カロリーを摂取する。

■ 旅のヒント　**本場所と相撲博物館**　相撲は日本相撲協会が主催する。チケットは本場所の1カ月前からウェブサイトで購入できる。www.sumo.or.jp

化粧まわしを着けた力士たちが、土俵入りで勢ぞろいする。

名古屋城と名城公園の桜は完璧な組み合わせ。

アジア

日本

春の訪れとともに全国で起きる、にぎやかな花見の宴に加わろう。

桜は温帯地域に広く生息するが、薄桃色の花を愛でるのが国民的饗宴にまでなっているのは、日本だけだ。東京でマーケティング・コンサルタントをしているデビー・ハワードは「桜好き」を自称するが、彼女によると、たくさんの花を見てまわる「通り抜け」派と、厳選した場所でじっくり眺める「宴会」派がいるという。彼女は後者だ。「桜の木の下で友人たちとお花見をするのは最高です」

通り抜け派なら、歩きやすい靴と見どころスポットの地図、もしくはGPSを用意しよう。宴会派は好みの場所を選び、地元の市場ですしや刺身、燗《かん》をしてもらった酒を用意しよう。春の夜は冷え込む。ハワードによると、昼間だけでなく、ライトアップされる夜もおすすめとか。彼女が好きなのは目黒川と、貸ボートからピンクに染まった風景を眺められる上野公園だ。

最新ベストスポット

城と桜

■姫路城　兵庫県姫路市。14世紀に建てられた天守がほぼ完璧な状態で残り、ユネスコ世界遺産に登録されている。桜は北側の公園に多い。
www.himeji-castle.gr.jp

■弘前城　青森県弘前市。本来の建物はほとんど残っていないが、広大な敷地に2600本以上の桜が植えられた、本州最北のお花見スポット。
www.hirosakipark.jp

■高田城　新潟県上越市。濠に囲まれた17世紀の城で、4000本以上の桜がある。夜はことのほか幻想的。
www.joetsu-kanko.net/kanoukai/

■ 旅のヒント　**花見**　桜の開花予想は以下のウェブサイトなどを参照。www.tenki.jp/sakura/expectation.html、sakura.weathermap.jp

夏

花火、野生馬、沈まない太陽。
そしてたくさんのお祭りを楽しむ。

英国の海は水温が低い。サーファーは
真夏でもウェットスーツを着用する。

カナダ、ブリティッシュコロンビア州

バンクーバー

国際的な花火競技会は光と音のシンフォニー。

バンクーバーのイングリッシュ・ベイは、7月後半の3日間だけ夜空に花火が打ち上がり、大勢の見物人を魅了する。ホンダ・セレブレーション・オブ・ライトと名づけられたこの催しは、世界から腕自慢の花火職人が一堂に会し、自信作を披露する花火のオリンピックでもある。花火技術の粋を1つの場所で鑑賞できる催しはめったにない。

フェスティバルでは毎日1つの国を重点的に取り上げる。プロデューサーのアンドレア・ダウド・デバーによると、「中国はとにかく巨大で派手。イタリアは緻密で芸術性を追求」するという。

40万の来場者は花火と連動して行われるヒップホップやサンバ、ベトナム民謡、カナダ出身のニール・ヤングのライブも楽しむ。ただダウド・デバーがいちばん好きなのは、町全体が盛り上がる雰囲気だという。「みんなが一心に花火を見上げて1つの体験を共有するのが素晴らしいんです」

食の楽しみ

バンクーバーでアジアの味覚

バンクーバーはアジア系のコミュニティーが発達していて、英語がほとんど聞かれない一角もある。ジェード・シーフード・レストランはマッシュルーム・ダンプリングのトリュフオイル風味、グランパのスモークチキンといった今風のメニューが得意。キャトル・カフェは香港屋台料理の店で、バブルワッフル、シーフードラクサ、ココナツカレーなどがある。リッチモンド・ナイトマーケットなら、串焼きのサテや「龍のひげ」と呼ばれる綿あめも楽しめる。
www.jaderestaurant.ca、cattlecafe.ca、richmondnightmarket.com

■ 旅のヒント　**バンクーバー・ホンダ・セレブレーション・オブ・ライト**　通常は7月後半に行われるが、8月にずれこむことも。hondacelebrationoflight.com

ジュディ・ラファティが手工芸の技法と伝統を生かしてつくった、ビーズ細工の財布。

カナダ、ノースウェスト準州

イヌビック

北極圏で開かれるアートフェスティバルは、豊かな創造性が躍動する。

一流のアートとカナダ最北部は一見結びつかない。しかし太陽が一晩中沈まない7月、北極圏から少し外れた小さな町は、アートの発信地となる。この地で10日間にわたって開かれるグレート・ノーザン・アーツ・フェスティバルには、100人もの芸術家が招待され、風景画からガラス工芸、伝統の木彫り細工、ビーズ細工などさまざまな分野で、持ち前の技術と感性を惜しみなく披露する。エグゼクティブ・ディレクターのサッシャ・ウェブは、「出身地も文化も異なりますが、優れた技能と経験の持ち主が里帰りするようなものです」と語る。

最果ての地であることを実感するなら、デンプスター・ハイウェーでイヌビックに入るのがいちばんだ。670キロのドライブの間、ガソリンスタンドもほとんどない。「火星へのドライブですよ」とウェブは言うが、途中の景色は特筆もの。

ここに注目

永久凍土に建設された町

北極圏に入ろうかという北の果てイヌビックの町は、永久凍土層の上にある。1950年代に計画的に建設されたこの町は、土木工学の一大実験でもあった。日常生活や経済活動から発生する熱が永久凍土層に影響を与えないように、建物の基礎には緩衝材が敷かれ、道路は地上から90センチ高くなっている。石油産業の基地として栄えたイヌビックだが、今は北極圏への重要な玄関口だ。

inuvik.ca/tourism

■旅のヒント **ノースウェスト準州** イヌビックまでは、ホワイトホースとイエローナイフから定期航空便がある。ドーソン・シティーから車で行ってもいい。spectacularnwt.com **グレート・ノーザン・アーツ・フェスティバル** www.gnaf.org

アナン・クリークのクマ観察区域。クマよけにはおしゃべりを続けるか、「ヘイ・ベア、ヘイ・ベア」とおまじないを唱えよう。

米国

アラスカ州

アラスカの主とも言える生き物たちを間近で見れば、思わず鳥肌が立つ。

アラスカのクマを見るなら、生物学的に夏しかない。アメリカグマとハイイログマ（沿岸部でブラウンベアと呼ばれる）が冬眠から目覚め、繁殖し、子どもに生きる術を教え込み、次の冬眠に向けてたらふく食べる季節だ。夏のアラスカはクマの食料庫と化す。川面はサケであふれ、しばらくするとブルーベリーなどさまざまなベリーが実る。

野生動物に出会えるかは運次第だが、野生のクマを観察するなら断然アラスカ州だ。アンカレジ市内の公園を少し歩くだけで、クマを間近で見た人もいるほどだ。同州ランゲル在住のアーティスト、ブレンダ・シュワルツは、クマ観察と川のガイドも務める。彼が育ったアナン・クリークは生態系が豊かで、ハイイログマやアメリカグマ、ワシなどが魚を獲るスポットとして知られる。現在は農務省林野部に厳しく規制されているが、それでも「動物に出会った人たちの目がぱっと輝く」と、ガイドをやっていてよかったと思う。アラスカは夏と言っても気候は夏らしくない。フリースの上着と雨具は必須だ。

夏のアラスカは
クマの食料庫。
川面はサケであふれ、
ブルーベリーなど
さまざまなベリーが実る。

観察台にいる人間が珍しいのか、わざわざ木登りして近づいてきた子グマ。

ゼラニウムの茂みは子グマたちの最高のベッドだ。コディアック国立野生生物保護区にて。

アナン・クリーク

ランゲルからボートで移動し、ガイドの案内でトレイルを進むと、監視員の出迎えを受け、観察台に向かう。その途中でもクマを目撃できる可能性は高い。森林部が設置した木道がクマの通り道と重なっているのだ。観察台からは、遡上するサケをむさぼるクマたちの姿を見ることができる。観察台から足をぶらぶらさせたら、ハイイログマが匂いを嗅ぎにくるかもしれない。「至近距離でクマたちの素顔を見られるのは最高です」とシュワルツは胸を張る。

カトマイ国立公園

カトマイ国立公園には陸路はないので、ランゲルから水上飛行機でアラスカ湾を横断して行く。上空からクマを見つけたパイロットとガイド（兼任のこともある）は、ジオグラフィック・ハーバーやハロー・ベイに着水する。ガイドの指示に従って、安全を確保しつつハイイログマを追跡し、50メートル近くまで接近することができる。カトマイでの観察台利用や宿泊を希望するなら、ブルックス・キャンプのツアーを申し込もう。

コディアック国立野生動物保護区

面積76万9000ヘクタールの保護区に、ハイイログマが3000頭。大したことはないと思うかもしれないが、1頭1頭のなわばりの広さを考えるとかなりの密度だ。しかも個体は大きく成長し、体重640キロにもなる。

ガイドを雇い、水上飛行機でフレイザー湖に行こう。巨大なクマたちの活動が見られる。だがクマにばかり気を取られていてはもったいない。アカギツネやカナダカワウソ、ツンドラハタネズミなどにも会えるかもしれない。パフィン（ニシツノメドリ）の群れに遭遇できたら幸運だが、あまりのスピードに目まいがするかもしれない。

おすすめの宿

カトマイ国立公園でキャンプ

カトマイ国立公園内でキャンプができるのは、クマ観察スポットに近いブルックス・キャンプだけ。ナクネック湖の岸辺にあって、ダンプリング山の景色が楽しめる。運が良ければ、クマの水浴びも見られるかもしれない。必要な設備はそろっているが、クマの出没には注意を払うこと。料理が面倒なら、近くにあるブルックス・ロッジで食事を予約しよう（夏期のみ）。食料の貯蔵箱は必須で、電気柵もあったほうがいい。クマは冬眠するが、キャンプ場の予定に合わせてくれるわけではない。

サケには災難だ。カトマイ国立公園にて。

■旅のヒント　**アラスカ州**　www.travelalaska.com　**アンカレジ公園財団**　anchorageparkfoundation.org　**アナン・クリーク**　www.fs.usda.gov/detail/r10/specialplaces/?cid=fsbdev2_038752　**ブランダ・シュワルツのツアー**　www.alaskaupclose.com　**ランゲル**　www.wrangell.com　**ランゲルのベアフェスト**　www.alaskabearfest.org　**カトマイ国立公園**　www.nps.gov/katm　**コディアック国立野生生物保護区**　www.fws.gov/refuge/Kodiak

Top10 クジラとイルカに会える場所

夏のリゾート地で海の哺乳動物を観察しよう。

1 サグネ・セント・ローレンス海洋公園
カナダ、ケベック州

セント・ローレンス川と大西洋が出会う場所は、大型海洋哺乳動物の安全な避難所だ。体長30メートルと世界最大のシロナガスクジラに加え、ベルーガ（シロイルカ）も1000頭ほど生息。ボートやカヤックで海に出れば、近くから観察できる。

www.quebecmaritime.ca

2 ファンディ湾
カナダ

干満差が激しく、豊富な動物性プランクトンを求めて12種類のクジラが集まるが、なかでも絶滅が危惧されるタイセイヨウクジラが数多くやってくる。グラン・マナン島周辺はクジラの重要な餌場で、子育ての場だ。bayoffundytourism.com

3 バフィン湾〜デービス海峡
カナダ、ヌナブト準州／デンマーク領グリーンランド

北大西洋のバフィン湾は夏になると氷がとけて、海洋生物の重要な餌場となる。100歳を超えることのあるホッキョククジラも回遊ルートに乗ってやってくる。特徴的な巨大な頭で、厚さ20センチ程度の海氷なら簡単に割ってしまう。www.polarcruises.com

4 チャンネル諸島国立公園
米国カリフォルニア州

30種近いクジラやイルカの仲間を見られる絶好のポイント。海沿いのハイキングやビジターセンターの塔からも見られるが、近くで観察したいならボートツアーがおすすめ。www.nps.gov/chis

5 メーン湾
米国ニューイングランド地方

西インド諸島で長い冬を過ごしたザトウクジラの親子は、餌場であるメーン湾に向かって移動を開始。5月になると、マサチューセッツ州東部のステルワーゲン・バンク国立海洋保護区のあちこちで、その姿を見ることができる。stellwagen.noaa.gov

6 インディアン・リバー・ラグーン
米国フロリダ州パーム・ベイ

北米で最も多様な生態系を誇る河口域で、2000種類以上の動植物が生息。ここのハンドウイルカは、外洋の近縁種より小型でひれが長い。毎日催行のドルフィン・ディスカバリー・ツアーは、同州認定の専門ガイドが案内する。www.marinediscoverycenter.org

7 バハ・カリフォルニア州
メキシコ

アラスカの凍てつくベーリング海から、繁殖地であるメキシコの快適なラグーン（潟湖）まで、コククジラの移動距離は1万9300キロと哺乳類で最長を誇る。ホエール・ウォッチング好きの観光客がコククジラ目当てに訪れる。www.bajawhales.com

8 アゾレス諸島
ポルトガル

大西洋の真ん中に浮かぶアゾレス諸島は、ザトウクジラ、ゴンドウクジラ、ナガスクジラ、ミンククジラ、シロナガスクジラが集まる、ホエール・ウォッチングのベストスポット。なかでも「クジラ島」の異名を持つピコ島では、8日間朝食付きツアーが開催され、ホエール・ウォッチングを数回体験できる。

www.visitazores.com、www.steppesdiscovery.co.uk

9 ルルトゥ島
フランス領ポリネシア

ラグーン（潟湖）をもつサンゴ礁に囲まれ、回遊するザトウクジラが交尾、出産、子育てをする。ホエール・ウォッチングのボートはモエライを出発し、たわむれる母子のクジラの姿を観察し、サンゴの海底に響きわたる鳴き声を聴くことができる。

www.tahiti-tourism.com

10 ディスコ湾
デンマーク領グリーンランド

グリーンランドには15種類ほどのクジラがやってくるが、なかでも海のユニコーンと呼ばれるイッカクは人気者だ。オスが水面に何頭も集まって長い牙を突き出す姿は圧巻だ。

www.greenland-travel.com

ザトウクジラは尾びれを高く持ち上げると、海面を強くたたきつけて、海中に消えていく。

カウボーイを振り落とそうと暴れまわる荒馬。

カナダ、アルバータ州

カルガリー

ロデオとお祭りでウェスタン気分は最高潮。

カウボーイハットが似合う町といえば、カルガリー。太陽が照りつけるカルガリー・スタンピードの会場では、カウボーイハットをかぶらないと、かえって居心地が悪い。高層ビルの立ち並ぶ近代的なこの町で、毎年7月に100年の歴史があるスタンピードが開催される。世界最大級のロデオ大会や、農業関連の展示会、ラスベガス並みの華やかなショー、一流スターのコンサートが10日間目白押しだ。

なかでもロデオは一度見たら忘れられない。カウガールが愛馬を操ってたるを一周し、ゴールに向かって疾走する。荒馬は触るなとばかりにカウボーイを振り落とす。虹色のかつらと赤鼻で登場し、雄牛が襲いかかるのを危機一髪で救うロデオ・クラウンは人気者だ。自分も夕陽に向かって馬で駆け抜けたいと思ったら、カルガリーの西、カナナスキスの乗馬ツアーに参加しよう。カウボーイハットも忘れずに。

最新ベストスポット

アルバータ・ブーツ・カンパニー

カルガリーを訪れたら、小遣いを使い果たす前にアルバータ・ブーツ・カンパニーへ行き、カスタムブーツをあつらえよう。できあがったブーツは飾ってもいいし、履きたおしてもいい。もちろん既製品にもいいものがある。乗るのが馬でもトラックでもプリウスでも、お気に入りのフットウェアになるだろう。州内唯一のブーツメーカーで、カルガリー・オリンピックの公式ブーツメーカーでもあった同社は、カナダの騎馬警官隊にもブーツを納入する。
www.albertaboot.com

■ 旅のヒント　**カルガリー**　www.visitcalgary.com　**カルガリー・スタンピード**　www.calgarystampede.com　**カナナスキス**　www.kananaskis.com、www.albertaparks.ca

米国ワシントン州

サンフアン諸島

天気の良い日が続く夏には個性豊かなアートと見事な風景を楽しめる。

緩やかに海へと続く松林と、何キロも続く岩場。サンフアン諸島はハクトウワシやシャチといった貴重な生物の繁殖地であると同時に、人間の創造性と芸術が生まれる場所でもある。「この環境は、汲めども尽きぬ霊感を与えてくれる」と語るのは、オーカス島在住のアーティスト、ジェームズ・ハードマンだ。

太平洋北西部は通年灰色で陰気な天気が続くが、夏だけは暖かく晴天に恵まれる。アートギャラリー巡りやサイクリング、ハイキング、カヤックと楽しいことだらけだ。

5～10月はこの海域に定住するシャチに出会える。一帯に85頭前後のシャチが生息し、なかには100歳を超える個体も。保護団体サウンドウォッチのエリック・アイゼンハートはこう話す。「住民はシャチを1頭ずつ区別していて、それぞれの生い立ちも知っている。結びつきが深いんだ」

ここに注目

正しいホエール・ウォッチング

水質汚染や食物連鎖の寸断、騒音公害のせいで、シャチは絶滅が危惧されている。太平洋ホエール・ウォッチング協会の認定を受け、「Be Whale Wise（クジラに配慮した）」ガイドラインを守っているツアーを選ぼう。本当は陸から眺めるのがいちばんクジラに優しい。観察スポットは、サンフアン島にあるライム・キルン・ポイントやサンフアン島国立歴史公園がおすすめ。船や人間の騒音がなければ、シャチの歌声も聞こえる。www.bewhalewise.org、pacificwhalewatchassociation.org

■ 旅のヒント　**サンフアン諸島**　オーカス島、サンフアン島、ショー島、ロペス島へはワシントン州フェリーが運航。その他の小さな島は水上タクシーで。www.visitsanjuans.com

サンフアン諸島でクジラ目線になる、あるいはクジラの目を見るなら、カヤックがいちばんだ。

米国ワシントン州ロペス島

日常を忘れて

サンフアン諸島のロペス島は素晴らしいところだ。6月の晴れた日、アナコルテスからフェリーで1時間半揺られている間に、張りつめていたものが消えていく。私は船窓から白い波頭を眺め、兄一家はデッキで風に当たっている。

長年の住民である友人が、マッケイ・ハーバーにご機嫌な隠れ家を用意してくれている。昔風の素朴な造りだ。荷を解いたら早速、食料調達に出かける。島の農家はどこも無人販売をやっていて、冷凍の牛肉やラム肉、有機野菜も好きなだけ買える。信頼関係が成り立っているのだ。オーガニック・カフェのボアテックスもおすすめだ。フレッシュジュースに新鮮なサラダとトスターダ、そしてチョコレートチップクッキーで、ランチは言うことなし。

探索はまだまだ続く。ハイキングやサイクリング、ビーチ散策をしているとあっという間に時間が過ぎる。ふと思いたって、森を抜けて険しい崖を登り、アイスバーグ・ポイントを目指す。360度開けた景色はまさに「絶景」だ。岩に腰を下ろして眺めているうちに、心が空っぽになっていく。

6月は天気の変化が激しい。雲が集まったり散ったりを繰り返しても、かまわずクローフット・ファームまで車を走らせ、有機農法で育てたイチゴを買いにいく。私は紙箱2つ分で十分だが、家族はイチゴ畑をひと畝買いしめる勢いだ。

ロペス島では塔を立てることを禁じているので、インターネットはつながらない。代わりに普段絶対に手を出さないことをする。スケッチや散策をして、野花を摘んで小さな花束を作り、娘の枕元にそっと置く。裏庭の草むらに毛布を敷いてうたたねをする。ここは別世界だ。神経をすり減らす日常はすぐに戻ってくる。しかし私は、翌年の6月にまた戻ってこられるよう算段を始める。

著者　**サンドラ・バーンハード**

サンドラ・バーンハードは女優、作家、コメディアン、ミュージシャン。ワンマンショーのホストを務める関係で、1年のほとんどが旅の空で、行く先々で旧友と再会する毎日。

ロペス島、シャーク・リーフ保護区の夕陽。日常のせわしさを洗い流してくれる。

国立景勝トレイルの1つ、パシフィック・クレスト・トレイルは、メキシコからカナダに到達する全長4265キロの長距離トレイルだ。徒歩と馬で通れる道はくねりながら、カリフォルニア州、オレゴン州、ワシントン州を通過する。
写真:カリフォルニア州タホー国立森林公園にある、アッパー・サーディン湖。

米国カリフォルニア州／オレゴン州／ワシントン州

パシフィック・クレスト・トレイル

「パシフィック・クレスト・トレイルに匹敵する長距離トレイルは思いつかない。混雑とは無縁で、難易度別にしっかりコース分けされている。夏は毎日晴天で、湿度が低い。もちろん景色はワールドクラスで、私が特に好きなのはハイ・シエラとノース・カスケーズだ」

アンドリュー・スカーカ、旅行ライター

米国コロラド州

テルライド

峡谷の町は、子どもの心を忘れない人々の夏の遊び場になる。

真夏のテルライドは北米の理想郷。完璧なボックス型の渓谷で幅が狭く、両手を広げれば端に届きそうだ。町を見下ろす渓谷の突き当たりにある、落差111メートルのブライダル・ベール滝は、絵はがきそのもの。高地ならではの森の匂いが漂っている。

町は採掘で栄えた「古き良き西部」の最盛期そのままだ。ここでの楽しみ方は、テラスでくつろぐ人々を見れば一目瞭然。肩幅ががっしりしているのはマウンテンバイク乗り。登山愛好家はふくらはぎの筋肉が発達し、ロッククライマーはビールをがんがん飲む。釣り人は壮大なほら話を語り、ラフティング（急流下り）愛好者は耳に入った水を出そうと頭を振る。温泉目当ての人々はのんびりとワイングラスを傾ける。急ぐことはない。夏の終わりは9月の第1月曜日、テルライド映画祭のエンドクレジットが出た後だ。

最新ベストスポット

テルライドの夏の催し

夏のテルライドで、音響的に恵まれた山あいの地形をうまく利用しているのが、6月開催のテルライド・ブルーグラス・フェスティバルだ。名だたるプレーヤーがこの町を訪れる。駐車場探しも苦労する混雑ぶりで、どこからともなくマンドリンやバンジョーの音色が聞こえてくる。谷の突き当たりのキャンプ場では、滝がつくり出す霧の中でジャムセッションが自然発生することも。フラット＆スクラッグスが何のことかわからなくても、いつの間にか足はリズムを刻んでいる。

www.bluegrass.com/telluride

■ 旅のヒント **テルライド** www.visittelluride.com、www.telluride.com **テルライド映画祭** 映画祭の時期はチケットと宿を早めに確保すること。www.telluridefilmfestival.org

個性的な出品作で知られるテルライド映画祭は、ハイキングと並ぶ町の名物だ。

トラバースシティーのナショナル・チェリー・フェスティバルは、タルトチェリーが主役。加工品も人気が高い。

米国ミシガン州

トラバースシティー

「チェリー・カントリー」の中心地では、何を食べてもチェリー入り。

ミシガン州、ロワー半島の北西部は7月、チェリー天国になる。米国のタルトチェリーの半分以上を生産するトラバースシティーでは、ナショナル・チェリー・フェスティバルを開催。担当者のスーザン・ウィルコックス・オルソンは言う。「摘みたての新鮮なチェリーがお迎えします」

あとはひたすらチェリー尽くし。祭りを象徴するケーキ、チェリークラムと、冷たいチェリーレモネードを味わう。ファーマーズマーケットでチェリーのプリザーブ（砂糖煮）を買い、チェリーを使ったバーベキューやマスタードを試食。食べ過ぎたら、駆けっこに参加しよう。完走の賞品は、カップいっぱいのチェリーだ。

チェリーパイ早食いコンテストに参加できるのは、子どもだけ。パイを一切れ、手を使わずに食べる子どもたちは、顔じゅう真っ赤にして、満面の笑みだ。

最新ベストスポット

オールド・ミッション半島

グランド・トラバース湾を東西に分けているのが、長さ22マイル（35キロ）のオールド・ミッション半島だ。ワイナリーや果樹園、アンティークショップ、小さなホテルが点在し、うねりながら青い海へと下っていくブドウ畑の景色は素晴らしい。のんびりドライブして、道路脇の露店やファーマーズマーケットで、チェリーやリンゴをつまもう。19世紀半ばから続くオールド・ミッション・ゼネラル・ストアでアイスクリームを買い、食材を仕込んで突端近くのハセロット・ビーチまでピクニックするのも楽しい。

www.oldmission.com

■ 旅のヒント　**ナショナル・チェリー・フェスティバル**　www.cherryfestival.org

Top10 野外音楽ステージ

見て、聴いて、感動する。
野外ステージは演奏にも引けをとらない主役ぶりだ。

1 グレート・ステージ・パーク
米国テネシー州マンチェスター

毎年6月に285ヘクタールのグレート・ステージ・パークで開催される音楽の祭典、ボナルー・フェスティバルに行こう。巨大イベントなので、混雑と南部の焼けつく太陽を覚悟すること。しかしその価値はある。ジャムバンドからロックの大物、ブルーグラス、ファンクまで、音楽好きなら夢のような時間が過ごせる。

www.bonnaroo.com

2 レッド・ロックス公園・円形劇場
米国コロラド州デンバー

自然が造り出した円形劇場のうち、オーディオエンジニアが生涯かけて追求するような完璧な音響効果を持つのは、ここぐらいだ。名前の通り、高さ90メートルもある赤い砂岩の巨石が、観客ににらみをきかせる。redrocksonline.com

3 グリーク・シアター
米国カリフォルニア州ロサンゼルス

グリフィス公園にある5800人収容の野外ホール。優れた立地と音響で、お目当ての公演以上に印象が残る。小規模なので舞台がよく見えるし、臨場感も抜群だ。www.greektheatrela.com

4 モントリオールのダウンタウン
カナダ、ケベック州モントリオール

モントリオールのダウンタウンは毎夏の10日間、世界でいちばん熱い音楽都市になる。モントリオール国際ジャズフェスティバルが始まると、付近の交通は遮断され、音楽を楽しむ人だけの世界になる。

www.montrealjazzfest.com

5 スレイン城
アイルランド、ミース州

マドンナ、U2、ローリング・ストーンズといった大物さえも影が薄くなるのは、舞台がスレイン城だからだ。現在の当主は第8代コニンガム侯爵ヘンリー・マウントチャールズ卿で、1701年から一族の居城だった。天然の半円形劇場はロックコンサートにぴったり。聖パトリックやジョージ6世ともゆかりがある。

www.slanecastle.ie

6 ダルハラ円形劇場
スウェーデン、レットビーク近郊

石灰岩の古い採石場だったこの場所ほど、いろいろな意味でクールなコンサート会場はない。階段状になった灰色の石の観客席と、中央で水をたたえる池は、思わずシャッターを切りたくなる。ガイドツアーと夜のイベントの2本立てで楽しもう。

www.dalhalla.se

7 アウディトリウム・パルコ・デッラ・ムジカ
イタリア、ローマ

レンゾ・ピアノ設計の近代的な音楽施設だが、古代ローマの劇場を彷彿させる。3000人収容の野外劇場はいかにもローマ風で、音響も悪くない。

www.auditorium.com

8 ブレゲンツ音楽祭の湖上ステージ
オーストリア、ウィーン

1946年から続くこの音楽祭では、毎回巨大なセットの湖上ステージをしつらえ、耳だけでなく目でも観客を楽しませる。

bregenzerfestspiele.com

9 スルタンのプール
イスラエル、エルサレム

16世紀、オスマン帝国のスレイマン大帝が古代の貯水池をよみがえらせた。その500年後、夏の渇水期には、音楽で人々をリフレッシュさせる場所となっている。

www.gojerusalem.com/items/796/Sultans-Pool

10 エスノミール
ロシア、モスクワ近郊

モスクワから90キロの場所に2008年に開設された総合文化施設、エスノミールでは毎夏、野外音楽祭、ワイルド・ミント・ミュージック・フェスティバルを開催。ロシア内外のミュージシャンも出演する。

eng.mintmusic.ru

オーストリアのブレゲンツ音楽祭は、名物の湖上ステージが作品を盛り上げる。ウンベルト・ジョルダーノ「アンドレア・シェニエ」を上演時。

アイオワ・ステート・フェアには楽しい乗り物が盛りだくさん。勢いよく回転しながら、360度の眺望を楽しもう。

米国アイオワ州

デモイン

農業と地域を振興するための米国らしい祭りで、お腹をいっぱいにしよう。

蒸し暑い8月、アイオワ州の州都デモインでは、町の人も村人も農業の伝統を祝う10日間のお祭り騒ぎに加わり、観光客や地元民同士で気楽な競争に興じる。それがアイオワ・ステート・フェアだ。会場となるのは、100年以上前から品評会に出す家畜を入れていた建物。大きな牛、肥えた豚、見事な出来栄えの作物などが集まる。悪名高い二重観覧車に挑戦したり、バターで作った牛の像を見物したり、朝食の卵から夕食のポークチョップまで1日の食事を1串に刺した料理を食べたりと、楽しみはいろいろだ。

核となるのは家畜や農産物の品評会。審査は昔ながらの方法で、優勝者にはブルーリボンが与えられる。歴史家のトマス・レスリーは、「面白いのは家畜です」と言う。「羊の審査を見ていると、筋肉のバランスが農家にとって最も重要だとわかる。あくまで農家のための催しなんです」

ここに注目

1等賞を狙え!

品評会で優勝できるような豚や、重さ1.6キロのトマトがなくても、ステート・フェアで1等賞になれるチャンスはある。チェス、フィドル(バイオリン)、綴り方、ヨーヨーなど、毎年さまざまな競技会が開催されて、開始30〜60分前に申し込めば誰でも参加できるのだ。歴史家のトマス・レスリーは言う。「ありとあらゆる競技会がありますよ。とにかく楽しんで、気晴らしになればいいんです」。それがアイオワっ子の心意気だ。
www.iowastatefair.org/competition/categories

■旅のヒント **アイオワ・ステート・フェア** デモイン国際空港へは世界各地からフライトがある。フェアのチケットはウェブで事前購入可能。www.iowastatefair.org

カナダ、ケベック州

モントリオール

7月開催のコメディー・フェスティバルでは、名だたる文化都市に笑いが渦巻く。

7月、モントリオールでは、劇場やレストラン、美術館が並ぶカルチェ・デ・ペクタルを中心に、洗練された通りをナンセンスな笑いが駆け抜ける。1カ月にわたって続くコメディーの祭典、ジャスト・フォー・ラーフスで、大勢のコメディアンやお笑い芸人たちが町を席巻する。

劇場やクラブに引きこもっては魅力も半減。真のバカバカしい笑いは路上にある。フェスティバルの運営委員長アンディ・ナルマンは言う。「ダウンタウンの交通を遮断して遊び場にしてしまうんです。泡パーティーをしたこともあります」

竹馬に乗ったカンカンダンサーや、レ・グロス・テートと呼ばれる大頭の仮装が出没し、舌の扮装《ふんそう》をしたコメディアンがまくし立ててくる。バスにも注目。「バスがバックで走っているように見える細工をしたこともあります」とナルマンは振り返る。

食の楽しみ

ショーの合間に手早くグルメ

大笑いの合間にすばやく空腹を満たすなら、フード・スークへ。人気のフードトラックや屋台が、フェスティバル期間中は毎日、サント・カトリーヌ通りにずらりと並ぶ。地元名物プーティン（フライドポテトにチーズとグレービーソースをかけたもの）にフォアグラをあしらった豪華版や、たこ焼き、フローズンデザートがおすすめ。グルマン78の豚のバーンミー・タコス、ラ・マンジョワールのル・デカダン（ピーナツバター、ヌッテラ、ベーコンを挟んでグリルしたサンドイッチ）にかぶりつこう。www.grumman78.com

■旅のヒント　**モントリオール・ジャスト・フォー・ラフス・フェスティバル**　チケットをお得に買うなら、パスポート持参で「スペシャル・オファー」の窓口へ。www.hahaha.com

モントリオールで開催されるジャスト・フォー・ラーフス・フェスティバル。横丁も表通りも喜劇の舞台になる。

米国メーン州

夜空に降る流星群

今はもう大きくなった子どもたちがまだ幼く、iPhoneの画面より夜空を見上げるほうが楽しかった頃、毎年8月初めになると、ペルセウス座流星群の始まりを指折り数えていた。60歳になった私は今、流れ星に夢中になっていたあの頃を思い出すと、目がうるんでくる。

当時はメーン州の海沿いにある魔法のような町、ブルー・ヒルで夏を過ごしていた。私たちが借りていたキャビンは魔法のように美しい入り江に面していたが、名前はスティンキー・コーブと素敵ではなかった。しかし名前と違って臭くなかったことは断言しておく。

流星群がたくさん見える北の空に目を凝らす。星の光をさえぎる満月でない夜は見やすい。8月初旬の新月の夜なら完璧だ。日がすっかり落ちたら、デッキチェアの背もたれを倒す。あとはひたすら眺めるだけ。最初に見つけた人には賞金を出していた。子どもたちが小さいときは25セントで十分だったが、だんだん金に目がくらむようになると、1ドルが相場となった。しばらくすると誰かが叫ぶ。「あった！」その方向を見ると、夜空に小さな光が走る。やがてもう1つ。また1つ。30個以上見つかる夜もあったが、子どもたちは飽きてきて、「リトル・マーメイド」や「子猫物語」を見たいと言い出す。

この天体ショーは北半球ならどこでも楽しめるが、私たちには、スティンキー・コーブの木のデッキチェアと、静かな海が最高の天文台だった。海がないでいたら――私の記憶ではいつもそうだったが――流れ星が鏡のような海面に映るのだ。どこかでアビが鳴いている。少し不気味な鳴き声に混じって、ニシンをたらふく食べたアザラシの派手なげっぷも聞こえる。そのこっけいな音に、家族みんなでくすくす笑ったものだった。

著者　**クリストファー・バックリー**

小説家。『ニコチン・ウォーズ』など、これまでに15作を発表。

ペルセウス座流星群の時期に夜空を見上げれば、流れていない無数の星たちも出迎えてくれる。

米国ロードアイランド州

ニューポート

2大音楽フェスティバルで、伝説的な名プレーヤーや新しい才能に耳を傾ける。

7月後半と8月初めの2回、ニューポートの人口は膨れ上がり、ナラガンセット湾に白いヨットが浮かぶパノラマがステージの借景になる。1954年にニューポート・ジャズ・フェスティバルが始まって以来の夏の伝統だ。フォーク・フェスティバルも伝説的なイベントで、音楽フェスティバル黄金期を築いた。

会場はかつて砦だったところで、収容人数は1万人前後と小さめだが、催しの密度が濃く、テント間の移動で忙しい。フォーク・フェスティバルはブルーグラスやインディー・ロックといったジャンルの既成概念を打ち壊し、親密な雰囲気が漂う。「93歳のピート・シーガーと『わが祖国』を合唱したときは、みんな声を張り上げていましたよ」と、フォーク・フェスティバルのプロデューサー、ジェイ・スウィートは言う。「自分よりも大きなものの一部になっていると感じたのでしょう」

最新ベストスポット

ニューポート・クリフウォーク

大西洋を望む険しい岩場の海岸線と、貴族の屋敷のような邸宅に挟まれて絶景を楽しめる遊歩道が、全長3.5マイル(5.6キロ)のニューポート・クリフウォークだ。19世紀後半から20世紀初頭に建設されたこれらの邸宅は、産業革命で財を築いた米国の大富豪たちの夏の「田舎家」だった。曲がりくねる遊歩道は私有地にも入り込むが、植民地時代の布告のおかげで通行できる。道ぞいの邸宅には、博物館として一般公開しているところもある。
www.newportmansions.org

■ 旅のヒント　**ニューポート・ジャズ・フェスティバル**　www.newportjazzfest.org　**ニューポート・フォーク・フェスティバル**　www.newportfolk.org　**ニューポート**　www.discovernewport.org/

ニューポートの美しい風景に目もくれず、音楽に目も耳も預ける観客たち。

当時の旗と衣装をまとい、笑顔で行進するパレード参加者。ワシントンD.C.の7月4日は政治が少しだけ遠ざかる。

米国

ワシントンD.C.

7月4日、米国の首都では独立と多様な文化を祝う。

7月4日を大々的に祝うのは、首都だからある意味当然だ。ナショナル・モールの芝生は身動きもままならず、太陽が傾いても、みんな汗びっしょりで、共同体意識が生まれてくる。ロシア生まれで米国に移住した男性が言うには、「ここでお祝いをすると、米国史の一部になった気がする」。午後はナショナル交響楽団の伴奏で、一流ミュージシャンの無料コンサートが開かれる。日が暮れる頃、観客はワシントン記念塔のほうを見てそわそわしはじめる。夜空に花火が打ち上がるのを待っているのだ。

7月のもう1つの楽しみは、スミソニアン民俗フェスティバル。ナショナル・モールが会場で、10日間の会期中、世界各地の文化を紹介するコンサートやダンス、体験教室などの催しがある。2つの祭りは通底している。世界各地の伝統を伝えることで、多様性とその調和を祝福するのだ。

ここに注目

ワシントンD.C.近郊の花火大会

■メリーランド州フレデリック　植民地時代から続く通りを散策した後、花火会場のベイカー・パークへ。
www.celebratefrederick.com

■バージニア州リーズバーグ　1812年、独立宣言と合衆国憲法の原本を英国軍から守った町。アイダ・リー・パークで花火が打ち上げられる。
www.leesburgva.gov

■バージニア州マウント・バーノン　ジョージ・ワシントンの家のそばを流れるポトマック川の上空で、日中にカラースモークが打ち上げられる。
www.mountvernon.org

■旅のヒント　**ワシントンD.C.**　washington.org　**スミソニアン民俗フェスティバル**　www.festival.si.edu

Top10 米国独立記念日を祝う

**米国ならではのお祭りに、
独立の精神が映し出される**

1 カリフォルニア州インディペンデンス

シエラ・ネバダ山脈東部の奥深くにある、小さな町インディペンデンス。雪をかぶった山を背景に打ち上がる花火を眺めながら、パンケーキやパイをほおばり、コミュニティー・パレードの山車や消防車を見物する。www.independence-ca.com

2 コロラド州テルライド

自警消防団が7月4日に開催するバーベキューは、テルライド鉱業博物館が会場。ルートビアが無料でふるまわれる。サンフアン山脈にあるテルライドは、世界に名だたるスキーリゾート。独立記念日には、F-16戦闘機の儀礼飛行、花火、メインストリートのパレードでにぎわう。www.visittelluride.com

3 アリゾナ州ビスビー

かつて銅山で栄えた西部の町ビスビーでは、1.5マイル（2.4キロ）をコースターカーで走るレースが開催される。パレードを見物し、9～16歳の子どものレースに声援を送ったら、ブルワリー・ガルチに行こう。伝統的な採鉱技術のコンテストがある。
www.discoverbisbee.com

4 テキサス州セギーン

サン・アントニオから北東に40分歩けば、セギーンのダウンタウンに到着。「独立記念日のパレードがいちばん大がかりな小さな町」では、料理と音楽が楽しめるフリーダム・フィエスタや、ウェーブ・プールでのフィエスタ・スイムも開催。www.seguintexas.gov

5 ネブラスカ州スワード

「米国の7月4日を象徴する町」と呼ばれるスワードは、リンカーンから西に車で約30分ほどの草原の集落で、1868年から華やかに独立記念日を祝ってきた。グランド・パレードやアップルパイ早食い競争、おもり木競争といった催物は、学生や市民グループが企画・実行する。www.julyfourthseward.com

6 ミズーリ州ハンニバル

川沿いの美しい町の7月4日はナショナル・トム・ソーヤー・デイズも重なっていて、マーク・トウェインの世界が広がる。7月4日を含む4日間、塀の落書きコンテスト、ライブ、泥んこバレーボールなどが行われる。www.visithannibal.com、www.hannibaljaycees.org

7 ミシガン州マキノー島

島内は車の乗り入れができないので、移動は、馬がひづめの音も高らかに引くタクシーを利用。お楽しみは昔ながらの二人三脚や卵入れ競争、独立戦争時代からの砦でのオール・アメリカン・ピクニックなどシンプルなものばかり。日が暮れたら海辺に毛布を敷いて、花火見物だ。www.mackinacisland.org

8 テネシー州クリントン

アパラチア博物館の敷地に1歩入ると、西部開拓時代の独立記念日の祝賀行事を体験できる。ブルーグラス、ベル鳴らし、横木挽きなどの催しもある。圧巻は、火薬を爆発させて重さ45キロの鉄のかなとこを飛ばすアンビル・シューティングだ。ノックスビルの北28キロ。museumofappalachia.org

9 サウスカロライナ州ミュレルズ・インレット

サウスカロライナのシーフードの都と呼ばれる、のどかな町。7月4日のパレードにもこの町らしさがよく表われる。満潮時には、漁船やプレジャーボートなどが旗で飾り立て、警笛を鳴らしながら海岸線に姿を見せる。www.murrellsinletsc.com

10 メーン州バー・ハーバー

アカディア国立公園の玄関口で、古い歴史を持つリゾート地が赤、白、青の細い旗で埋めつくされる。戸外でとるブルーベリー・パンケーキの朝食で始まり、フレンチマンズ・ベイの花火で終わる。パレード、シーフード・フェスティバル、ロブスターレースも楽しい。www.barharborinfo.com

小さな町ハンニバルの7月4日は、独立記念日とナショナル・トム・ソーヤー・デイズが重なり、楽しい催しが盛りだくさんだ。

米国バージニア州

シンコティーグ・ポニースイム

「ポニーの大群が海に突進し、突然泳ぎはじめる。
その光景は強烈で、一度見たら忘れられない。
対岸が見えているのかどうかわからないが、それでも必死に脚を動かす。
これなら大丈夫と胸をなでおろし、実際にどの馬も海を渡りきる。
まるで海神ポセイドンの戦車を引いているかのようだ」

K・M・コスティアル、ナショナル ジオグラフィック ライター

アサティーグ海峡を野生馬の大群が渡る、シンコティーグ・ポニー・スイム。潮の流れが穏やかで、幼い子馬でも安全に渡れる、7月の最終水曜に行われる。
写真：アサティーグの湿地を疾走する野生馬。

島の船着場で日が暮れていくのを眺めながら、何時間でも座っていたい。

米国サウスカロライナ州

ポーレイズ島

心地よい夏の海風を浴びながら、手つかずの砂浜で貝拾いをする。

ポーレイズ島は、大西洋岸に浮かぶ長さ3マイル（5キロ）の砂州の島。本土とはクリークが隔てるだけだが、開けた海岸線は真夏でも静けさに満ちている。この島は夏をゆっくり過ごすのにぴったりだ。美しい自然がそのまま残る砂浜で日光浴をして、歴史地区で戦前に建てられた家々を眺める。沼ではカレイが釣れるし、入り江でカヤックをこぐのも楽しい。レストランや店舗は川向こうにいくらでもあるが、あえて島に留まり、何もしないのがぜいたくだ。

40年以上、ここで家族と休暇を過ごすローレン・コップのおすすめは、海に面した家を借りて魚介類を自前で調達し、ローカントリー・ボイルにすることだ。「エビは投網で獲れるし、わなをしかければカニも入ってくる。市場で薫製ソーセージとトウモロコシを買って、全部鍋に放り込むだけ」。あとは海風に吹かれながら舌鼓を打てばいい。

食の楽しみ

パルメットチーズ

チェダーチーズにハラペーニョ、マヨネーズ、スパイス類をブレンドした香り豊かなパルメットチーズは、この島で古くから営業しているシー・ビュー・インで誕生した。夏の間、ローカントリー・シュリンプ・ボイルに添えて、前菜として週に1度出していたが、あまりの人気でいろいろな料理に使われるようになり、今では専用のウェブサイトまである。ゆでたてのエビにつければ、地元ならではの最高のオードブルだ。パルメットチーズは本土のスーパーマーケットでも買える。
www.pimentocheese.com

■ 旅のヒント　**ポーレイズ島**　www.townofpawleysisland.com　**ポーレイズ・アイランド・リアルティ・カンパニー**　貸家情報を提供。www.pawleysislandrealty.com

メキシコ

コッパー・キャニオン

ノスタルジックな列車で時間を遡り、絶景に息をのむ。

赤い岩山と灌木が生えるだけの砂漠。サボテンが天を突き、ソンブレロをかぶった農民が牛を追う。昔のメキシコが残るこの風景に出会うための手段はただ1つ、チワワ太平洋鉄道、愛称エル・チェペだ。7、8月、雨が滝や大地をうるおし、灰色だった風景が緑と野の花で突然染まる季節に、エル・チェペは谷底から峰まで急斜面を登っていく。

全長653キロの旅の出発地は、断然ロス・モチス。さもないと、景色の美しい場所を夜通ることになる。「列車に乗れば、仕事もストレスも吹っ飛びます」と話すのは、アミーゴ・トレイルズのガイド、イバン・フェルナンデス。「肩の力を抜いてぼんやり景色を眺めれば、心臓が違うリズムを刻みはじめます」。グランド・キャニオンより深くて大きいコッパー・キャニオンには、豊かな歴史と文化が息づき、温かく親しみやすい。驚異のスタミナで長距離走をこなすララムリ族が暮らす土地でもある。

最新ベストスポット

バトピラス

エル・チェペをバトピラスで下車。静かで気さくな雰囲気のこの町は、昔の面影がそのまま残るプエブロス・マジコス（魔法の町）の1つだ。地元ガイドの案内で赤銅色の丘に登り、銀山跡を見学する。ここで採掘され、ラバで運び出された銀は、メキシコの銀行と国の近代化を支えた。バトピラス周辺は、ハイキングやマウンテンバイクのダウンヒルにぴったりだ。渓谷の絶景の中に立つクリーム色の「失われた大聖堂」もぜひ見ておきたい。
www.visitbatopilas.com

■ 旅のヒント **メキシコ** www.visitmexico.com **エル・チェペ** チケットはロス・モチス、チワワなどの駅で買える。www.chepe.com.mx **アミーゴ・トレイルズ** www.amigotrails.com

7、8月は滝の水がコッパー・キャニオンに流れ込み、谷間は緑に染まる。

チリ

ラ・ティラナ

砂漠の町ラ・ティラナの熱い祭りでは、悪魔の踊りと激しい信仰の証が繰り広げられる。

チリ北部の砂漠にある小さな町、ラ・ティラナは人口わずか600人だが、7月の7昼夜だけ25万人が押し寄せ、色彩と音楽、情熱と踊りの洪水になる。ラ・ティラナ祭りだ。ラ・ティラナとは女暴君の意で、インカ帝国の勇猛な王妃のあだ名だ。カルメル会の聖母の祝日である7月16日、真夜中の花火で祭りが幕を開ける。集まった人々は通りで大騒ぎしつつも、ラ・ティラナが埋葬されているという礼拝堂のミサに出席し、供物を捧げる。仮面や衣装を着けたディアブラーダ（悪魔の踊り）の踊り手や楽師は400人を超え、嵐のような激しい動きで悪霊を追いはらう。

町には青空市場も立ち、悪魔人形などの土産も買える。深夜まで踊るなら、ラマ肉の串焼きやソパイピージャ（揚げパン）で腹ごしらえだ。ただしアルコールは祭りが終わるまでご法度。ラ・ティラナは真面目な信仰のときでもある。

ここに注目

アタカマ砂漠

ラ・ティラナのあるアタカマ砂漠は世界で最も乾燥した地域で、400年間1滴の雨も降っていない場所もある。だがチリの冬に当たる6～8月は、気温も22℃と快適だ。空気の条件が天文観察に適しているため、最新鋭の天文台がいくつもある。その一方で暗黒の歴史も背負っていて、1970年代と1980年代のピノチェト政権時代、何千人もの「行方不明者」がここに埋められた。今は間欠泉や、月の谷、時を超越したような砂漠の風景が観光客を引きつけてやまない。

■ 旅のヒント　**ラ・ティラナ・フェスティバル**　宿は早めに確保しよう。ラ・ティラナ行きのバスやタクシーはイキケから出ている。帽子、飲料水、日焼けどめを忘れずに。chile.travel

25万人の人出があるラ・ティラナ・フェスティバル。どんなに混雑しても、華やかな衣装に視線は釘づけだ。

石灰岩の洞窟カベルナ・ダ・トリーニャの探検にはヘルメットが必須だ。

ブラジル

チャパダ・ディアマンティナ国立公園

混雑するビーチを抜け出して、森と山、洞窟と滝が織りなす大自然を満喫しよう。

「ダイヤモンド高原」という意味のチャパダ・ディアマンティナ国立公園は、大西洋岸の森林を抜けるトレイルが素晴らしい。テーブルマウンテン、洞窟系、何百もの滝。大小の川が刻む圧倒的な渓谷は緑で覆われている。この時期、ブラジルは冬。バイーア州は乾期なので道も歩きやすく、洞窟にも入れる。さまざまな色の堆積物が層をなす崖やうっそうとした緑、透明な水。まさに内陸のオアシスだ。

そんな風景の中では誰もが探検したくなる。「ハイキングなら山岳地帯です。マウンテンバイクなどのアウトドアスポーツもいいですよ」と語るのは、ブラジル人旅行作家のアレシャンドラ・デ・ブリースだ。拠点は、石畳が美しい古い町レンソイス。ここから日帰りで行ける滝や洞窟がたくさんある。ハイキングで行けるパイ・イグナシオ展望台からは360度の絶景が眺められ、夜明けや日暮れが美しい。

最新ベストスポット

カパオ渓谷

チャパダ・ディアマンティナから車で90分のところに、ブラジルの自然美に触れられるカパオ渓谷がある。谷あいの素朴な町を出発して、チャパダ・ディアマンティナの最も奥まった地域にも到達できる。ただし徒歩のみ。宿泊は小さなB＆B（1泊朝食付きの宿）のラゴア・ダス・コレスがおすすめ。オーガニック食材、自家製コーヒーを楽しめ、屋外のサウナやフットスパ、渓谷の景色が目の前に広がる瞑想ガーデンもある。
www.lagoadascores.com.br

■旅のヒント　**チャパダ・ディアマンティナ国立公園**　www.guiachapadadiamantina.com.br　**ボレロ・トラベル**　希望に応じてツアーを組んでくれる。www.borellotravel.com

インティ・ライミは太陽祭りの意味。南半球で最も日が短い冬至に行われ、踊りなどの儀式で新しい年の始まりを告げる。

ペルー、サクサイワマン

インティ・ライミ

「町を見下ろすサクサイワマンの遺跡では、インティ・ライミの祝祭感が最高潮に達し、インカ帝国で最も神聖な儀式が、一糸乱れぬ壮大な振り付けで再現される。現代のインカ族が遺跡の中で、王や廷臣、地方の首長、戦士を演じる。彼らはインカの太陽神インティを南の空に呼び戻すために、広大な帝国からはせ参じたのだった」

トム・クラインズ、ナショナル ジオグラフィック アドベンチャー誌2007年11月号

アルゼンチン

ブエノスアイレス

タンゴのワールドカップでは、ラテンの官能が通りにまでほとばしる。

タンゴのワールドカップが開かれる8月、ブエノスアイレスは夢見る町になる。南半球はちょうど冬だが、2週間の会期中、市内のあちこちで催しが開かれ、熱気が高まる。カサ・ロサーダと呼ばれる大統領府近くのマヨ通りは通行止めになり、何百組というカップルがストリートダンスに興じる。重要な公演やコンテストは、コリエンテス通り沿いの劇場や文化センターで開かれることが多い。コリエンテス通りと7月9日大通りが交差し、オベリスコが立つ広場は、野外ミロンガ（タンゴサロン）になる。

アイスランドから移住してきたタンゴ教師の女性はこう語る。「ここはタンゴの聖地。タンゴを踊り、理解するのに最適です」。ワールドカップは、世界中からやってきたタンゴダンサーたちがこの国と出会う良い機会だ。参加者は「濃密な抱擁とタンゴのビート」を初めて知ることになる。恥ずかしがりの人はそばで眺めて、自分も踊った気になろう。

ここに注目

タンゴの歴史

アルゼンチン人の歴史は、タンゴという物悲しいスローダンスに集約される。その起源は、植民地時代に奴隷が伝えたアフリカのカンドンベだ。現在の形になったのは、19世紀後半から。貧しい地域で人々が踊っていたミロンガに、アフリカ人、スペイン系アルゼンチン人、リオ・デ・ラ・プラタの海岸から上陸したたくさんのヨーロッパ系移民の文化が混ざり合った。モダンタンゴで最も重要な楽器バンドネオンは、イタリアやドイツからの移民がもたらしたものだ。アルゼンチンタンゴはユネスコ無形文化遺産に登録されている。

■ 旅のヒント　**タンゴ・ブエノスアイレス／ダンス・フェスティバル＆ワールドカップ**　festivales.buenosaires.gob.ar/en/tango

都市とダンスがこれほど濃密に結びついている関係は、ブエノスアイレスとタンゴ以外にないだろう。8月になると町全体がタンゴ一色に染まる。

近代ゴルフはスコットランドでティーショットが放たれたが、太陽が沈まない夏のアイスランドは、人口1人当たりのゴルフ場の数で世界一だ。

ヨーロッパ

アイスランド

夏の太陽が沈まない国で、終わりのないゴルフを楽しもう。

キャディーが持参した蒸留酒ブレニビンをひっかけ、漆黒の火山岩に挟まれたフェアウェーめがけてクラブを振る。真夜中でも18ホールを十分に回れるほど明るい。アイスランド人はゴルフに目がない。夏になると白夜のおかげで、24時間いつでもプレーできる。

アイスランドには、人口4500人に1つのゴルフ場がある計算で、おそらく世界一だ。ジュニアのナショナルチーム監督で、レイキャビク近郊のケイリル・ゴルフクラブ所属のホルドゥル・アルナソンによると、「冬場のゴルフは寿命が伸びると言って、老人たちはプレーに励む」。ケイリルは火山の荒涼とした風景にあるチャンピオンシップ・コース。北にあるアークレイリ・ゴルフクラブでは、毎年6月に「北極オープン」が開催される。間欠泉ゲイシールの近くや、ウェストマン諸島の火山に造られたコースでプレーするのも面白い。

ここに注目

アイスランドの黒魔術

ゴルフが入ってくる前にアイスランドで人々が夢中になっていたのは、魔術だった。外界から隔絶された長い冬には、悩み事は魔術で解決するしかなかったのだ。17世紀になると、西部フィヨルドが黒魔術の中心地となり、反動で魔女裁判や火あぶりも起こった。人々は死者をよみがえらせるまじないを唱え、悪魔よけに血で額にしるしを描いた。ホルマビークにあるアイスランド魔術・魔法博物館には、暗黒時代の遺物が展示されている。
www.galdrasyning.is

■ 旅のヒント　**アイスランド**　www.visiticeland.com　**アイスランドでのゴルフ**　golficeland.org、www.arcticopen.is、keilir.is

Top10 夏の夕日

**自然が演出する光のショーが、
暑かった夏の1日を締めくくる。**

1 ハレクラニ・リゾート
米国ハワイ州ホノルル

由緒あるリゾートホテル。ベランダに腰を下ろし、海からのそよ風に吹かれながらホテル特製のマイタイをすすっていると、生演奏が始まる。そして夕日だ。ずっとここに住めればいいのに、と誰もが願う。

www.halekulani.com

2 アンテロープ島州立公園
米国ユタ州シラキューズ

グレート・ソルト湖に突き出した最大の島に夕日が落ちる。本土と島を結ぶ道路で眺めるもよし、プロングホーンの群れと一緒に写真に収めてもよし。夕暮れのビッグイベントを実感できる。

stateparks.utah.gov/parks/antelope-island

3 ニューヨーク港
米国ニューヨーク州ニューヨーク

自由の女神が夕日を背景に、優美なたたずまいを見せる。帆をいっぱいに張った大型ヨットの甲板で、シャンパンのグラスを片手に東方向にも目をやってほしい。弱まっていく太陽の光がロワー・マンハッタンの摩天楼に柔らかく反射している。

www.manhattanbysail.com/sails

4 キー・ウェスト
米国フロリダ州

夕日にかこつけたにぎわいという点では、キー・ウェストに並ぶところはない。日が沈む2時間ほど前から、人々はウォーターフロントに繰り出して、買い物をしたり、食べ物の屋台をのぞいたりする。そしてメキシコ湾に目をやると、自然のアートイベントが幕を開けるのだ。

www.sunsetcelebration.org

5 トーレス・デル・パイネ国立公園
チリ

広大な公園内では、100万通りもの夕日が眺められる。花崗《かこう》岩の山々と麓の氷河湖が、ピンク色に燃え上がるのだ。周囲にはみずみずしい緑の苔が点々として、心のシャッターを何度でも切りたくなる。

www.torresdelpaine.com/ingles

6 イア城跡
ギリシャ、サントリーニ島

言うならば、巨大な絵はがき。サントリーニ島最北端、エーゲ海に太陽が傾きはじめると、昔ながらの村やイア城跡の上に広がる空が、抜けるような青から深紅に変わる。夕日スポットとして有名だが、実際に見ればそんなことは忘れて、息をのむだけだ。

www.greeka.com/cyclades/santorini/index.htm

7 クリフトン・ビーチ
南アフリカ共和国ケープタウン

白い砂、青い海。輝く夕暮れの空。ケープタウンの裕福な人々がクリフトンに家を構える理由もよくわかる。だが屋敷を持っていなくても、公共交通機関で行けば、4つあるビーチで自然のスペクタクルは観賞できる（駐車場は少ないので注意）。

www.capetown.travel

8 墾丁国家公園
台湾、恒春半島

台湾最南端、台湾海峡を望む墾丁西岸からの眺めは素晴らしい。人気スポットでないので、夕日を1人じめできるかも。熱帯の動植物やチョウの観察も。

www.ktnp.gov.tw/eng

9 バイロウ湾
フランス領ポリネシア、ボラボラ島

ホテルのテラスに腰を下ろしたら、あとは時間が過ぎるのを待つだけ。太陽が水平線に出会うと、世界がまばゆく輝きはじめる。ホテルはどこも恐ろしく高いが、夕暮れのショーは無料で、最高の楽しみだ。

www.tahiti-tourisme.com

10 ウルル（エアーズロック）
オーストラリア、ノーザン・テリトリー

オーストラリア内陸部の草原にそびえる、高さ350メートルの巨大な砂岩の一枚岩。太陽が地平線に近づき、空が刻々と色を変えていくとき、ウルルは真っ赤に燃え上がる。夕日を眺めるスポットを決める前に、周囲を歩いてみよう。

www.parksaustralia.gov.au/uluru

ボラボラ島の完璧な絵はがきのような光景は、夕暮れの度に美しさを増していく。海水までもが夕暮れの色に染まる。

自転車を使ったアクロバティック・ダンス。フリンジではとにかく意外性が勝負だ。

英国スコットランド

エディンバラ

重苦しい外套を脱ぎすてる夏は、音楽とコメディー、ダンスとゴルフが花盛り。

スコットランドの都エディンバラ。夏の明るい日差しを浴びて、たくさんの人が通りを行き交う。フェスティバルのサーカスショーやコメディーを見たばかりの人もいれば、太古の火山の上に建てられたエディンバラ城の城壁にとりついて登る人も。海岸を車で1時間ほど行けば、聖地巡礼のゴルファーたちがティーショットを打つ。

へんてこでおかしなショー

エディンバラは夏の最後の1カ月、熱に浮かされる。8月、格式高いエディンバラ国際フェスティバルと並行して、世界最大級のアートフェスティバル、エディンバラ・フリンジが幕を開けるのだ。知る人ぞ知るオフビートのコメディー、音楽、ダンス、演劇が、市内の大小250カ所以上を舞台に繰り広げられる。その規模たるや圧巻で、公演数は2700近く、200万人が集まる。公演の多くは無料。どれも風変わりな内容で、なかには別の惑星から来たのかと思うほどぶっ飛んだものもある。

8月、世界最大級のアートフェスティバル、エディンバラ・フリンジが幕を開け……、市内の大小250カ所以上を舞台に繰り広げられる。

毎年8月にエディンバラ城で3週間にわたって開催されるミリタリー・タトゥーは、軍楽隊の演奏など多彩なパフォーマンスに20万人が集まる。

セント・アンドリューズはいろいろな意味で、現代スコットランド発祥の地だ。近代ゴルフも大学もこの地から始まった。

出発はロイヤル・マイルから。火食いや縄抜けなど大道芸人がひしめきあい、芸を披露する。最大の見どころは、何でもありのステージだ。ノース・ブリッジ近くのクラブでは、ブレイクダンスのスコットランド選手権が開かれる。エディンバラ城のそばでは、ダンテの「神曲:地獄篇」がサーカス形式で上演される。小劇場では、スペイン無敵艦隊のミュージカル・コメディーや学園ミュージカルの「グリース」を大真面目に再解釈した舞台まで。いずれも笑いをこらえるのが大変だ。

ウォーターフロントを放浪する

夏に元気がいいのは、ウォーターフロントも同様だ。かつて栄えた港とその周辺は、歴史と文化の中心地に姿を変えた。王室所有のブリタニア号は全長126メートルの蒸気船で、英国女王の「浮かぶ宮殿」だったが、1997年に退役して現在は博物館になっている。次は、豊かな文化と伝統を象徴する一杯をいただきに、スコッチ・モルト・ウイスキー協会を訪ねよう。羽目板の部屋で革のソファーに腰を下ろし、ハイランドとアイランドのスコッチの違いを教えてもらえる。

伝説のグリーンでラウンド

人混みにうんざりしたら、伝説のゴルフコースを訪ねよう。エディンバラから東海岸を56マイル(90キロ)行ったところにあるセント・アンドリューズのロイヤル&エンシェント・ゴルフクラブは1754年創設で、世界のゴルフの総本山だ。7つのゴルフコースのうち、超一流のゴルファーが踏みしめた美しいオールド・コースでプレーすることは、すべてのゴルファーの夢だ。一見すると簡単そうな印象だが、自らを過信してはならない。広大なグリーンは手ごわいことで有名で、100カ所以上のバンカーが待ちかまえる。

エディンバラに戻る道すがら、英国ゴルフ博物館に立ち寄ろう。初期のクラブや、18世紀に作られた手書きのルールブックなど、1万7000点を所蔵している。

食の楽しみ

エディンバラで食べるスコットランド料理

エディンバラ城近辺で手軽に食事ができる店。

■エレファント・ハウス　ジョージ4世橋の近くにあるカフェ。国民食ハギス(羊の内臓料理)、ニープ(カブ)、タティ(マッシュポテト)などが食べられる。『ハリー・ポッター』シリーズの作家J・K・ローリングも常連。
www.elephanthouse.biz

■グレイン・ストア　中世の穀物倉庫を利用したレストランで、新感覚のスコットランド料理がいただける。オークニー諸島産ホタテのセビーチェや、アバディーンアンガス種のステーキ、牛タン添えがおすすめ。
www.grainstore-restaurant.co.uk

■ナンバー・ワン　スコットランドを代表するバルモラル・ホテル内にあるミシュランの星付きレストラン。シンプルなシーフードから鹿肉のブラックベリーソースまで、メニューは多彩。
restaurantnumberone.com

フリンジ・フェスティバルに出演した和太鼓グループ「TAO(タオ)」。

■旅のヒント　**エディンバラ**　www.visitscotland.com　**エディンバラ・フリンジ**　www.edfringe.com　**ブリタニア号**　www.royalyachtbritannia.co.uk　**スコッチ・モルト・ウイスキー協会**　www.smws.co.uk　**ゴルフ**　www.randa.org、www.standrews.org.uk、www.britishgolfmuseum.co.uk

Top10 夏の演劇祭

音楽から第一級のシェークスピア劇まで、
シーズン最高のパフォーマンスに酔いしれる。

1 ストラトフォード演劇祭
カナダ、オンタリオ州、ストラトフォード

5～9月、北米最大の古典専門劇団が、シェークスピアの偉大な喜劇や悲劇を優れた俳優で上演する。

www.stratfordfestival.ca

2 ニューヨーク・ミュージカル・シアター・フェスティバル
米国ニューヨーク州ニューヨーク

毎年7月、このフェスティバルで新作ミュージカルが十数本初演される。場所はニューヨークの劇場街。ここで好評だった作品は、ブロードウェーやオフ・ブロードウェーで上演される。トニー賞を受賞した「ネクスト・トゥ・ノーマル」もその1つだ。

www.nymf.org

3 カラカス国際演劇祭
ベネズエラ、カラカス

ベネズエラの首都で30年以上続く、ラテンアメリカを代表する演劇祭。毎年4月、世界中から劇団が集まり、通りや広場、劇場で2週間にわたり、チェーホフ「桜の園」やイプセン「ヘッダ・ガーブレル」、ダンテ「神曲:地獄篇」などを上演。

www.festivaldeteatrodecaracas.org.ve

4 エディンバラ国際フェスティバル
英国スコットランド、エディンバラ

第二次世界大戦後間もなく始まったフェスティバル。毎年8月開催で、世界を代表するアートフェスティバルになった。上演作品もギリシャ悲劇の「エレクトラ」から、新解釈の「マクベス」まで多彩。本部があるハブは、エディンバラ城とホーリールード宮殿を結ぶ道、ロイヤル・マイルにある。

www.eif.co.uk

5 オープンエア・シアター
英国イングランド、ロンドン、リージェンツ・パーク

英国最古の常設野外劇場。ビビアン・リーもジュディ・デンチもこの舞台に立った。5～9月に数演目行われ、13万人以上が観劇する。お弁当持参で芝生に腰を下ろし、夏にぴったりのカクテル、ピムズをすすりながら、のんびり見るのがおすすめ。

openairtheatre.com

6 アビニョン演劇祭
フランス、アビニョン

フランス南部で7月に開催されるこの演劇祭では、毎夜最低1つは新しい舞台が幕を開ける。会期中は町全体が劇場になり、20カ所ほどの歴史的建造物に舞台がしつらえられる。アビニョン教皇庁最大の中庭は、夏の夜を観劇で過ごす人々でにぎわう。

www.festival-avignon.com

7 チューリッヒ・シアター・スペクタクル
スイス、チューリッヒ

毎年8月、独立系劇団が参加して切れ味鋭い作品を上演するヨーロッパ屈指の現代演劇フェスティバル。会場はチューリッヒ湖畔のラントビーゼで、野外ステージの他に、造船所でも上演できる。

www.theaterspektakel.ch

8 ナショナル・アーツ・フェスティバル
南アフリカ共和国グラハムズタウン

6～7月、南アフリカの東ケープ州で行われるアフリカ最大の文化イベント。4～13歳の子どもが参加できる演劇ワークショップや、路上演劇の上演もあり、町全体が祝祭的な雰囲気に包まれる。

www.nationalartsfestival.co.za

9 いいだ人形劇フェスタ
長野県飯田市

「人形劇の町」をうたう飯田市で、毎年8月に開かれる国内最大の人形劇フェスティバル。伝統的な文楽から現代ものまで約150団体が参加し、飯田人形劇場を中心に、市内十数カ所で上演する。

www.iida-puppet.com

10 パース国際アーツ・フェスティバル
オーストラリア、パース

1953年開始と、南半球最古の国際的なアートフェスティバル。3週間の会期中にナショナル・プレイ・フェスティバルも開かれ、オーストラリア気鋭の劇作家の新作が上演される。会場の1つであるヒズ・マジェスティーズ・シアターは、オーストラリアで唯一現役のエドワード7世様式の劇場だ。

corporate.perthfestival.com.au

アビニョン演劇祭の1コマ。
教皇庁の中庭で、役者が
チャップリンを演じる。

アーサー王もこの浜に立ったのだろうか？　現代の騎士たちはサーフボードでさっそうと大西洋の波に乗る。

英国イングランド

コーンウォール海岸

水泳やサーフィンをしたら、風光明媚な海岸を歩き、岬を目指そう。

18世紀の密輸船や海賊船は、「地の果て」コーンウォールの入り江や断崖に押し寄せる荒波を乗り越えて航海した。今、波に乗るのはウェットスーツのサーファーたち。なかでもニューキーから少し離れたフィストラル・ビーチは、手ごわい大波が来ることで知られている。「フィストラルは波が安定しているんです」と語るのは、サーフスクールを経営するベン・リディングだ。「干潮時には1キロにもなる浜が、大西洋のうねりをつかまえます。それに“クリバー”もありますし」。クリバーとは高さ9メートルにもなる伝説の大波で、年に1、2回しか出現しない。

ハイキング好きには、サウスウェスト・コースト・パスがある。村やゲストハウスが点在する長距離トレイルで、日が長い夏は金色に染まる夕暮れが美しい。ポースカーノのビーチもおすすめ。「ここは光が違います。美しく、劇的です」

最新ベストスポット

ティンタジェル岬

コーンウォール海岸北部の岬に立つティンタジェル城は、アーサー王が誕生したという伝説の地。よく晴れた日を選んでピクニックに出かけよう。紀元1～4世紀の居住跡もある。地中海で作られたガラスや陶器の破片が発見されていることから、交易拠点として栄えていたようだ。12世紀にアーサー王生誕の地と定められ、コーンウォール伯爵が城を建設した。キャメロットの王がここにいた証拠はないが、渦まく潮だまりや砕ける波を見ていると、ロマンチックな想像がかき立てられる。
www.english-heritage.org.uk

■ 旅のヒント　**コーンウォール海岸**　ロンドンのパディントン駅から西部地方までは鉄道で5時間の旅。ガトウィック空港からニューキー空港まで空路は70分で、便数も多い。www.visitcornwall.com

スウェーデン

ゴットランド島

中世の起源を称える祭りでゴシックな空気に浸る。

スウェーデン最大の島、ゴットランド島への旅は、過去への時間旅行だ。1361年、デンマークと繰り広げたスカンジナビア史上最大級の激戦はさまざまな騎士伝説を生み、8月の「中世週間」にも色濃く影を落とす。

舞台は、「北欧で最も良く保存されている要塞商業都市」としてユネスコ世界遺産に登録された、バイキングの町ビスビーだ。祭りには中世の衣装で参加する（現地で買える）。青空市場や居酒屋の大宴会でたらふく食べたら、中世の音楽に合わせて踊り、サガ（散文作品）の語りに耳を傾ける。

最大の呼び物は、甲冑に身を固めた戦士がぶつかりあう馬上槍試合だ。中世週間のディレクター、ビョルン・サンドベリは言う。「選りすぐりの騎士たちが名誉をかけて戦う様子を、何千人もの観衆がはやしたてます。弓の射手や道化が場を盛り上げ、トランペットが鳴りわたり、得点を示す旗がひるがえる。想像を超えた壮大なスポーツです」

ここに注目

ビクトアル組合

14世紀末、ゴットランド島はビクトアル組合という海賊に支配されていた。元々彼らは、スウェーデン王がデンマークの侵略を阻止するために組織した私掠船組合の一員だったが、すぐに海賊となってハンザ同盟を脅かし、国籍に関係なく手当たり次第に船を襲っては、戦利品をビスビーの根城に持ち帰った。彼らのときの声「神は友なり、世界は敵なり」はバルト海に響きわたった。しかし1398年、ドイツ騎士団がゴットランド島を侵略、組合一味を一掃した。

■ 旅のヒント　**ゴットランド島**　gotland.com　**中世週間**　www.medeltidsveckan.se

中世から続く教会と赤い屋根の家々が静かにたたずむ、静けさに満ちたビスビーの町。だが8月の中世週間は大いに盛り上がる。

ノルウェー

スバールバル諸島

「彼は双眼鏡で、ノルウェーと北極点の間にある
スバールバル諸島の先に広がる海氷を眺めた。
この諸島最大の島はスピッツベルゲン島で、
ノルウェー人がイスビョン（氷のクマ）と呼ぶ
巨大な動物の生息地になっている」

トール・ラーセン、ナショナル ジオグラフィック誌 1971年4月号

ノルウェー海に浮かぶスバールバル諸島は半分以上が氷河に覆われているが、それでも2500人の人間と2500頭のホッキョクグマがここを住みかにしている。

ヨーロッパ

バルト海

ロマンチックなクルーズの醍醐味を堪能しながら、沿岸の都市を訪ねよう。

ストックホルムを出航したフェリーは青銅色の海を進み、コテージが点在する群島の風景をあとにして、バルト海を目指す。バルト海は夏でも灰色でひんやりしているが、氷山がないのでクルーズに最適だ。

ロシアの船会社セント・ピーター・ラインは、ロシアのサンクトペテルブルク、スウェーデンのストックホルム、フィンランドのヘルシンキ、エストニアのタリンを結ぶフェリーを運航する。このフェリーの魅力は、寄港地で下船して数日滞在できることだ。他のクルーズなら数時間で船に戻らなくてはならない。72時間までならサンクトペテルブルクにもビザなしで滞在できる。

乗客にはスウェーデン人やフィンランド人も多く、バルト海らしい雰囲気が漂う。船内ではロシア式マッサージやサウナが楽しめ、ロシアのポップスや民族舞踊のステージもある。レストランにはキャビアにシャンパン、そしてウォッカ。朝には新たな都市に到着し、次の旅が始まる。

ここに注目

バルト海沿岸の都市

■**ヘルシンキ**　フィンランド湾の小さな入り江や湾に囲まれ、スオメンリンナの要塞など絶景ポイントが豊富。
www.visithelsinki.fi

■**サンクトペテルブルク**　ピョートル1世が建設した豪華な冬の宮殿（エルミタージュ美術館がある）や、ペトロパブロフスク要塞など見どころが多い。
www.saint-petersburg.com

■**ストックホルム**　14の島からなる都市。ヨーロッパ最大級の王宮がある。
www.visitstockholm.com

■**タリン**　12世紀に建設。ヨーロッパ最北の中世の町並みが美しい。
www.tourism.tallinn.ee

■ 旅のヒント　**セント・ピーター・ライン**　stpeterline.com

バルト海クルーズに出発する前に、ストックホルム旧市街の石畳を歩き、保存状態の素晴らしい中世のフレスコ画を鑑賞しておこう。

イベントを見る合間に、ネバ川の噴水を眺める。急ぐことはない。日暮れまであと2カ月ある。

ロシア

サンクトペテルブルク

終わらない黄昏が続く２カ月間、眠らない町をさまよってみよう。

5～7月後半、長く暗い冬から目覚めたサンクトペテルブルクは、終わりのない黄昏が続く。夏至が近づくにつれて太陽は地平線に完全に沈まなくなり、ピンク色の空がサファイヤ色に変わっていく。150年以上も前に、ドストエフスキーは白夜の散歩を「素晴らしい夜だ」と賞賛。しかし、夏になると住民が郊外の別荘に逃げ出し、町が空っぽになるのを嘆いていた。

現在のサンクトペテルブルクは、野外コンサートや終日営業のディスコが観光客でにぎわう。早朝のネバ川沿いに行けば、巨大なはね橋が開いて、貨物船が通るのが見える。白夜は他の町にもあるが、ここには有名なオペラとバレエ団がある。白夜祭の人気イベント「白夜の星」はマリインスキー劇場主催で、国内外の一流アーティストが、古典を中心とした演目を上演する。その充実ぶりに、白夜の町では眠りを忘れそうだ。

最新ベストスポット

クルーズで1泊の旅へ

船内で一晩過ごすクルーズの旅で、白夜体験を深めよう。サンクトペテルブルクを出航した船はネバ川を遡る。小さな町や森が現われ、タマネギ形のドームが見えてくる。船がヨーロッパ最大の淡水湖であるラドガ湖に入った頃に眠りにつき、翌朝目覚めると、船はバラーム島に到着している。正教会の修道院は遅くとも14世紀からこの地で活動していた。島は芳香を放つ松林や緑のシダに覆われ、険しい岩山がそびえる。クルーズ料金にはロシア料理の食事やガイドツアーも含まれる。
www.saintpetersburg.com

■旅のヒント　**サンクトペテルブルク**　プルコボ空港にはモスクワからアエロフロートが毎日運航。世界各地からのフライトもある。www.saint-petersburg.com　**白夜の星**　www.mariinsky.ru/en、www.balletandopera.com

ペネダ・ジェレス国立公園をハイキングしたら、水遊びがてらビラリーニョ・ダ・フルナを探検しよう。ダムの底に沈んだ村だが、水位が低いときに姿を現す。

ポルトガル

ジェレス

険しい崖を登り、山から流れてくる清流で汗を流す。オオカミがお供についてくるかも。

ポルトガル唯一の国立公園、ペネダ・ジェレス国立公園は荒涼とした風景で気候も厳しいが、夏の数カ月間だけ、息をのむような美しい自然が眼前に広がる。この公園の神髄に触れるには、車を降りてぜひ徒歩で。古代ローマ時代の石畳を歩いていると、珍しいイヌワシが頭上で旋回する。5000年前の支石墓《ドルメン》をのぞきこめば、ひんやりした空気が顔をなでる。見渡せば花崗岩《かこう》が太陽を反射して、美しくきらめく。

とことんやるならガイドを雇い、絶滅の恐れのあるイベリアオオカミの生息地を探索しよう。地元ガイドのペドロ・アラルサンは言う。「昔の羊飼いの道を行くのがいちばんです。7月初めは景色が最高ですよ」。ガイドは地元の伝説も聞かせてくれる。通り道には使われていないわなも残る。運が良ければ、伝説の生き物を垣間見られるかもしれない。

最新ベストスポット

ソアジョの高床式穀物倉庫

この一帯の地理的特徴を人間がどう活用してきたか。その好例を見にソアジョ村を訪ねよう。18世紀に建てられた花崗岩《かこう》の穀物倉庫、エスピゲイロがずらりと並ぶ光景は壮観だ。同様の建物はほかでも見られるが、1カ所に何棟も集中するのは、ここソアジョと近くのリンドーゾだけだ。夜明けや夕暮れには幻想的な雰囲気になり、写真を撮るのにぴったり。村の脱穀場だった花崗岩の露頭に登り、24棟の穀物倉庫の間を歩いてみよう。大切な穀物を守るためか、屋根には立派な十字架がそびえている。

■ 旅のヒント　**ペネダ・ジェレス国立公園**　www.visitportugal.com、www.icnf.pt/portal/naturaclas/ap/pnpg　**エコトゥラ**　オオカミ生息地を通るガイド付きトレッキングツアーを開催。www.ecotura.com

スペイン／フランス

ピレネー山脈

自転車での山越えは手ごわいが、山の清涼な空気と季節の楽しみが力をくれる。

地中海とビスケー湾にまたがるピレネー山脈は、スペインとフランスの国境でもある。山あいの小さな村をたどりながら、自転車でピレネー越えに挑戦しよう。中世の集落カステリャ・デ・ヌクを過ぎたら、周囲は松林が広がるだけ。海沿いの下り坂には夏の野花が咲き、はるか眼下の谷には石造りの農家が日の光を受けて金色に光る。

カタルーニャ北部在住の写真家ティノ・ソリアーノはこう話す。「ピレネーは景色もさることながら、豊かな歴史を持つ村々があります。夏になると、村人はたき火を囲んで踊りに興じるのです」。古い伝統が残るバル・デ・ボイの渓谷にはぜひ立ち寄り、世界遺産に登録された9つの聖堂の、精巧な石細工とロマネスク様式の鐘楼を見学したい。イシルでは、6月後半の聖ヨハネの日を祝おう。木の幹に燃え上がる炎が暗闇に点々を浮かび上がる様子は、山あいの道からも見える。

最新ベストスポット

カダケス

カダケスは、スペインのカプ・デ・クレウス半島、コスタ・ブラバに面した小さな漁村だ。白い家々が石畳の通りに並ぶ。山あいの曲がりくねった1本道しか通じていない隔絶された村は、ピカソやシャガール、サルバドール・ダリのお気に入りだった。北のポルト・リガト湾に近いダリの家は美術館になっている。そこから道を下れば、色とりどりの船が停泊する港に着く。漁師たちがトランプをして、静かな午後を過ごす「カジノ」という集会所に立ち寄ろう。
www.visitcadaques.org

■ 旅のヒント　**ピレネー山脈**　www.spain.info　**イージー・ライダー・ツアーズ**　スペイン・ピレネーから地中海に抜ける、山越え自転車ツアーを催行。www.easyridertours.com

下り坂なら、オッソー渓谷の絶景を存分に眺められる。

フランス

プロバンスのラベンダー

「ラベンダーの刺激的で強い香りほど、プロバンスを即座に
思いおこさせるものはないだろう。ウルトラマリンの夏の空の下に
広がる緩やかな丘が、紫の小さなつぼみに埋めつくされる風景が
目に浮かぶ。花が咲きはじめるのは６月で、
１カ月もすると満開を迎え、空気までがバイオレットブルーの
オーラに染まっていく。」

バーバラ・A・ノウ、ナショナル ジオグラフィック編集者・ライター

フランス南東部のプロバンス地方は、夏になるとラベンダーの花と香りにあふれる。広大な畑の中を通るラベンダー街道はいくつかルートがあり、ラベンダー祭りもあちこちで開催される。写真：満月に照らされるラベンダー畑。

モントルー近郊のレマン湖畔で、シヨン城を眺めながら水遊び。

ヨーロッパ

スイス

ターコイズ色の湖に水を運ぶのは、アルプスの氷河から流れる川だ。

スイス・アルプスと聞くと、目に痛いほどの青空を背景に、白く輝く高峰がそびえる光景が浮かぶ。だが、夏の水辺も魅力的だ。大都市にも小さな町にも、ざぶんとつかれる湖、池、川がある。6〜9月の暑い季節には、水に足を浸す都会人、浜辺を散策する人、ハイキングの汗を流す人などが続々と集まってくる。アルプスの水は透明度が高いので、水没した遺跡をスキューバダイビングで探検もできる。

透明な水と古代都市

チューリッヒにはバーデと呼ばれる温泉施設が数十カ所ある。更衣室、シャワー、サンデッキ、カフェと設備も充実。7月ともなると、社交の場はすっかりウォーターフロントに移り、即席のピクニックが盛り上がって、バーやレストランが焦りだす。8月になるとリマト川水泳大会が開かれ、14世紀の橋や塔のそばを参加者が泳ぐ。オーバー・レッテン川も遊泳可能だ。

チューリッヒ湖は、日当たりのよいゴールド・コーストと、日陰が多い対岸があり、どちらも快適で、ビーチやバーデが点

おすすめの宿

スイス版「眺めのいい部屋」

■ボー・リバージュ・パレス（ローザンヌ） フランス・アルプスが一望できる、レマン湖畔のウシーに立つ宮殿ホテル。ディケンズ、ルソー、バイロン卿も泊まった。www.brp.ch

■エデン・オ・ラック（チューリッヒ） 高級ホテル群に目を奪われがちだが、立地はこちらのほうが良く、値段も手ごろ。チューリッヒ湖畔のウトケーにある。www.edenaulac.ch

■ロフトホテル（バレン湖） 3階建ての製粉所だった建物をホテルに改装。バレン湖の眺めが良く、値段も手ごろ。www.lofthotel.ch

在する。バレン湖も、切り立つアルプスの山々の絶景が観光客を引きつける。レマン湖には公園やビーチがあり、ジュネーブに近いところに巨大な水上サウナがある。ルツェルン湖は青緑色の冷たい水が太古の面影を残し、この世とは思えないたたずまいを見せる。ドイツと国境を接するボーデン湖はドイツの家族連れに熱狂的に愛され、サイクリストたちも水辺の周回道路を走り抜ける。

勇者をいざなう川

ベルンを流れるアーレ川は、セルリアンブルーの水が恐ろしく冷たい。ベルツァスカ川は透明度の高いターコイズ色の水が美しい。イタリア語圏の村ラベルテッツォでは、中世に造られたポンテ・デイ・サルティ（飛び込み橋）から緑の水に飛び込む勇者が後を絶たない。はしけが行き交う巨大なライン川も遊泳可能だ。ライン川が産業振興を支えたバーゼルでは、遊泳区域を設けて、都会のスイマーたちを引きよせる。ボーデン湖でライフガードをしているペーター・ブリュビラーは言う。「スイスで泳ぐときは水質を気にする必要がありません。これと思ったら、好きな湖に飛び込んでください！」

食の楽しみ

スイスの味でピクニック

ぴりっとしたアッペンツェラー、クリーミーなティルジット、ナッツ風味のグリュイエール。地方色豊かなスイスチーズは料理の主役で、ピクニックにも欠かせない。パンはカボチャの種を使ったキュルビスケルン、編み込み模様のツォップ、軟らかくて弾力があるブレッツェルといろいろだ。パンのお供はスイスバターが定番だが、マーマイトのスイス版であるセノビ（ビール酵母食品）はチューブ入りもある。セミドライソーセージのラントイェーガー、牛肉の生ハムであるビュントナーフライシュも添えよう。夏の果物ならアンズ、あとはチョコレート。飲み物は、国内でほとんど消費されるスイスワインで決まり。

■ 旅のヒント **スイスの湖と川で泳ぐ** スイス政府観光局が提供するスイミングアプリは、現在地から最も近いスイミングスポットと水温を教えてくれる優れもの。www.myswitzerland.com

好きな湖を選んで飛び込む。スイス・アルプスだから水質はお墨つきだ。

オーストリア

ザルツブルク

モーツァルトの生地を訪ねたら、夏の日差しの中で傑作の数々を鑑賞しよう。

世界で最も重要な音楽祭の1つが、ザルツブルク音楽祭だ。クラシックのコンサートや演劇が、7～8月の5週間にわたって次々と開かれ、「日常生活と舞台の境界があいまいになります」と話すのは、出版社役員のウラ・カルヒメアだ。「町全体が質の高い文化の舞台になるのです」

1756年に生まれたモーツァルトは、この町の申し子として別格の扱いを受ける。モーツァルトのための劇場（旧祝祭小劇場）では「フィガロの結婚」「魔笛」の旋律が高く舞い上がり、アール・ヌーボーの内装が豪華な祝祭大劇場では「レクイエム」の緊迫感が心を揺さぶる。

日中はザルツカンマーグートに足を延ばし、松林の山々を映し出す氷河湖の景色を楽しもう。市街に戻ったら、17世紀建造のザルツブルク大聖堂前広場にしつらえられた観客席に場所を取り、中世の道徳劇「イェーダーマン」を鑑賞しよう。

食の楽しみ

カフェ・トマセッリ

18世紀創業の歴史あるコーヒーハウス兼ベーカリー。150年以上前からトマセッリ一族が経営しており、オーストリアのコーヒー文化が凝縮されている。モーツァルトはここのアーモンドミルクが大好きだったとか、未亡人になったコンスタンツェがここにしばらく住んでいたといったエピソードは、枚挙にいとまがない。メランジェと呼ばれるウィーン風コーヒーと、夏だけの野イチゴのケーキを挟んで、ザルツブルク音楽祭の出演者と談笑できるかも。
www.tomaselli.at

■ 旅のヒント　**ザルツブルク音楽祭**　www.salzburgerfestspiele.at　**ザルツブルク**　「イェーダーマン」のチケットを直前に入手する方法など、裏ワザ情報も。www.salzburg.info

カンポ広場を埋めつくす見物人の前を裸馬が疾走する。勝利した地区は大いばりだ。

イタリア

シエナ

トスカーナ州の古都の広場を馬が駆け抜け、人々は競争心で燃え上がる。

シエナで7月と8月の2回行われるパリオ。裸馬を駆ってカンポ広場を3周するレースで、中世からの歴史がある。だがこれは、時代祭りでも観光客向けのイベントでもない。地区の威信をかけた真剣勝負だ。

舞台となるカンポ広場には数万人が詰めかける。露払いで登場するのは、コルテオ・ストリコと呼ばれる行列で、伝統衣装の鼓手や旗手、馬上の男たちが華やかに行進する。定刻になり、10人の出場者が並ぶと、場内は静まりかえる。

突然はじかれたように馬たちがダートを駆け出す。騎手はむちを入れまくり、観衆は小旗を振る。張りつめたドラマは1分半だが、いつ悲劇に転じるかわからない。落馬もあれば、馬の負傷や、ときには死んでしまうことも。勝った地区は熱狂的に喜びまわり、残りの地区は涙にくれる。シエナの人間にとって、パリオはすべてなのだ。

最新ベストスポット

ピッコロミーニ図書館

白黒ストライプの堂々たる大聖堂に隣接する図書館は、財宝を保管する財宝だ。ローマ教皇ピウス3世が、叔父の教皇ピウス2世が所有していた聖歌隊の楽譜を収蔵するために建造した（1492年）。だが、息をのむのはそれだけではない。上に視線をやると、画家のピントゥリッキオがピウス2世の生涯を描いた10点のフレスコ画がある。大胆な色遣いで、今にも飛び出してきそうな迫力だ。アーチ形の天井が青、赤、金に塗り分けられ、中央にピッコロミーニの紋章が描かれている。
www.operaduomo.siena.it

■ 旅のヒント　**シエナのパリオ**　7月2日と8月16日の2回開催される。チケットとホテルは早めに確保しよう。www.ilpalio.org、www.comune.siena.it/La-Citta/Palio、www.discovertuscany.com/siena/palio-siena.html

Top10 アイスクリームが食べたい！

**呼び方はさまざまだが、
夏のおやつといえばアイスクリーム。**

1 ムーマーズ・ホームメード・アイスクリーム
米国ミシガン州トラバースシティー

牧場を経営するプラマー家が、子どもたちに食べ物と農業の結びつきを理解させようと1998年に開店。夏になると、120種類ものフレーバーを求める行列が途切れることがない。地元産タルトチェリーがたっぷり入ったチェリーズ・ムービリーがおすすめ。

www.moomers.com

2 フォー・シーズ・アイスクリーム
米国マサチューセッツ州センタービル

1930年代に創業した、白いコテージ風の小さな店。ケネディー家などケープ・コッドの住民に何世代も愛されてきた。夏季限定のフレッシュピーチ・アイスクリームやフラッペ（ミルクシェーク）が人気だ。

www.fourseasicecream.com

3 カユガ・レイク・クリーマリー
米国ニューヨーク州インターラーケン

リースリング・オレンジ・ソルベ、ラベンダー、メープル・ベーコンといった個性的なフレーバーで、地元のファンを引きつける。アイスを買ったら南に車を少し走らせて、タガノック滝州立公園でタガノック滝を眺めながら、アイスを堪能する。

cayugalakecreamery.com

4 エラドス・スカナピエコ
アルゼンチン、ブエノスアイレス

ブエノスアイレスにはエラデリアと呼ばれるアイスクリーム店がたくさんあるが、いちばん愛されているのは、1938年にイタリアからの移民が始めたエラドス・スカナピエコだ。手作りジェラートの伝統を守り、リモンチェッロやフランといったフレーバーを提供。

5 ベルティヨン
フランス、パリ

アイスクリーム好きなら、パリに来たらまずサン・ルイ島を目指す。マロングラッセ、アールグレー、ショコラノワールなどのグラス（アイスクリーム）と、野イチゴなどのソルベ（シャーベット）から迷いに迷って決めよう。7月後半～8月は休業。カフェでも食べられるところがある。www.berthillon.fr

6 イル・ジェラート・ディ・サン・クリスピーノ
イタリア、ローマ

ジェラート原理主義者たちが通うのはここ。トレビの泉の近くにあるが、市内にいくつか店舗がある。アマルフィ産レモン、シチリア産ピスタチオなどは季節によってないことも。www.ilgelatodisancrispino.com

7 ドアル・ドンドゥルマ
トルコ、ボドルム

チューインガムのようにどこまでも伸びる柔らかいトルコのアイスクリーム、ドンドゥルマ。ランの塊根から採るサーレップの粉末を入れるのが特徴だ。イスタンブールにも店がたくさんあるが、海岸沿いのリゾート地、ボドルムにあるドアル・ドンドゥルマは伝説の名店。マンダリン・ライム・ソルベはぜひ試してみよう。

8 ご当地アイスパーラー
東京都

池袋サンシャインシティのナンジャタウンにある、デザートのテーマパーク「福袋デザート横丁」。その1店「ご当地アイスパーラー」では、日本全国のご当地アイス約50種類から6種類を選んで食べ比べができる。チューリップ、味噌ラーメン、シロエビ、炭といった変わり種もある。www.namco.co.jp/tp/namja

9 トムズ・パレット
シンガポール

美食の町シンガポールで人気を集める、家族経営のアイスクリーム店。手作りを貫き、マンゴーライス、ドリアン、卵黄の塩漬けといった個性的なフレーバーで、熱狂的支持を集めている。変わり種が苦手な人はおすすめを尋ねよう。www.tomspalette.com.sg

10 パッションフラワー
オーストラリア、メルボルン

ライチ・ローズ、タロイモといった個性的なアジアフレーバーもあるが、何と言っても異次元の趣のあるサンデーを食べてみたい。ファイナル・ファンタジーは、山盛りの黒ゴマとココナツアイスに黒いゼリーをトッピングし、無糖練乳をかけてある。

www.passionflower.com.au

トルコ・リビエラの海辺の町で、できたてのアイスクリームを伸ばす。

ギリシャ、サントリーニ島

羨望の島

妻の肩ごしにのぞいたメールは親しい友人からで、休暇を一緒に過ごそうという誘いだった。ホテルのウェブサイトを開くと、まるで絵のような風景だ。ギリシャの島だと気づいた私はつぶやいた。「ギリシャは行ったことないんだよな……」。こうして企画が動き出した。

着いたのは、夏真っ盛りの7月だった。空はまぶしく輝き、気候も過ごしやすく、来てよかったと胸が躍る。前日にはアテネで、大勢の観光客に混じって太陽に焼かれながら、アクロポリスのてっぺんまで登った。月並みな言い方だが、アテネの町が一望できる眺めはまさに絶景。何千年という人類の歴史が目の前に広がっているようだった。

サントリーニ島への出発までの空き時間を利用して、伝説のスケート・ハウスを探し当てることにした。室内にスケートボード場を造ったのだという。電子メールや電話を駆使して、元スケーターだという住人と連絡が取れた。私たちは約束の5分遅れで到着し、居間のテーブルを片づけて、20分間滑走させてもらった。途中で薄型テレビにぶつかりそうになったり、浴室に突っ込みそうになった。

それからようやくサントリーニ島に飛んだ。着陸したときはちょうど夕暮れで、島全体が黄金色に染まっていた。

旅行ガイドには、サントリーニ島ですべきことは「何もしないこと」と書かれている。私たちもそれに従い、美しい景色とギリシャ料理を楽しむ日々を過ごした。ボートに乗って島を探索し、温泉にも入った。サントリーニ島は3600年前、アトランティス伝説のもとにもなった火山の大爆発の名残だ。

サントリーニ島はぜひ訪れてほしい。空が抜けるように青く、海の水が温かい夏をおすすめする。島に着いたら、美しいエーゲ海でほてりを冷やす以外、できるだけ何もしないこと。

著者　トニー・ホーク
世界的に著名なプロフェッショナル・スケートボーダー。トニー・ホーク財団の設立者でもある。

サントリーニ島では、上陸した瞬間から怠惰な日々が始まる。やることリストに書くのは、「温泉につかる」「地元料理を食べる」の2つだけ。

ベローナの野外劇場では、過去のオペラ体験がかき消されるかもしれない。それほど圧倒的で、めくるめく夜なのだ。

イタリア

ベローナ

町全体が古典劇の舞台のようなロマンチックな雰囲気で、音楽と演劇に酔いしれる。

シェークスピアもこの町の魅力に抗えなかったか。初期の喜劇「ベローナの二紳士」も、ロミオがバルコニーに向かって叫んだのも、舞台はベローナだった。ベローナ在住のリード・ブランブレットはこう話す。「夏のベローナでは、開放的な空気の中で上質な文化に浸ることができます。2000年前に造られたアレーナ（屋外闘技場）でイタリアの名作オペラを鑑賞するもよし。アディジェ川を挟んだテアトロ・ロマーノでシェークスピア劇を見るもよし」

地元の店で食べ物を調達してピクニックを楽しんだら、アレーナに出かけよう。舞台から離れた席のほうが安くて、全景を見渡せる。テアトロ・ロマーノでは、夏はジャズやシェークスピア劇、モダンダンスの催しがある。終演後は「自転車で横丁や歩行者天国をのんびり走って、エルベ広場の市場をひやかす」のが、ブランブレットのおすすめだ。

最新ベストスポット

ジュリエットは不滅なり

実在しないのに世界中から手紙が舞い込むキャラクターと言えばサンタクロース、そしてジュリエットだ。シェークスピアのあの舞台を見れば、悲劇のヒロインに一筆したためたくなるだろう。ベローナにあるジュリエットの家は14世紀建造で、1936年に増築されたおあつらえむきのバルコニーもあり、キャピュレット家の屋敷と呼ばれてきた。アーチになった入り口にはジュリエットへの手紙がびっしり貼られている。物語に真実味を持たせるために、ボランティアがせっせと返事を書いている。

■旅のヒント　**ベローナ**　ベネチアから西に113キロ、ミラノからは鉄道で東に160キロ。www.turismoverona.eu　**オペラ**　www.arena.it

ボツワナ

オカバンゴ・デルタ

広大なデルタ地帯に点在する湿地は、水量が豊富な夏には野生動物の楽園になる。

ガイドは船外モーターを切って、倒木に静かに接近していく。彼が指さす先には、幹の上で日光浴をするクロコダイルがいた。手を伸ばせば触れそうだ。日が落ちたら葦原をかきわけて孤島に上陸し、キャンプの設営だ。今夜は外で寝るとしよう。地平線のそばに南十字星がまたたき、遠くの茂みでライオンの低いうなり声がする。翌朝には、すぐそばの水辺にカバが姿を現わすだろう。

通常、アフリカで野生動物を見るなら、水飲み場に動物が集まる乾期が良い。だがオカバンゴだけは、雨期の5～6月が最適だ。広大な湿地が水浸しになり、動物は島に集まってくる。ツアープランナーのミーガン・インゴルビーは言う。「オカバンゴ体験の醍醐味は、モコロ（丸木舟）で音もなく水の上を滑り、目の高さで野生動物を観察することです」。キャンプが苦手なら、豪華なテントやロッジもある。

おすすめの宿

オカバンゴのベストホテル

■イーグル・アイランド・ロッジ　最高級ロッジ。モロコツアー、ブッシュハイキング、ヘリコプターサファリなどを提供。www.belmondsafaris.com

■ジャカナ・キャンプ　デルタに浮かぶ島にあるキャンプ式宿泊施設で、豪華なテントが張られている。モコロツアーも実施。www.wilderness-safaris.com/camps/jacana-camp

■リトル・クワラ　水陸のサファリを楽しめる、こぢんまりしたキャンプ式宿泊施設。ライオンなど大型ネコ科動物と出会えることで有名。子ども連れも歓迎。www.kwando.co.za/lkwara.html

■旅のヒント　**ボツワナ**　www.botswanatourism.co.bw　**エキスパート・アフリカ**　ガイド付きサファリや宿泊施設を手配。www.expertafrica.com

オカバンゴ・デルタの主役はライオンだが、シマウマの群れとの出会いも忘れられない思い出になる。

ケニア

ナクル湖

「アフリカの太陽に照らされたナクル湖は青でもなければ、
金銀に輝いてもいない。ピンク色だ。何十万羽というフラミンゴが
たたずみ、場所を移動し、飛翔し、羽ばたく。
まさにバードウォッチャーの天国だ。公園の監視員は
『創造物を通じて神に出会うところ』と表現した」

グレアム・グリーン、ナショナル ジオグラフィック ライター

ケニア中央部のナクル湖はフラミンゴの巨大群生地。塩湖には藻が大量に繁殖しており、それを目当てにさまざまな生き物が集まってくる。

アフリカ

ルワンダ／ウガンダ／コンゴ共和国

霧に包まれた山中でゴリラと心を通わせる。

ルワンダ、ウガンダ、コンゴ共和国では、めったに姿を見ることのできないマウンテンゴリラとの、魂を揺さぶられる出会いがある。絶滅の恐れがある彼らの野生の姿を実際に目にするには、乾期がいちばん適している。

ルワンダから陸路でウガンダに入国し、クイーン・エリザベス国立公園のマウンテンゴリラの生息地を訪ねる。ダイアン・フォッシーがゴリラ研究に生涯を捧げ、無念の死を遂げた場所だ。ルワンダの3つの国立公園も必見。アカゲラ国立公園にはキリンやトピが生息し、ニュングウェ国立公園ではチンパンジーやコロブスの仲間など13種のサルの仲間が確認されている。ボルケーノズ国立公園はグエノンの仲間とゾウ、そして世界のマウンテンゴリラの約3分の1がいる。

コンゴ共和国には、ニシローランドゴリラが数多く生息するオザラ・ココウア国立公園がある。

ここに注目

消えゆくゴリラ

現在、野生のマウンテンゴリラは800頭を切っている。最大の敵は他の動物を獲るためにしかけられたわなだが、コレクション目的で身体の一部を取るために殺されることもある。闇市場ではゴリラの赤ん坊は5000ドルにもなり、動物園に売られる。子どもを奪うとき、親は殺されてしまうことが多い。ゴリラの重要な生息地であるウガンダやコンゴ民主共和国は政情不穏で、内戦の危険が常につきまとう。ダイアン・フォッシー・ゴリラ国際基金にご協力を。
gorillafund.org

■ 旅のヒント　**マウンテン・トラベル・ソベック**　クイーン・エリザベス国立公園のツアーを開催。www.mtsobek.com　**ウィルダネス・サファリズ**　オザラ・ココウア国立公園のツアーを開催。www.wilderness-safaris.com

ゴリラの赤ん坊は生まれた直後は2300グラムほど。ヒトより成長は速いが、母親とべったりの期間が何年も続く。

ナミブ・ナウクルフト国立公園で砂丘を登るハイカーたち。6〜8月の砂漠は涼しくて活動しやすい。

アフリカ

ナミビア

赤銅色の巨大な砂丘を征服し、砂漠に生きる動物を観察する。

ナミビアの代名詞でもある砂丘へのハイキングは人気が高い。ここはダマラ族が暮らしを営み、アフリカゾウが生きる土地だ。暑さが和らぐ6〜8月は、ライオンやサイなど水飲み場に集まる野生動物を観察できる好機。珍しいハートマンヤマシマウマも、ここなら遭遇できるかも。

この時期のおすすめは、ゴールデンアワー・ハイキング。ビッグ・ダディー（標高325メートル）やデューン45といった巨大な砂丘に、夜明けか夕暮れに登る。日が暮れると、宝石をばらまいたような幻想的な夜空に南十字星や天の川がまたたく。ウィルダネス・サファリズのクリス・バッケスは語る。「風を受けてうねる砂丘は、爆撃機の編隊のような音を立てるんです。だから初めてのお客さんは、まず空を見上げますね。それから音が足元から立ち上っていることに気づきます。天地創造の音と言う人もいれば、砂漠の魂の音だと表現する人もいます」

ここに注目

旧ドイツ植民地

世界最古のナミブ砂漠を擁するナミビアは1884年、ドイツの支配下に入った。誇り高いヘレロ族やナマクア族は激しく抵抗したが、1904〜1907年に10万人が虐殺された。独立への動きが始まったのは1988年で、1990年に憲法を採択。現在のナミビアはアフリカで最も繁栄している国で、首都ウィントフックは宗主国ドイツの影響で整然とし、ゴミ1つ落ちていない清潔さだ。ビアガーデンに行けばそこかしこからドイツ語が聞こえる。

■ 旅のヒント　**ウィルダネス・サファリズ**　www.wildernes-safaris.com　**トラベル・ビヨンド**　travelbeyond.com　**カントリー・ウォーカーズ**　徒歩によるチーター追跡やゴールデンアワー・ハイキングができる。www.cwadventure.com

スピアー・エステートにあるレストラン、モジョ。戸外で極上のビンテージワインを楽しめる。

南アフリカ共和国

ケープ・ワインランズ

緑が織りなす山の風景を眺めながら、350年の歴史を持つワインの魅力に触れる。

緑豊かな山々に抱かれ、渓谷の清冽な水が流れ込むケープ・ワインランズは、ブドウ栽培に適した土質に恵まれている。南アフリカでブドウ栽培が1655年に始まったのはケープタウン郊外だったが、今は東に1時間ほど走った一帯がワイン造りの中心地だ。ステレンボッシュ、フランシュホーク、パールといった町の周辺には数百のワイナリーがある。多くは何世紀もの歴史があり、切妻屋根に真っ白な壁の屋敷が険しい岩山と好対照を成している。

ケープ・ワインランズには、ブドウ畑の中を曲がりくねって進む複数のワインルートがある。南アフリカが春を迎えようとする7月後半～9月半ばは、ブドウが新たな実りに向けて成長する季節。うららかな空の下で花々が咲きみだれる。

ステレンボッシュのブドウ畑

まずケープ・ワインランズの玄関口、ステレンボッシュに入る。南アフリカ独特のケープ・ダッチ様式の家々が、街路樹の

ステレンボッシュ、
フランシュホーク、
パールといった町の周辺には数百のワイナリーがある。
多くは何世紀もの歴史があり、
切妻屋根に真っ白な壁の
屋敷が険しい岩山と
好対照を成している。

ソルグリエット・ワイン・エステートの試飲室は、1692年完成の建物にある。ロッジも併設されていて、自慢のソービニョンブランで造った白ワインをのんびり味わえる。

ケープ・ワインランドのレストランは、ワインと相性の良い地元産の食材を使っている。

通りに並ぶ。しっくい塗りの壁と切妻屋根が植民地時代のオランダの影響を物語る。ステレンボッシュを起点に5つのワインルートが延び、沿道のワインやブドウ農家は200軒以上にもなる。緑まぶしいワイナリーと静かな農地を肌で感じるなら、ブドウ畑の間の未舗装の道を自転車で巡るのがいちばんだ。

フレンチ・コネクション

　ステレンボッシュを南に約30キロ下ると、フランス伝統のワイン造りが最も盛んな地域になる。ここにブドウを植えたのはオランダ人だが、宗教迫害から逃れて1688年に移住してきたフランスのユグノー（プロテスタント教徒）がワイン産業を発展させ、文化を育てた。初期の農家の多くが、ラ・モット、シャモニー、デュー・ドネといった有名ワイナリーに成長。南アフリカの一流シェフが次々とレストランをオープンさせ、名物のベリー類やビーツを使った料理を提供する。

　7月、フランシュホークではフランス革命記念日フェスティバルが開かれる。シェフたちが腕によりをかけた新作料理でワインを楽しみ、遠いフランスから来た祖先をしのぶ。9月半ばには新酒祭り、アンコルクド・フェスティバルもある。

グリーン・マウンテン・エコ・ルート

　さらに南に下ると、グリーン・マウンテン・エコ・ルートが延び、フィンボスの花が満開になる。ケープ花王国の一部であるこの一帯は、地球上で最も豊かな植生を誇っている。

　大西洋からの風が沿岸を通り、渓谷に吹き込むこの地域では、寒冷気候に適した品種のブドウが栽培される。ブドウ栽培は自然環境を保護する重要な手段でもある。ポール・クルーバー・ワイナリーを訪れて山懐に抱かれたブドウ畑を眺めれば、彼がブドウと現地の植生との共生に気を配っていることがわかる。彼は社会貢献にも熱心で、タンディ・ワインズというフェアトレードのワイナリーと農場を造った。

食の楽しみ

ケープ・ワインランズの料理教室

南アフリカの春（北半球の夏～初秋）は、果物や野菜がいちばん豊富に出まわる季節だ。ビーツ、サヤエンドウ、ぷっくりと熟れたラズベリーやイチゴ、キンカンなどを、畑や近くの農園で材料を採ってきて調理する講座で、味覚に磨きをかけよう。ケープ・ワインランズは南アフリカの美食の中心地で、国内外の一流シェフが集まる。フランシュホークにあるホテル、ル・カルティエ・フランセーズのレストランは受賞歴もあり、伝統的な南アフリカ料理から、インドや中東のスパイスでアレンジした料理など、さまざまな料理教室を開いている。
www.lqf.co.za/cooking/overview.htm

ワインを飲む合間に、サファリに行こう。

■ 旅のヒント　**ステレンボッシュ**　ケープタウンから48キロ。自動車か鉄道で。www.wineroute.co.za　**自転車ツアー**　www.bikesnwines.com　**フランシュホーク**　franschhoek.org.za　**フランス革命記念日フェスティバル**　www.franschhoekbastille.co.za　**グリーン・マウンテン・エコ・ルート**　www.greenmountain.co.za

アジア

モンゴル

夏の国民的行事には遊牧民の闘志が燃え上がる。

頑健なモンゴル馬が草原を駆け抜けると、周囲から歓声が上がる。乗り手は5～13歳の子どもばかり。モンゴル相撲は、力士がタカの踊りを披露した後、「獅子」を意味するアルスランの称号を目指してがっぷり四つに組む。これが7月11～13日にモンゴル全土で開催されるナーダムだ。雪に閉ざされた冬が終わり、ステップが緑のじゅうたんに覆われる頃、全土から遊牧民が集まり相撲、弓術、乗馬の3つの競技で力を試す。

首都ウランバートルでは野外スタジアムが舞台だが、草原で行われる小規模なナーダムを見るなら、西のアルハンガイやフブスグルがいい。写真家ジェレミー・シュミットによると、「モンゴル人は客を迎えるのが大好き」だという。「見物していると引っ張り込まれるし、お願いすれば弓の試射もさせてくれる」。いちばん勇気がいるのは、馬乳酒を飲むことかもしれない。

おすすめの宿

ステップ・ノマド・エコ・キャンプ

夏を過ごす渡り鳥の仲間入りをして、モンゴル伝統のフェルトのテント、ゲルで遊牧民気分を味わおう。ステップ・ノマド・エコ・キャンプはウランバートルから車で約2時間、ヘルレン川が流れるグン・ガルト国立保護区内にある。緑豊かな環境の中で、馬やラクダに乗って、ソデグロヅルや角の大きな野生のヒツジ、アルガリを探しに行くこともできる。弓術にも挑戦しよう。疲れたら、遊牧民の家族と一緒にミルクたっぷりのお茶をいただく。
www.mongoliagercamp.com

■ 旅のヒント　**ナーダム**　mongoliatourism.gov.mn　**ナーダム見物と乗馬ツアー**　www.wildearthjourneys.com、www.nationalgeographicexpeditions.com

モンゴルの弓術大会。言い伝えによると、エルヒー・メルゲンという弓の名手が6つの太陽を射落として、日照りを終わらせたという。

香港の海辺は蒸し暑さを一時忘れさせてくれる。ここはレパルス・ベイ（浅水湾）。

中国

香港

香港の夏は、やけどしそうな熱い砂浜がたまらなくセクシーだ。

ショッピングバッグは放り出して、あまり見向きされない香港の自然に浸ろう。真っ白な砂浜に豊かな緑、変化に富んだ海岸線。200を超える小島は、夏になると絶好の海水浴場になり、息づまる暑さを忘れさせる。

香港には100を超えるビーチがある。ランタオ（大嶼）島で人気なのはフェリー乗り場に近い銀鑛湾だが、南岸にあるチョンサー（長沙）ビーチは香港で最も長い砂浜を形成し、背後の山々は真夏が最も美しい。ランマ（南Y）島では、タートル・ビーチの三日月形をした静かな砂浜で泳ぎ、観察小屋でウミガメの産卵を見ることもできる。家族連れに人気なのがセックオー（石澳）ビーチ。波が穏やかで、ライフガードも常駐する。大浪湾ビーチは香港唯一の公認サーフビーチ。荒波と原始のままの山々が魅力の咸田湾もサーフポイントで、貴重な手つかずの香港に触れることができる。

ここに注目

香港のビーチバー

スタンレーのセント・ステファン・ビーチ（聖士提反海灘）にあるザ・ラナイは、のんびりくつろげるアウトドアバー。アロハバーガーやピムスカクテルといったハワイ風メニューを美しい夕陽とともに楽しめる。天気が良ければ、香港っ子と一緒に貝澳に逃げ出して、ウー・ラ・ラに陣取ろう。エメラルド色の山々を眺めながら、エビの串焼きをお供にサングリアを飲む。週末のブランチや日曜夜のサルサナイトも盛り上がる。
www.hongkongnavi.com/food/725
www.oohlala-hk.com

■ 旅のヒント　**香港のビーチ**　香港政府康楽及文化事務署が公共ビーチのリストを提供。www.lcsd.gov.hk/en/beach、www.discoverhongkong.com/jp/see-do/great-outdoors/beaches/index.jsp

静岡県／山梨県

富士山

日本に霊峰に登り、東京と日本アルプスを照らすご来光を拝む。

霊峰として崇められてきた富士山に登頂し、日本アルプスを望みながら東京の方向に現われるご来光を拝むことは、確かに生涯一度の体験だ。しかもそれができるのは、7月と8月の登山シーズンだけだ。

富士山は日本の山のなかでも別格で、神道と仏教の修行の場であり、19世紀後半までは女人禁制だった。今では年間25万人以上の老若男女が登る山だ。標高3776メートルと日本の最高峰だが、軽装の登山初心者もたくさんいる。天照大神をまつる神聖な山でもある。

もっとも大半の人は、成長を止めることのないメトロポリス東京の方向に昇る朝日を見ることが目的だ。待ちのぞんだ瞬間が訪れると、人々は「万歳！」と叫び、眼下の雲や輝く湖の美しさに感嘆する。御殿場口に下山して軟らかい火山砂を踏んだら、岩場を歩いてきた足にはまるで空気のように感じられるだろう。

ここに注目

富士登山

富士山に登るのに、特別なトレーニングや道具は必要ない。岩がちで足場が悪いところは、鎖が用意されている。だが手ぶらというわけにはいかない。雨具、防寒着、帽子、日焼けどめ、トイレ用の100円硬貨、ヘッドランプ用の乾電池。登山家の野口健は、高山病予防のコツとして「ゆっくり歩く。たくさん水分をとる。頂上の手前で睡眠をとって身体を慣らす」と助言している。登頂前に数時間休息をとるための山小屋もいくつかある（要予約）。
www.fujisanguide.com

■ 旅のヒント　**富士山**　最新の天気予報と登山情報を必ず確認しよう。www.fujisan-climb.jp

ひと目でそれとわかる山、富士山。富士五湖の一つ、河口湖からの眺めだ。

夜を燃え上がらせる女性たちのファイヤー・ダンスは最高のエンターテイメントだ。

フランス領ポリネシア

タヒチ

古代と現代がぶつかりあう官能的な舞踊の一夜に酔いしれる。

タヒチの夏を彩るダンス・フェスティバル、ヘイバ・イ・タヒチを一夜でも体験すれば、誰もが帰りたくなくなる。パペーテのトアタ広場にしつらえた野外ステージで、7月に3週間にわたって行われるこの祭りは、官能を祝う催しだ。しかもこの時期は気温が20℃前後と実に過ごしやすい。

本当のお楽しみは、日が暮れてから。タヒチ人の音楽とダンスの表現力が発揮される。腰や両手の小刻みな動きは、フラダンスがスローモーションに思えるほどだ。男たちは骨がきしむ勢いで足を踏みならし、たけり叫ぶ。単純な太鼓のリズムは音楽が止んでもずっと頭に響いている。ダンサーのトゥマタ・ロビンソンにとって、ヘイバ・イ・タヒチは2000年のタヒチ文化をたどる「発見の旅」だという。「古代からの伝統を受け継ぎながら、現代的でもあるのです」。見ているだけでは物足りない。できれば事前の練習や衣装作りから参加しよう。

食の楽しみ

タヒチ料理

ポリネシアとフランスの味覚の伝統がここタヒチで混ざり合う。南太平洋のとびきり新鮮な海の幸が、おいしいひと皿に生まれ変わる。ヘイバ・イ・タヒチは1年でいちばんいい季節で、レストランも競って地元の美食の喜びを演出する。とれたての魚を使ったポワソン・クリュ（刺身のココナツミルク和え）は、ヒナノビールとの相性が抜群だ。食事の締めくくりには、地元の果物を使った団子のポエがぴったり。すべてをいっぺんに味わいたいなら、西海岸のピンク・ココナツがおすすめ。
www.tahitipinkcoconut.com

■旅のヒント　**タヒチ**　ヘイバ・イ・タヒチに参加したければ、パペーテの埠頭のそばにあるマナバ・ビジターセンターで尋ねてみよう。tahiti-tourisme.com

オーストラリア

グレート・バリア・リーフ

「硬質サンゴの上に軟質サンゴが重なり、藻やカイメンが
岩を彩り、小さな割れ目にも生き物がひそむ。
サンゴ礁とその生態系は、北から南へと変化していく。
その顔ぶれの多彩なことといったら、世界のどこにも例えられない」

ジェニファー・S・ホランド、ナショナル ジオグラフィック誌2011年5月号

自然界の七不思議の1つ、グレート・バリア・リーフ。オーストラリア北東部、34万8000平方キロのサンゴ海に、3000以上のサンゴ礁が集まっている。
写真:イソギンチャクに隠れるクマノミ。

飛びたつサギ。カカドゥには トサカレンカクやハチクイなど 280種類以上の鳥が生息する。

オーストラリア

カカドゥ国立公園

オーストラリア屈指の野生の王国。好天ならワラビーやディンゴと遭遇できるだろう。

ノーザン・テリトリー最北部にあるカカドゥ国立公園は、約2万平方キロの大地に太古のままの自然が残る。アジアスイギュウ、イリエワニ、ワラビー、ディンゴ、オジロワシ、ハイギョと野生生物も多彩だ。通常、気温は40℃に達するが、6月中旬～8月中旬は「ワールゲン」になる。先住民アボリジニの言葉で「涼しい気候」という意味だ。公園の管理人トレーシー・ディダムズは言う。「涼しいと言っても、午後にはひと泳ぎしたくなります。空は目がくらむほど青く、カポックの木は黄色い花が満開になります」

動物が集まるビラボン（水場）は観察にもってこい。サウス・アリゲーター川でハイギョ釣りに挑戦し、ガンロム・フォールズの滝壺や断崖の上にある天然のプールで泳ぐ。ガイドツアーもたくさんある。「ワールゲンの時期に来れば、アボリジニのツアーに参加して、彼らの視点で自然を眺められます」

最新ベストスポット

カカドゥの岩壁画

カカドゥ国立公園には岩壁画が見つかっている場所が5000カ所以上あり、世界最大級だ。洞窟の壁や張り出した岩の下などに、アボリジニが大地や過去との結びつきを表現した黄土色、黒、白の絵が残る。古いものは2万年前だが、今も活動中のアーティストが描いた絵もある。なかでもノーランジー・ロックは壮観で、アボリジニの創造神話に登場する「雷男」ナマルゴンの巨大な像も描かれている。

■ 旅のヒント **カカドゥ国立公園** www.parksaustralia.gov.au/kakadu **ノーザン・テリトリー** ダーウィンから車で3時間、または飛行機で1時間のジャビルが観光の拠点となる。www.australiasoutback.jp

オーストラリア、ニュー・サウス・ウェールズ州

スノーウィー・マウンテンズ

そびえる山々を背景に、世界屈指のゲレンデにシュプールを描こう。

北半球が夏の暑さでうだっている6～8月、スノーウィー・マウンテンズは、パウダースノーが厚く積もり、スキーシーズン真っ盛りだ。オーストラリアには素晴らしいスキー場がいくつかあるが、ペリッシャー・スキー・リゾートは最大級で、ゲレンデやトレイルも多彩。ペリッシャー・バレー、ガセガ、ブルー・カウ、スミギン・ホールズといった村のそれぞれでスキーが楽しめる。

拠点を置くならペリッシャー・バレーがいいと勧めるのは、アンドリュー・ホーズリー。1984年のサラエボ・オリンピックで、クロスカントリーのオーストラリア代表監督を務めた人物だ。この村はコジオスコ国立公園の山あいにあり、景色も申し分ない。すべり疲れたらガセガ・アルパイン・インに行こう。ブルー・カウ山を正面に望み、ゲレンデもいくつかある。オーストラリア・アルプスの絶景をお供に、パブで昼食だ。

最新ベストスポット

ダウンヒル以外のお楽しみ

ダウンヒルスキーもちょっと飽きた。混雑するゲレンデはうんざりだ。そんな人のために、ペリッシャーでは100キロにおよぶクロスカントリー・スキーのトレイルがあり、コジオスコ国立公園の冬山に深く分け入ることができる。K7アドベンチャーズは初心者向け講習会も行う。スノーシューズをはいて行く半日のガイドツアーも楽しい。ペリッシャー・バレーにあるノーディック・シェルターを出発し、クラッケンバック山脈の尾根に登れば、スレドボ渓谷の壮観を眺めながらピクニックランチだ。
www.k7adventures.com

■ 旅のヒント　**ペリッシャー・スキー・リゾート**　スキーシーズンは6月初旬～10月初旬。シドニーから車で6時間、メルボルンから車で7時間。www.perisher.com.au　**ガセガ・アルパイン・イン**　www.guthega.com

オーストラリアのスポーツはサーフィンとラグビーだけではない。ニュー・サウス・ウェールズ州のスレドボはスキー天国だ。

クイーンズタウン・ウィンター・フェスティバルはXゲームとマルディグラを1つにしたような熱気で、北半球の暑さをぶっ飛ばす。

ニュージーランド

クイーンズタウン

南半球一のにぎやかスノーリゾート。ここではヘリスキーとアフタースキーの概念が変わる。

北半球が汗だくになっている夏、ニュージーランド南部のクイーンズタウンは厳しい冷え込みが続き、新しいパウダースノーが地面を覆う。湖畔にあり、南半球の代表的なウィンターリゾートに比べると、規模も期間も多少見劣りするが、楽しみの質と種類ならどこにも負けない。

冒険とバカ騒ぎ

6月最後の10日間に開かれるクイーンズタウン・ウィンター・フェスティバルで、ウィンターシーズンは大いに盛り上がる。柱となるのはスノースポーツとエクストリームスポーツだが、仮面舞踏会、ライブ、ファッションショーなどもある。地元の観光団体に勤めるジェン・アンドリューズは言う。「10日間は徹底的にバカになる。どれだけ変な仮装ができるか競争したり、雪の上をマウンテンバイクで走ったり。湖岸では鳥人間コンテストもありますよ。みんなお腹を抱えて笑います」

各種コンテストには観光客も参加できる。スーツケース・レースは文字通りスーツケースに入って斜面を滑る。愛犬も

最新ベストスポット

ヘリコプターで行く氷河トレッキング

サザン・アルプスのフランツ・ジョセフ氷河は、氷洞、クレバス、サン・カップ、氷河甌穴《おうけつ》、曲がりくねる流れが刻々と変化する。そんな氷河にヘリコプターでひとっ飛び。フランツ・ジョゼフ村から飛び立ち、切り立つ山の間を縫って進むと、氷河の正面が近づいてくる。氷原に着陸したら、アイゼンとピッケルで氷の地形を登ったり、乗り越えたり、回り込んだりする。ヘリコプター・トレッキングは近くのフォックス氷河でも行われている。

www.glacierhelicopters.co.nz

一緒ならドッグ・ダービーに参戦しよう。リフトでコロネット・ピークまで上がった犬たちが一斉に駆け降りるのだ。冷たいワカティプ湖に飛び込むスプラッシュ&ダッシュもある。

真面目にスキー

クイーンズタウンはスキーですべり倒したい人にもぴったりだ。ヘリコプターでしか行けない斜面もある。3000メートル峰がいくつもそびえ、見渡すかぎりの雪原が広がり、起伏に富んだ地形もたまらない。ニュージーランド南島は、ヘリスキーとスノーボードの魅力では5本の指に入るだろう。「総面積の99%がほぼ無人地帯で、開発の手がまったく入っていません」と胸を張るのは、サザン・レイクス・ヘリスキーのチーフガイド、ターン・ピルキントン。気温が低く、ヘリコプターが離発着しやすい、7月後半～8月後半がベストシーズンだ。

ハリス山地、クラーク氷河、クック山といった有名どころも飛行機ですぐだが、ピルキントンが好きなのはワカティプ湖の近くを走るフォーブズ山地だという。「氷河に覆われた急峻な斜面を登り、海まで見晴らせる景色を眺めると天にも昇る心地です。これぞゴッドゾーンですよ！」

おすすめの宿

寒さを逃れて くつろぐひととき

寒さ対策が充実しているクイーンズタウンのホテルはこちら。

■アズール　クイーンズタウンの少し北、木立に囲まれた丘の斜面に9つのビラが立っている。室内だけでなく屋外にも暖炉があって気分を高めてくれる。www.azur.co.nz

■ザ・デイリー　ダウンタウンから数ブロックのところにある、1920年代創業の乳製品工場の建物を改造したラグジュアリーなB&B（1泊朝食付きの宿）。暖炉の火が暖かいラウンジ、図書室、屋外スパ・プールと設備も充実していて、あまりの居心地の良さに夜ごとのワインも杯が進む。www.thedairy.co.nz

■ 旅のヒント　**クイーンズタウン**　www.newzealand.com、www.queenstownnz.co.nz　**クイーンズタウン・ウィンター・フェスティバル**　www.winterfestival.co.nz　**サザン・レイクス・ヘリスキー**　中級～上級者が対象。www.heliskinz.com

クイーンズタウンのリマーカブルズ・スキーリゾート。切りたった尾根からワカティプ湖に続く斜面は変化に富み、スキー初心者から上級者、スノーボーダーまで幅広く楽しめる。

秋

熱気球、燃え上がる紅葉、けなげに咲く野の花。
そしてビールの祭典で大はしゃぎ。

一面に紅葉したポルトガル、
ドウロ渓谷のブドウ畑。

米国ハワイ州

コナ

コーヒー収穫期のハワイ島で、かぐわしいコナ・コーヒーを味わおう。

ハワイ島の西海岸、標高の高い斜面は火山性の肥沃な土壌に恵まれ、コーヒー栽培に適している。それを発見したのは、1820年代の宣教師だった。コーヒーの実が赤く色づき、観光客がいなくなる頃、コナ・コーヒー文化祭が開かれる。「11月はコーヒータイムです」と語るのは、コナ・コーヒー&ティー・カンパニーのマリア・ボルトンだ。祭りの幕開けは、ホルアロアのコーヒー&アート・ストロール。地元農家のブースで、試飲や豆の購入ができる。「コナ・コーヒーはマイルドで柑橘やベリー類の風味が特徴です」

11月のうららかな空の下、カップ片手にウォーターフロントを散策しよう。青空市場に並ぶタンジェリン（柑橘類）は、浜辺での朝食に加えたい。コーヒーのお代わりがほしくなったら、スクーターに飛び乗って、コーヒー・カッピングと呼ばれるテイスティングコンテストに参加しよう。

最新ベストスポット

ハワイ火山国立公園

ハワイ島南東部、ユネスコ世界遺産に登録されている国立公園で火山をハイキングしよう。漆黒の固い溶岩は日光を反射して輝き、踏むと乾いた音を立てる。キラウエアやマウナロアが噴火したときのものだ。噴気孔からは、硫黄を含む蒸気が勢いよく噴き出す。キラウエアの頂上を一周するクレーター・リム・トレイルを歩こう。暖かい服装をして、雨具も忘れないように。島は熱帯にあるが、ここは高度があり、荒涼として風や寒気をさえぎるものが何もない。しかも11月は最も雨の多い季節だ。www.nps.gov/havo

■ 旅のヒント　**コナ・コーヒー文化祭**　konacoffeefest.com　**コナ・コーヒー&ティー・カンパニー**　農場からカップまで、コーヒーの栽培や収穫について学べる。www.konacoffeeandtea.com

コーヒーの実は1つずつ手で摘む。時間はかかるが、こうしてコナの名前にふさわしい品質が守られる。

スネーク川を渡るアメリカアカシカの群れ。その秋最初の霜は冬の移動を始める合図だ。

米国

ワイオミング州

本能の呼び声に従って、草地を目指すアメリカアカシカ。その群れを追跡する。

イエローストーンの雄大な山々にその秋最初の霜が下りると、アメリカアカシカ（北米でエルクと呼ぶ）の移動の季節だ。自然保護団体ネイチャー・コンサーバンシーは、ビッグホーン国立森林公園の南端にテンスリープ保護区を所有し、アメリカアカシカの移動ルートを守る。群れの移動の際はトレイルも通行禁止にする徹底ぶりだ。

国立エルク保護区の生物学者エリック・コールによると、アメリカアカシカの繁殖を観察するならグランド・ティートン国立公園だという。「ルパイン・メドウズやティンバード・アイランド周辺の環状道路で、待避線で待つのがおすすめです。9～10月に雌が妊娠したら、群れはジャクソンの外れまで下りてきます。スネーク川が近くて食べ物やねぐらが確保できるため、1万2000頭近くのアメリカアカシカがここで越冬します。オオカミがアメリカアカシカを襲う場面にも遭遇できるかもしれません」

最新ベストスポット

ローランス・S・ロックフェラー保護区

グランド・ティートン国立公園内、フェルプス湖の南岸にある保護区で、センターでこの地の生態系を解説してくれる。ここから始まる8マイル（13キロ）のトレイルは起伏がほとんどなく、見事な景色を存分に眺められる。かつて牧場だったこの土地を保護するために購入したのは、ジョン・D・ロックフェラー。息子のローランスが、保護と維持のための条件付きで、2001年に国立公園に寄贈した。保護区に入れるのは5月後半～9月初旬。
www.nps.gov/grte

■ 旅のヒント　**グランド・ティートン国立公園**　雪や道路の閉鎖で保護地への立ち入りが制限されることも。www.nps.gov/grte　**テンスリープ保護区**　入れるのは5月初旬～10月。www.nature.org

米国ニューメキシコ州アルバカーキ

国際熱気球フィエスタ

「毎年10月、アルバカーキの町が魔法にかかる。朝、数百もの色とりどりの熱気球が音もなく青空に昇っていくのだ。気球は派手な飾りのように空を埋めつくす。地上では大人も子どもも空を見上げ、冒険心をたたえて手を振る」

ニーラ・シュワルツバーグ、ジャーナリスト・編集者

国際熱気球フィエスタは、アルバカーキにあるバルーン・フィエスタ・パークで毎年10月第1週に開催。1972年に始まったときはわずか13機だったが、今は600機以上が参加する。

ブラック・ヒルズで年に1度行われるバイソンの駆り集め。つかの間の静寂を人間も動物も味わっている。

米国サウスダコタ州

カスター州立公園

大草原に轟音が響く。カウボーイに率いられた数千頭のアメリカバイソンが移動する音だ。

ブラック・ヒルズの奥深く、面積2万9000ヘクタールのカスター州立公園には、1300頭と最大級のアメリカバイソンの群れが生息し、オオツノヒツジ、シロイワヤギ、プロングホーンもいる。毎年9月下旬、バイソンの駆り集めが行われる。放牧地の負担を減らすための個体数管理だ。公園のビジターサービス担当のクレイグ・パグスリーは、この光景は西部開拓時代のままだという。「6000のひづめが地を揺るがし、土ぼこりが舞い上がる。カウボーイたちがむちをしならせて、バイソンを駆り立てるんです」

1万4000人の見物人が見守るなか、カウボーイたちが疾走しながらバイソンを囲いに追い込み、焼き印、ワクチン接種、ふるい分けを行う。南側の観覧エリアでは、谷底へ駆け下りるバイソンの大群が見られるが、壮観なのは北側だ。「ゲートをくぐった群れが、正面から向かってくる形になります。フェンスのすぐそばを走るので、バイソンに触れることもできます」

おすすめの宿

ステート・ゲーム・ロッジ

ステート・ゲーム・ロッジは、米国西部の伝統的なホテル。ここに滞在したいと思うのは、昼間は暖かく、夜は冷え込む気候のせいだろう。ワシントンD.C.の暑さに耐えかねたカルビン・クーリッジ米国大統領が、行政機能を丸ごとここに移したこともある。山あいのポンデローサマツの木立の中にこのロッジが建設されたのは1920年。食堂ではアメリカバイソンやキジ、マスといったサウスダコタの味覚が供される。バッファロー・サファリ・ジープ・ツアーでは、ガイドが園内の野生生物について詳しく教えてくれる。www.custerresorts.com/state-game-lodge

■ 旅のヒント　**カスター州立公園**　gfp.sd.gov/state-parks/directory/custer　**ブラックヒルズ**　www.fs.usda.gov/blackhills

米国テキサス州

グアダルーペ山脈国立公園

公園の奥深くまで入れば、秋の色彩に洗われるセピア色の砂漠が眼前に現れる。

巨大な岩山エル・キャピタンが眼前にそびえる岩だらけの砂漠を横切り、踏み石づたいに小川を渡る。ここはぜひ秋に訪れたい。グアダルーペ山脈国立公園のマッキトリック渓谷では、谷の陰で木々がひそやかに燃え上がる。オオキレハカエデは黄、オレンジ、赤の樹冠を広げ、背丈の低いヌルデの仲間は真紅の塊と化す。イチゴノキの仲間の葉は緑だが、ピンクや赤の樹皮がはがれると、中は真っ白だ。

音風景にも心を奪われる。遠く姿は見えなくても、耳をすませば小鳥たちのさえずりが聞こえる。「峡谷に隠された別世界です」と話すのは、パークレンジャーのマイケル・ヘイニー。深い谷が砂漠で日陰をつくり、植物が繁茂する。雪解け水や雨が山でろ過されて流れ込む地下水を、木々の根が吸い上げる。赤や黄に染まった葉はやがて落ち、ウチワサボテンやユッカの周囲に積もる。

ここに注目

グアダルーペ山脈

大昔、この地域は海の中だった。サンゴや海綿といった石灰分を分泌する生き物が巨大なリーフを形成していたのだ。何百万年もの間に気候や地質が変化して海が後退し、現在のようなグアダルーペ山脈ができあがった。パーミアン・リーフ・トレイルを行けば、かつて海底だった地層が露出しており、研究者も訪れる。もちろん、かつて海だったのはエル・カピタンやこの山脈だけではない。ニューメキシコ州のカールズバッド洞窟群国立公園も先史時代のリーフだった。

■ 旅のヒント　**マッキトリック峡谷**　紅葉は10月後半～ 11月初めがピーク。レンジャーがそのときいちばん美しい場所を案内してくれる。www.nps.gov/gumo

テキサス州で8番目の高峰、エル・キャピタンに晩秋の紅葉が訪れた。

カナダ、マニトバ州チャーチル

ホッキョクグマとの休日

ホッキョクグマは極北きってのイメージキャラクターだ。炭酸飲料からハイブリッドカーまで、あらゆる広告に登場する。だが、野生のホッキョクグマを見たことがある人はほとんどいない。しかし毎年秋、ほぼ確実に、それもたくさんのホッキョクグマが見られる場所がある。それがカナダのマニトバ州チャーチルだ。

初めてチャーチルを訪れたときは、生物学者のマルコム・ラムジーと一緒だった。2頭を麻酔銃で捕獲し、測定する。ラムジーは助手を指して言った。「彼はホッキョクグマの下半身の専門家なんだ」。ふと見ると、助手はクマの尻に腕を半分ほど突っ込んで便を採取していた。私は思わず本音を吐いた。「そういう専門家になりたいと思ったことはないな」

幸い、下半身の専門家にならなくても、チャーチルではホッキョクグマを間近に見ることができた。「ホッキョクグマの都」を自称するこの町は、秋になると観光大使さながらに観光客を出迎える。ここはハドソン湾で最も早く海氷が形成される地域。ホッキョクグマは海氷の上で狩りをするので、夏に絶食していたクマたちはようやく食事にありつける。10月になると待ちかねていたかのように姿を現し、ハロウィーンともなると町のあちこちに出没するので、お菓子をねだる子どもに警備がつくほどだ。

ある年の11月、観光で再びチャーチルを訪れ、見学ツアーに参加した。乗るのは大型バスに直径1.5メートルのタイヤをはかせたツンドラ・ローバーだ。暖房が効いて安全なうえに、1メートルの至近距離でクマの姿を見られて感動した。ロッジに3泊し、クマとともに眠り、クマとともに目覚めた。夜にはオーロラも出て、思い出をさらに色濃いものにしてくれた。

著者　**ボイド・マトソン**

ボイド・マトソンは、ナショナル ジオグラフィックのジャーナリスト・冒険家。ナショナル ジオグラフィック トラベラー誌の編集を担当。

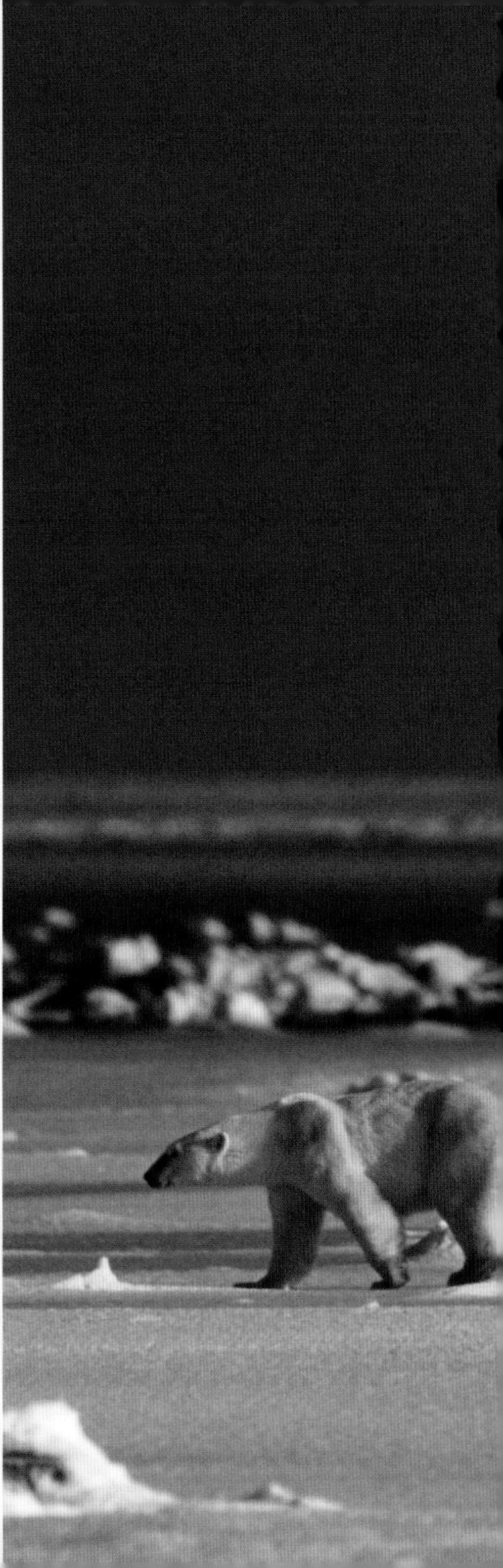

ハドソン湾を埋めつくす分
厚い氷の上を、ホッキョク
グマの親子が行く。

米国ウィスコンシン州

グリーン・ベイ

町の誇りとソーセージがはじける秋のお祭り。パッカーズの試合を見に行こう。

グリーン・ベイに本拠を置くプロアメリカンフットボールのNFLチーム、パッカーズのホームゲームがある日曜日。落ち葉を踏みしめながらスタジアムに向かうと、下町の風情がある一画に、巨大なランボー・フィールドが姿を現す。アメフトシーズン開幕の頃、町はソーセージを焼く匂いが充満する。パッカーズのオーナーの1人、スティーブン・サリバンは言う。「通りにまで炭の匂いが漂ってきます。この季節はいつもそうです」

パッカーズは米国のメジャースポーツで最も規模が小さく、一般市民が完全所有する唯一のチームだ。オーナーはサリバンの他に11万2157人。熱心なファンは、試合前のパーティーから最高潮だ。大いに笑い、食べ、ゲーム前のショーを楽しむ。バーベキューグリルをしつらえ、Wifiも完備のトラックもある。今から次のホームゲームが待ち遠しい！

ここに注目

雪の日のパッカーたち

秋は落ち葉だけでなく雪も降る。試合の前に雪が降ると、筋金入りのファンはシャベルを持ってスタジアムに集まり、座席などの雪かきを始める。チームからは時給10ドルの報酬が出る。ひと仕事終えた人々は、儀式さながらにビールとソーセージを掲げる。こんな日常になじむことができたら、あなたも立派なグリーン・ベイっ子だ。

■ 旅のヒント　**グリーン・ベイ**　シカゴからミシガン湖岸を通って車で3時間。www.greenbay.com　**グリーン・ベイ・パッカーズ**　www.packers.com

応援するのがパッカーズだろうとほかのチームだろうと、アメリカンフットボールは米国の秋の風物詩だ。

ベリアにはクラフトショップがたくさんある。ここバイビー・ポタリーはアレゲニーの西で最古の歴史を誇る製陶所。

米国ケンタッキー州

ベリア

アパラチア山脈の南麓に、民芸品や工芸品の名人が集まる町がある。

ケンタッキー州中央部にある職人の町、ベリアの伝統は、はるか昔に遡る。紀元前200～紀元400年頃、このあたりには精巧な模様の宝飾品や土器が特徴のホープウェル文化が栄えていた。ベリアとその周辺に何十軒もある工房も、そうした精神を受け継いでいる。オールド・タウンやカレッジ・スクエアのワークショップやギャラリーを訪ねれば、名人芸の持ち主が気軽に話を聞かせてくれる。

10月第2週の週末には、ケンタッキー芸術工芸ギルドフェアが開催される。色づいたベリア・カレッジの森の中で、アパラチア伝統のかご、手吹きガラス、宝飾品などが披露される。金属工芸家のジャネット・ロウレットは語る。「一面秋の色に染まった山々を眺めながら、小道をのんびり歩きます。職人の手仕事を眺めていると、大道芸人が傍らで芸を披露したり。アートと音楽と紅葉。こんな催しは他にはないでしょう」

ここに注目

ベリア・カレッジ

ベリアが民芸品や工芸品の中心地となったのは、1893年、ベリア・カレッジの学長ウィリアム・フロストが、アパラチア山脈南部を旅したのがきっかけだった。地元の人々は、家庭でかごや敷物、毛布を手作りするのをやめ、デパートや商店で大量生産品を買うようになっていた。フロストはアパラチアの伝統的な手工芸を復活させるため大学に織物の講座を開設。職人たちをベリアに住まわせ、人々に布製品を買ってもらう努力を続けた。現在は、木工家具や製陶、宝飾品の講座もある。www.berea.edu

■ 旅のヒント　**ケンタッキー芸術工芸ギルドフェア**　www.kyguild.org　**ベリア**　スタジオ・ウォーキングツアー、ワークショップ、夏期講座などを開催。www.berea.com

米国ペンシルベニア州

ホーク・マウンテン

「1934年以来、100万人以上がホーク・マウンテン保護区を訪れた。秋になると、クーパーハイタカ、イヌワシ、コチョウゲンボウといった16種の猛禽類が渡りをする様子を見にくるのだ。翼の羽根1枚1枚が確認できそうなほど接近するタカを見ると、野生の力強さに圧倒される」

レイチェル・J・ディキンソン、ナショナル ジオグラフィック トラベラー誌ライター

秋になると、タカは越冬のために、南への渡りを始める。ペンシルベニア州ケンプトンにあるホーク・マウンテンはタカの渡りを観察できる場所の1つで、毎年秋には1万8000羽ほどがここを通過する。

プリンス・エドワード島名物のロブスターは、春と秋の2回シーズンがある。

カナダ

プリンス・エドワード島

カナダ最小の州で最大の催し、秋のシーフード祭りで舌鼓。

参加者はナイフを手に身構える。合図とともに勝負開始。12個のカキをできるだけ速くむき、皿に並べていく。1分14秒後、勝者がこぶしを高く突き上げた。賞品は、賞金2000ドルと「世界一のカキむき」の称号だ。

カキむきコンテストはプリンス・エドワード島で毎年9月開催の国際甲殻類フェスティバルのひとコマで、他にもロブスター・フリットや10種類以上ものシーフード・チャウダーを食べられる。会場にはアイルランド系やスコットランド系カナダ人の伝統音楽が流れ、世界的なシェフとレシピを交換できる。アイルランド移民でレストラン経営者のリアム・ドランが1966年にこのフェスティバルを始めたときには、カナダ東部を代表するイベントになるとは誰も想像していなかった。「ずいぶん成長したものです」とドランは言う。「特にカキむきコンテストとシェフズ・チャレンジはすごい。巨大テントに大画面まで用意して、2000人が見守るんです。どうかしています」

ここに注目

グリーン・ゲイブルズ

ホテルの料金も手ごろになる秋の1日、小説の世界に遊んでみては？　プリンス・エドワード島のキャベンディッシュには、随一の名所がある。L・M・モンゴメリの『赤毛のアン』の舞台となった、グリーン・ゲイブルズだ。白と緑に塗り分けられた家を見学して、お化けの森やバスラム・ホロウ・ホテルをたどる45分の散策コースを巡る。1908年に初版が世に出たこの作品は、世界中で5000万部も売れた。

www.gov.pe.ca/greengables

■ 旅のヒント　**プリンス・エドワード島**　www.tourismpei.com　**国際甲殻類フェスティバル**　peishellfish.com

カナダ、ノバスコシア州

ケープ・ブレトン島

ケルト文化の伝統を祝福する秋の行事で、島の音楽と食べ物に触れる。

カナダのケープ・ブレトン島にはケルト文化が深く根を下ろし、毎秋、ケルティック・カラーズ・フェスティバルが開催される。現代ケルト音楽を代表する音楽家が世界中から集まってコンサートを開き、地元アーティストと一緒に演奏する。フィドル（バイオリン）片手に飛び入りも大歓迎。フェスティバルの芸術監督は語る。「私たちの文化は、台所や地域の集会場で命脈を保ってきたのです」

あちこちで開かれるワークショップやセッションにぜひ参加しよう。セント・ジョージズ・チャンネルという小さな共同体では、ソング・セッション＆サパーを開催。即興のジャムセッションに身をまかせ、ボランティアが用意するフィッシュケーキや豆料理に舌鼓を打てば、かつての町の集会場の様子を想像できる。ある住民はこう言っていた。「文化の違いなんて関係ない。みんなで歌ってしゃべって、うまいものを食おうじゃないか」

最新ベストスポット

カボット・トレイル

ケープ・ブレトンの北半分を一周するカボット・トレイルは全長300キロ。ケープ・ブレトン高地のパノラマ、大西洋岸の絶壁といった変化に富んだ景色が堪能できる。ブラ・ドー湖の最南端をかすめ、マッケンジー・マウンテン展望台からクジラを観察したり、アレクサンダー・グラハム・ベルが暮らしたこともあるバデック村を訪ねよう。
www.cabottrail.com

■ 旅のヒント　**ケープ・ブレトン島**　ノバスコシア州ハリファクスからケープ・ブレトン島シドニーまでの航空便がある。www.cbisland.com　**ケルティック・カラーズ・フェスティバル**　www.celtic-colours.com

ケルティック・カラーズ・フェスティバルでは、ソロからジャムセッションまで、ケルト音楽への愛にあふれた演奏が繰り広げられる。

Top10 幽霊屋敷へようこそ

雰囲気満点のお屋敷で恐怖の一夜を。

1 スタンリー・ホテル
米国コロラド州エステス・パーク

ロッキー山脈にあるこのホテルでは、夜になると音楽室のピアノが鳴るという。スティーブン・キングの『シャイニング』の舞台にもなり、著者の名前を冠したスイートにも宿泊できる。人気が高いので要予約。

www.stanleyhotel.com

2 レンプ・マンション
米国ミズーリ州セント・ルイス

ビクトリア朝様式のこの屋敷は、手描きの美しい天井画や、重厚なマホガニー材が目を引くが、不審死や自殺が頻発したいわくつきの場所。現在はホテルとして営業し、超常現象ツアーも行う。屋敷の下に広がる洞窟やトンネルは、所有者一族が醸造業を営んでいたときに使われていた。洞窟には「血しぶき」が散っていて、恐怖のどん底に突き落とされる。

www.lempmansion.com、www.scarefest.com

3 イースタン州立刑務所
米国ペンシルベニア州フィラデルフィア

中世の砦を思わせるイースタン州立刑務所は180年前に建てられ、1971年まで現役だった。ここに収容され、孤独のあまり錯乱した囚人は少なくない。朽ちかけた独房では、囚人の幽霊が叫び声を上げるという。www.easternstate.org

4 ロンドン塔
英国イングランド、ロンドン

女王が首をはねられ、幼い王子が謎の失踪を遂げたロンドン塔は、悲劇的な逸話に事欠かない。夕刻、ビーフイーターと呼ばれる衛士の案内で石畳の通路を歩き、らせん階段を上ると、周囲は恐ろしいほど静まりかえっている。www.hrp.org.uk/TowerOfLondon

5 エディンバラ城
英国スコットランド

12世紀建造の砦がエディンバラの町ににらみをきかせる。ここでは火あぶりにされた魔女から首のない鼓手まで、さまざまな幽霊が報告されている。なかには焼けるような熱さを感じたとか、たくさんの人影を見たという人も。ww.edinburghcastle.gov.uk

6 バルディ城
イタリア

イタリア北部にある、愛の悲劇が起きた城。敵方の騎士がやってくるのを見た領主の娘は、愛する隊長が死んだと思い込み、塔から身を投げた。ところがそれは、勝利を伝えるべく敵に変装した隊長だったのだ。娘の亡きがらを見た隊長は、自らも命を絶った。今も隊長の幽霊が娘を探し求めているという。

www.castellodibardi.it

7 ホウスカ城
チェコ、ブラッツェ

地面にぽっかり開いた割れ目の上に立つ13世紀ゴシック様式の城は、ちょうど亀裂の真上に礼拝堂があり、地獄への門をふさぎ、黄泉の国の悪魔が侵入するのを防いでいると言われている。血を流している首のない馬と、「白い貴婦人」が夜な夜なさまよう。

www.ceskolipsko.info/dr-en/1230-houska-castle.html、www.hradhouska.cz

8 グッド・ホープ城
南アフリカ共和国ケープタウン

17世紀に兵士と奴隷が建設した五稜堡で、名前に反して地下牢の囚人に希望はなかった。拷問も行われ、囚人たちの悲鳴が今も聞こえるという。

www.castleofgoodhope.co.za

9 バンガル
インド、ラージャスターン州

北部にある16世紀の砦と村の廃墟で、美しい装飾が残る。ここに出る幽霊は、恋に破れた修行僧、それとも残虐な王？　何にしても、ここなら幽霊話がたくさんあってもおかしくない。www.rajasthantourism.gov.in/destinations/alwar/bhangarh.aspx

10 モンテ・クリスト
オーストラリア、ジュニー

オーストラリア南東部にあるビクトリア朝様式の屋敷。襟の高い黒レースのドレスを着た女が徘徊《はいかい》するという。B＆B（1泊朝食付きの宿）の幽霊ツアーでは、懐中電灯を持参して、「怖がる用意をする」よう勧められる。www.montecristo.com.au

英国スコットランドのエディンバラ城には、幽霊だけでなく、火あぶりになった「魔女」もいるという。

園内に網の目のように広がるトレイルは、ここビーチ・マウンテンのように海が望めたり、神秘的な池があったり、トウヒの森を抜けたりと魅力満載だ。

米国メーン州

アカディア国立公園

眠れぬ秋の夜に星を眺めに、天の川がいちばん明るく見えるところへ。

人口の多い東海岸にあり、屈指の来園者数を誇るアカディア国立公園が星空観察に最適の条件を備えているとは、皮肉な話かもしれない。だが、ボストンやポートランドから遠く北に離れているので、大都会の光害の心配はない。星を見るなら秋の夜長がいちばん。太陽が真っすぐな地平線の向こうに沈むと、ひんやりとした秋の黄昏が訪れ、真っ暗な海面を見下ろすように天の川が姿を現す。

夜空に近づくナイト・ハイキング

米国東海岸の最高峰キャデラック山は、星空に触れんばかりに近づける場所だ。空が澄み、観光客が減ってきたこの時期に開かれるアカディア・ナイト・スカイ・フェスティバルのハイライトだが、頂上まで登る人は200人程度とそう多くない。夕暮れ、参加者は毛布をかぶって標高466メートルの山を登りはじめる。メーン州のアマチュア天文家が望遠鏡を設置して、参加者にも見せてくれる。パークプランナーのジョン・ケリーは言う。「メーン州に住んで12年になりますが、夜空を見ると今

おすすめの宿

エコフレンドリーな宿

■グレイコート・イン メーン州環境保護局（DEP）の認定を受け、環境汚染と資源の利用を最小限に抑える努力をしている。www.graycoteinn.com

■ホーソーン・イン 公園から2時間の距離にある地元経営のB＆B（1泊朝食付きの宿）。公園と往復する価値は十分にある。食材は近くのファーマーズマーケットや、地域農業ネットワーク、自家菜園で調達する。www.camdenhawthorn.com

■ミラ・モンテ・イン こちらもDEP認定。ビクトリア朝風のB＆Bで、食材は地元産のものを使用。自然林の眺めも美しい。www.miramonte.com

でも足が止まります」

これほど見事な天体ショーが見られる場所は貴重だ。そこでこのフェスティバルでは、光害を減らすための対話を促進し、星空を守る努力も行っている。「文化的な側面も需要です」とケリーは指摘する。アメリカ先住民の創造神話から、ニール・アームストロング宇宙飛行士の月面歩行まで、米国人のアイデンティティーに夜空は深く関わっている。「人間は民話や占星術を通じて星とつながってきました。星空も1つの大切な資源なのです」

星空の下でカヤック

空が晴れ、海がないでいて、気温が下がりすぎていない夜なら、バー・ハーバーでカヤックをこぎ、かつてない世界を体験できる。最小限の明かりしかない海の上では、聴覚が研ぎ澄まされる。地元のカヤックツアーのガイド、ブレシアン・ランダーは言う。「夜は鳥がたまに鳴いたり、ネズミイルカやアザラシの声がするくらい。あとはどこまでも深い静寂です」。オールを水に入れると発光生物が光を放ち、天の川のまたたきを反射する。「運が良ければ、泳ぐ魚の姿も見えますよ」

最新ベストスポット

アカディアの色彩の饗宴

メーン州で星空を眺めているとつい夜ふかしになるが、寝坊するのはもったいない。秋の夜が陰ならば、色彩があふれる昼間は陽だ。10月初旬～中旬、園内は色彩にあふれる。常緑樹のトウヒとマツを背景に、木々の葉が一斉に黄、赤、オレンジに染まる。サウスウェスト・ハーバー・オクトーバーフェストにも行こう。地元で醸造されたビールとワインを多彩な味覚で楽しめる。
www.acadiaoktoberfest.com

■ 旅のヒント　**アカディア国立公園**　www.nps.gov/acad　**ナイト・スカイ・フェスティバル**　バー・ハーバーが滞在の拠点。www.acadianightskyfestival.com、www.barharborinfo.com　**ナイトカヤック**　www.acadiaparkkayak.com

一面の星を眺めていたら、天空にすっぽり包まれたような心地になる。

米国ニューヨーク州

ニューヨークの紅葉

「ニューヨーク州北部の秋と聞いて思い浮かべるのは、
紅葉の風景写真。でも実は、一瞬として同じ風景はない。
最初に葉を赤く染めて散っていくのは、水辺に根を張るカエデ。
続いて、乾いた斜面に生えるカエデやヒッコリーといった
広葉樹が色づく。11月に入ると森はかなり寂しくなるが、
それでもオークが頑張っている」

バーリン・クリンケンボルグ、作家、ニューヨーク・タイムズ紙寄稿者

ニューヨーク州北部の紅葉は、9月と10月が見ごろだ。なかでもアディロンダック山地は、まばゆいほどの秋の錦絵を見るのに最適で、毎年何千人もが訪れる。写真:アディロンダック州立公園。

米国ワシントンD.C.

ナショナル・ブック・フェスティバル

ああ、ワシントンD.C.に行かなくちゃ。9月後半とはいえ、まだ暑いワシントンD.C.にわざわざ行くのは、ナショナル・モールで2日間のナショナル・ブック・フェスティバルが開かれるからだ。広大な緑地には、本を音読したり、本について議論したりする声があふれる。

この催しが始まったのは、2001年。当時の大統領夫人ローラ・ブッシュが、長年、米国議会図書館で館長を務めたジム・ビリントンと発案した。作家の朗読をじかに聞き、質問することができて、サインをもらえて、本も買える場があれば、たくさんの人が集まるはず。ブッシュ夫人の読みは当たり、雨天でも数万人が来場する一大フェスティバルになった。

読者以上に、作家はこの催しが好きだ。米国史を彩った女性たちの本を出版して、この催しに初参加したとき、テントが満員の大盛況で驚いた。会場には、ミステリー作家、料理本を出したシェフ、小説家もやってくる。風刺画家のジュールズ・ファイファーや、コラムニストのヘロイーズが来た年もある。

スポーツ界のヒーローや児童書の作家も人気が高い。子どもはリック・ライアダンの世界に引き込まれ、R・L・スタインのお化けに震え上がり、モー・ウィレムズの絵本を読みふける。1200人のボランティアは、子どもたちをテントに引き込もうと工夫を凝らす。朗読に耳を傾け、新しい知識を吸収した子どもたちが、親に本を買ってとねだる光景を見ると、努力の甲斐があったと実感する。いったん夢中になった子どもは、あくる年も来たいと思うだろう。私の孫もそうだった。母親の都合が悪いと知ると、彼は胸を張ってこう言ったのだ。「コーキーに連れてってもらうからいいもん」。もちろん私は喜んでお供した。

著者　コーキー・ロバーツ

コーキー・ロバーツは、ABCとナショナル・パブリック・ラジオの政治担当コメンテーター。ナショナル・ブック・フェスティバルには、著者として何度か登場。孫を連れてくることも。

米国議会図書館のナショナル・ブック・フェスティバルには、名だたる作家、詩人、イラストレーターがずらりとそろう。本好きには夢のようなお祭りだ。

MIDWEST
YOUR MAP TO GREAT BOOKS
EVENT
PEOPLE OF THE
BIG VOICE
Bottoms Up
A Toast to Wisconsin's Historic Bars & Breweries
Jim Draeger & Mark Speltz
photographs by Mark Fay
Places along the Way
CLUCK
om Jungle Fowl to City Chicks
SUSAN TROLLER
The Waters of
Star Lake
A NOVEL
Sara Rath
Edited by
Matt Dembicki
BUILDING

米国ニューハンプシャー州

カンカマガス・シーニックバイウェー

混雑とは無縁の道路を走り、ニューハンプシャーの紅葉を眺めよう。

ボストンから車で北に2時間行くと、ホワイト・マウンテン国立森林公園が姿を現す。3200平方キロの自然林は、北東部の最高峰を擁する。なかでも絶景なのは、リンカーンとコンウェイを結ぶ全長34マイル（55キロ）のカンカマガス・シーニックバイウェー（国道112号線）、通称「カンク」だ。雪をかぶった標高1917メートルのワシントン山がそびえ、ブナやカバノキ、カエデの樹冠が太陽を受けて輝く。渓谷や屋根付きの橋、時折現れる滝がアクセントだ。

リンカーンにあるリゾートのマネジャー、グレッグ・クワスニクはこう話す。「カンクは高度が一定で、昼夜の気温差が常に大きいので、赤、黄、深い紫の発色が鮮やかです。ゴンドラでルーン山頂に登れば、はるかワシントン山まで切れ目なく紅葉が続いています。ジップラインでペミゲワセット川を渡りながら見る紅葉は圧巻ですよ」

ここに注目

山の老人

キャノン山から突き出た、老人の横顔にそっくりな岩は、2003年5月に崩落してしまった。だがそのシルエットは、ニューハンプシャー州のナンバープレートからメープルシロップのラベルまで、あらゆるところでお目にかかれる。長さ12メートルの巨大な花崗《かこう》岩の横顔が発見されたのは、1805年のこと。その後、裕福な旅行者が訪れるようになり、高級ホテルができて、ホワイト山地は避暑地として人気が高まった。フランコニア・ノッチ州立公園には、鉄で横顔を再現した彫刻がある。

■ 旅のヒント　**カンカマガス・シーニックバイウェー**　www.fhwa.dot.gov/byways/byways/2458　**ルーン山**　ゴンドラ・スカイライドとエアリアル・フォレスト・アドベンチャー・パークのジップラインは10月中旬まで営業。www.loonmtn.com

カンカマガス・シーニックバイウェーは、ホワイト山地やスイフト川の息をのむ絶景が広がり、至るところで紅葉を楽しめる。

大きくて性質のおとなしいジンベエザメは、カリフォルニア湾のダイバーの良き友だ。

メキシコ

バハ・カリフォルニア州

ジンベエザメの世界最大の生息地。秋になると半島の入り江に集まってくる。

カヤックの下に広がるブルーグリーンの透明な海で、底のほうから巨大な何かが上ってくる。逃げ出したくなるが、じっと我慢。現れるのは9メートルもの巨大なジンベエザメだ。サメはカヤックの下を滑るように進み、大きな口でプランクトンを食べる。

秋、カリフォルニア湾には世界最大の魚ジンベエザメが何千匹も集まってくる。カリフォルニア湾諸島自然保護区の責任者、カルロス・ゴディネスによると、これほどの数が長期間滞在する場所は、地球上でここしかないという。「ジンベエザメと一緒に泳ぐこともできます。内海なので安全です」。ここで交尾し、子どもを生んで育てたサメたちは、11月末には太平洋に向けて出発する。バイーア・デ・ロス・アンヘレスでカヤックやボートをレンタルして眺めるのもいいし、ザトウクジラ、イカ、900種類近い熱帯魚を見られる泊りがけのツアーもある。

ここに注目

世界のジンベエザメスポット

■ドンソル（フィリピン） ルソン島南端に近いドンソルのティカオ・パスには、11～6月にジンベエザメが集まってくる。www.donsolecotour.com

■ホルボックス島（メキシコ） 5月中旬～9月中旬、ユカタン半島周辺にジンベエザメが来る。holboxisland.com

■ニンガルー・リーフ（オーストラリア） 3～7月中旬、西オーストラリア州にある全長260キロのサンゴ礁は、ジンベエザメの一大スポットになる。www.westernaustralia.com

■ 旅のヒント　**バハ・カリフォルニア州** www.discoverbajacalifornia.com　**バイーア・デ・ロス・アンヘレス** www.bahiadelosangeles.info

メキシコ国立自治大学に登場した、死者の日のシンボル、カトリーナ。

メキシコ

オアハカ

メスカルをひっかけて背中がぞくっとしたら、国を挙げて死者をしのぶ秋祭りへ。

日付が変わった11月2日、オアハカの外れの墓地に続々と人が集まってくる。カトリックと古代オルメカ文化が融合して生まれた死者の日（ディア・デ・ロス・ムエルトス）は、一見奇怪に思えるが、生を祝福する祭りだ。死者の日はメキシコ全土で行われているが、オアハカがいちばん活気がある。夏の蒸し暑さが遠ざかった秋の夜は、屋外での儀式にぴったりの気候だ。

人々は死者のために墓石を磨き、ろうそくをともす。飾りつけが終わったら、墓のそばで毛布をかぶり、伝統料理のタマーレを食べ、リュウゼツランの蒸留酒メスカルを飲み、歌を歌う。前の週から、仮装したブラスバンドやダンサーのパレードが行われる。骸骨模様の入ったパン・デ・ムエルトや、リュウゼツランの汁を発酵させたプルケのサワーを売る屋台も並ぶ。そんなお祭り騒ぎをひと晩続けて、いよいよ墓地に繰り出すのだ。

最新ベストスポット

モンテ・アルバン遺跡

オアハカを見下ろす山上に、西半球で最も保存状態のよい古代都市遺跡モンテ・アルバンがある。サポテカ文化の政治・経済・文化の中心地として、紀元前500年頃～紀元750年頃繁栄し、当時、南北アメリカで最大の都市だった。ピラミッド形の大基壇、天文台、メキシコ最大級の古代の球戯場などが目を引く。ここで発掘された遺物の多くは、メキシコシティーにある国立考古学博物館とオアハカのサント・ドミンゴ教会に収蔵。www.mna.inah.gob.mx、www.visitmexico.com/en/monte-alban-zapotec-capital-in-oaxaca-mexico

■ 旅のヒント　**死者の日の催し**　oaxacalive.com/muertos.htm、www.visitmexico.com/en/celebrations-and-traditions-in-oaxaca-mexico　**オアハカ**　www.visitmexico.com/en/oaxaca

エクアドル

ガラパゴス諸島

チャールズ・ダーウィンが進化論を構想するきっかけとなった動物王国を訪ねる。

美しい自然が科学に大きな影響を与えた場所といえば、エクアドルから約1000キロの海に浮かぶガラパゴス諸島だ。ここで豊かな動植物を観察したチャールズ・ダーウィンは、やがて進化論を構築。そのおよそ140年後、ガラパゴス諸島はユネスコの世界自然遺産第1号となった。

赤道直下のこの諸島には、秋にはフンボルト海流の勢いが強くなり、栄養分に富む冷たい水が運ばれてくる。観察できる野生生物の種類がぐんと増えるのもこの時期だ。訪れるなら、島内ツアー付きの科学クルーズに参加するのがおすすめ。アオアシカツオドリ、ウミイグアナ、アオウミガメなど、島ごとに異なる動物と出会える。天敵のいない環境で進化した動物は、至近距離まで近づいても少しも怖がらない。水着も忘れず持っていこう。夕食後はスキューバダイビングや水泳もできる。

ここに注目

ダーウィンとビーグル号

1831年にダーウィンを乗せて英国のプリマスを出発したビーグル号は、5年にわたる航海で、ガラパゴス諸島のほかに、ケープ・ベルデ諸島、フォークランド諸島、キーリング諸島、オーストラリア、モーリシャスなども訪れている。ダーウィンがブラジルとアルゼンチンで調査したオオアルマジロの化石は、進化論を発展させるうえで重要な役割を果たした。ビーグル号は全長27メートルの小さな船で、70人余りの乗組員は船酔いなどの病気に苦しんだ。

■ 旅のヒント　**ガラパゴス諸島**　ecuador.travel　**科学クルーズ**　クライン・ツアーズとガラパゴス・レジェンドは内容の充実した科学クルーズを催行。www.kleintours.com、www.galapagoslegend.com

ダーウィン島近くの海を泳ぐガラパゴスアオウミガメ。ガラパゴス諸島に生息する唯一のウミガメだ。

アルゼンチン

ルハン

秋の巡礼には何百万というガウチョが馬や徒歩で集まってくる。

大草原の道に、馬に乗った人の行列が延々と続く。100年前にタイムスリップしたのかと目を疑う。彼らが向かうのは、ブエノスアイレスから車で1時間ほどの聖地ルハン。年に1度のペレグリナシオン・ガウチャ、ガウチョ（カウボーイ）の巡礼の光景だ。

国の守護聖人をまつるアルゼンチン随一のルハン大聖堂でミサが行われる間、外の広場は5000頭の馬でぎっしり埋まる。しかもこれは、秋の巡礼シーズンの幕開けに過ぎない。大聖堂には、これから100万人もの巡礼者がブエノスアイレスから押しよせるのだ。馬や徒歩でなくても、ルハンに来て大聖堂のミサに出席し、広場にずらりと並ぶパリージャ（バーベキューレストラン）で食事をし、巡礼路に設けられた給水所でボランティアをすれば、その精神の一端を知ることができる。

最新ベストスポット

エンリケ・ウダオンド博物館

ルハンの旧市庁舎と総督邸の建物を使った、アルゼンチンでも屈指の博物館。初代館長にちなんで命名され、1923～1962年に収集された歴史的・民族的な品々や交通関係の重要な遺産が展示されている。アルゼンチン初の機関車ラ・ポルテーニャ号や、ヨーロッパと南アメリカを横断した水上飛行機プルス・ウルトラ号のほか、ベルグラノ事件に関連する品や、ペロン元大統領夫妻ゆかりの品もある。さらにギター、銀器、ファッションなど、アルゼンチンの歴史を切り取った展示も面白い。argentinaparamirar.com.ar

■旅のヒント　**ブエノスアイレス**　www.turismo.buenosaires.gob.ar、www.turismo.gov.ar　**ルハン**　ブエノスアイレスからバスか自動車で1時間ほど。電車だと2時間以上。www.argentinaturismo.com.ar/lujan、www.basilicadelujan.org.ar

ブエノスアイレスから65キロ歩いてきた巡礼者たちを、ネオゴシック様式のルハン大聖堂が迎え入れる。

数百の滝が流れ落ちる
壮観な光景に、虹色の
首飾りが趣を添える。

ブラジル／アルゼンチン／パラグアイ

イグアスの滝

3カ国にまたがる滝は、ナイアガラの滝が小さく思えるほどの壮大さだ。

イグアスとは、先住民族グアラニー族の言葉で「大きな水」を意味する。確かにイグアスの滝は途方もないスケールだ。数百の小さい滝で構成されるこの滝は、ブラジル、アルゼンチン、パラグアイの3カ国にまたがり、なかでもブラジルとアルゼンチン側からの眺めが素晴らしい。

イグアスの滝の魅力を味わいつくすには、10 〜 12月がベストシーズンだ。蒸し暑さも観光客も減り、どしゃ降りの心配もない。アルゼンチン側の滝近くでホテルを経営する男性は、水量が減るのもいいという。「水面に出た足場を伝って、滝に最大限近づけるんです」。観光客のほとんどは、アルゼンチン側のプエルト・イグアスか、ブラジル側のフォス・ド・イグアスという集落に滞在する。ブラジルおよびアルゼンチン発のツアーは、ジャングルと滝を結ぶ散策路を通る。ボートで滝のすぐ際まで近づくと、水しぶきで全員びしょ濡れだ。

おすすめの宿

イグアス・グランド・リゾート・スパ&カジノ

イグアス・グランドはアルゼンチンのプエルト・イグアスにあり、滝から車で10分ほどだ。滝のスケールに圧倒された1日を静かに締めくくるのにぴったり。レストランでは、牧草で育ったアルゼンチン・ビーフを、ガウチョ（カウボーイ）姿のウェイターが供してくれる。南半球の春は澄み切った空が美しい。屋外でマッサージを受け、テニスや、お弁当を用意してもらってピクニックに出かけるのも楽しい。夜は隣接するカジノで運試しだ。
www.iguazugrandhotel.com

■旅のヒント　**イグアスの滝**　www.iguassu.com.br、www.iguazuargentina.com、www.senatur.gov.py

アコーディオンとフィドル（バイオリン）の祭典で朝まで踊り明かそう。

英国スコットランド

シェトランド諸島

風吹きすさぶ島で炉辺に腰を下ろし、ビールで乾杯すれば、ジャムセッションは熱を帯びる。

シェトランド諸島は、毛むくじゃらのポニーと羊のふるさと。樹木がほとんど生えない風景はスカンディナビアを思わせるが、地元の言葉や音楽はまぎれもなくスコットランドのものだ。秋になると、地元の食や音楽をテーマにしたフェスティバルがいくつも開かれる。陽気な音楽と踊りを楽しむなら、10月のシェトランド・アコーディオン＆フィドル・フェスティバルに行こう。諸島のあちこちで5日間開催される。

岩だらけで殺伐とした風景も、ミュージシャンには霊感の源となる。慌ただしい港町ラーウィック。16世紀建造の城がにらみをきかせるスキャロウェー。クリッキミン・ブロッホからネス・オブ・サウンドへの道では、断崖に第二次世界大戦の掩体壕《えんたいごう》があったかと思うと、青銅器や鉄器時代の構造物に出くわす。最近オープンしたマリールはライブホールで、光を使ったパフォーマンスを披露するミリー・ダンサーズの本拠地だ。

ここに注目

フィドルの歴史

フィドル（バイオリン）はある意味ヨーロッパ音楽を象徴するような楽器だが、その歴史は10世紀からと意外に新しい。イスラム世界で演奏されていた弦楽器の1つ、リラが東ローマ帝国から中世ヨーロッパに伝わった。11世紀にはヨーロッパ全土に普及して、フィドルという言葉でも呼ばれるようになる。演奏スタイルにも地方色が出て、英国諸島および東欧や北欧では細かく速い動きが主流となり、地中海文化では哀愁を帯びた旋律を歌いこむのが特徴となった。

■ 旅のヒント　**シェトランド諸島**　visit.shetland.org　**シェトランド・アコーディオン＆フィドル・フェスティバル**　www.shetlandaccordionandfiddle.com

フランス

ボルドー

伝統ある産地でブドウ摘みのお手伝い。収穫を祝う宴に参加しよう。

秋晴れの日、ブドウ畑のみずみずしい香りを思いっ切り吸い込む。有名なワイン産地ボルドーは収穫期を迎えて、猫の手も借りたいほど忙しい。かごとはさみを持ってブドウ畑に入り、農家が丹精した成果を摘みとろう。

9月中旬ともなると、マルティーヌ・カズヌーブの1日は、メルロー種のブドウを1粒食べることから始まる。収穫のタイミングを知るにはこれがいちばんだ。彼女が所有するシャトー・パルメイでは、カベルネ・ソービニヨン、カベルネ・フラン、メルローの摘み取りを体験させてくれる。これらのブドウをブレンドさせて、昔ながらのボルドーワインを造るのだ。午前中に摘み取り体験をしたら、学費稼ぎの大学生や引退したオーストラリア人たちに混じって、昼食のポトフをワインとともにいただこう。

ボルドー中心部、再開発されたリバーフロントでは、秋の味覚のフォアグラやモリバトのロースト、ウナギが楽しめる。

食の楽しみ

秋はフォアグラ

ボルドー南部を代表する伝統の味覚といえば、カモやガチョウの肝臓を太らせたフォアグラだろう。飼育方法に異論はあれど、秋に生産が最盛期を迎えるフォアグラを味わうと決めたら、シンプルなブドウのソースを添えたソテーや、香り高いシチューといった地元の食べかたで味わおう。歴史あるカルティエ・サン・ミシェルにあるラ・チュピナはバスク語でやかんの意味で、おばあちゃんの味が売りのレストラン。サン・ミシェル大聖堂前の広場は日曜にのみの市が立つので、お土産探しに冷やかしてみよう。www.latupina.com

■ 旅のヒント　**ボルドー地方のブドウ収穫**　9月中旬～下旬が最盛期だが、ワイナリーによって異なる。収穫体験ツアーもある。www.bordeaux-tourisme.com、www.entredeuxmers.com

フランス最大のワイン産地、ボルドー地方では紀元1世紀にローマ人がワイン造りを始めた。

Top10 収穫祭

ワインと料理、歌と余興。
自然の豊かな恵みを満喫する。

1 ナイアガラ・ワイン・フェスティバル
カナダ、オンタリオ州セント・キャサリンズ

モンテベロ・パークを練り歩く笛吹き男のパレードを追いかけ、冷涼な気候ならではのビンテージワインを試飲する。9月後半に2週間にわたって開かれるフェスティバルは、無料コンサートや料理イベントがあり、最後の週末のグランド・パレードで幕を下ろす。www.niagarawinefestival.com

2 ソノマ郡収穫祭
米国カリフォルニア州サンタ・ローザ

サンフランシスコから北で45分のソノマ郡は、250軒以上のワイナリーがひしめきあう世界有数のワイン産地。10月の収穫祭は、誰でも参加できるブドウ踏み世界選手権が目玉だ。www.harvestfair.org

3 リンゴ収穫祭
米国ペンシルベニア州アレンドツビル

ペンシルベニア州最大のリンゴ産地、ルーラル・アダムズ郡では10月第1週と第2週の週末にナショナル・アップル・ハーベスト・フェスティバルを開催。会場では、自家製アップルダンプリングや搾りたてサイダー、熱々のアップルパイがふるまわれる。
www.appleharvest.com

4 収穫祭
スペイン、ヘレス・デ・ラ・フロンテーラ

スペインのワイン産地では、ベンディミーア（収穫）を祝う祭りが9月いっぱいまで各地で開かれる。9月8日の聖母生誕祭に近い週末は、アンダルシアのシェリーの都、ヘレス・デ・ラ・フロンテーラに行こう。闘牛、フラメンコ、ブドウ踏みなどの催しが満載だ。
www.andalucia.org/en/eno-gastronomy/wine-fiestas

5 カンシュタッター・フォルクスフェスト
ドイツ、シュトゥットガルト

9月後半～10月初めに開催するシュトゥットガルトのビール・収穫祭。ビル8階分の高さの「果物の柱」を中心に、醸造所の巨大なテントが並ぶ。ビールのお供はシュバーベン地方の伝統料理、ケーゼシュペッツェレ（卵入り麺にチーズをかけたもの）で決まり。cannstatter-volksfest.de

6 アルバ国際白トリュフ祭り
イタリア、アルバ

イタリア北西部、ピエモンテ地方で採れる白トリュフはかぐわしい香りが珍重され、「白い黄金」と呼ばれるほどだ。10月初旬～11月中旬の週末ごとに開かれる祭りは、伝統のロバ競争で幕を開け、昔の衣装で歩く大行列が見ものだ。白トリュフを使ったパスタ、リゾット、ソースもどうぞ。www.fieradeltartufo.org

7 聖レオポルト祭
オーストリア、クロスターノイブルク

クロスターノイブルク大修道院は、オーストリアの守護聖人であるレオポルト3世の埋葬地で、900年ものワイン醸造の伝統がある。ウィーンの森にあるこの修道院を、聖レオポルトの日である11月15日に訪ねれば、カーニバル、音楽、巨大なワインだるのすべり台などに参加できる。www.stift-klosterneuburg.at

8 マルナダ祭
クロアチア、ロブラン

クロアチアのオパティア・リビエラは、10月中旬にマルニと呼ばれる栗の季節を迎える。海岸のリゾート地、ロブランが先陣を切って3度の週末にまたがる祭りの幕を開けると、近隣の町もそれに続く。栗を使ったあらゆる味覚が登場し、カロリー消費のための自転車レースも行われる。www.tz-lovran.hr、croatia.hr

9 仮庵の祭り
イスラエル、エルサレム

ユダヤ教の祭りで、シナイ半島を放浪したときの神の加護と秋の恵みを感謝する。屋根のない仮庵《かりいお》（スコット）を立て、1週間そこで食事をし、ときに寝泊りもする。エルサレムのサフラ広場には巨大なスコットが出現し、無料コンサートや食の祭典などを開催。
www.gojerusalem.com

10 中秋節
中国、香港

旧暦8月15日（9月か10月初め）の中秋は本来、収穫を喜び、満月を観賞するものだが、香港では巨大な電飾の灯篭や、花火をまきちらす龍で大騒ぎ。
www.discoverhongkong.com

スペイン、ヘレス・デ・ラ・フロンテーラのブドウの収穫祭。フラメンコや闘牛で町じゅうが沸くのはもうすぐだ。

フランス

シャンパーニュ

王様のワインと呼ばれる黄金の泡を味わい、そのもとになるブドウを摘む。

フランス北部、小塔がかわいらしい教会や中世の面影を残す町が、なだらかにうねるブドウ畑の中に点在するシャンパーニュ地方。ここで造られる発泡性ワイン、シャンパンは400年の歴史を持ち、芸術の域に達している。高級品というイメージのシャンパンは、フランス王室に愛され、地元ワイナリーが品質を守り抜いてきた。

シャンパンの高揚感を地元で体験するなら、ブドウが収穫され、圧搾される9～10月がおすすめだ。ただ味わうだけでなく、自分でブドウを摘む体験ができる。多くのワイナリーは、手摘みから圧搾に至る伝統的な工程を観光客に知ってほしいと思っている。ボランティアやプロの摘み手に混じって、朝露に濡れたブドウ畑で果実を摘んでみよう。手摘み指導の後、ワイナリー見学、試飲、シャンパン付きの食事というのが典型的な流れだ。

最新ベストスポット

シャンパンを自分で摘む

収穫体験には予約が必要。ワイナリーが収穫開始の数週間前から告知する。

■ローノワ・ペール・エ・フィス　ビレ・オー・ボワの近くにあり、ルネサンス期の城の周辺でブドウを栽培。
www.champagne-launois.fr

■アベル・ジョバール　ランスの南、緑豊かにうねる丘陵地のワイン畑。
www.champagne-abeljobart.com

■ブーブ・ドゥソー　シャンパーニュ地方南部。オーブ地域の穏やかな起伏の地形でブドウを栽培。
www.champagneveuvedoussot.com

■ 旅のヒント　**シャンパーニュ地方**　中心地ランスとエペルネーは、パリから鉄道、自動車、バスで行ける。www.champagne.fr/en/

モンターニュ・ド・ランスのビル・ドマンジュは7世紀からの歴史を持つ。

氷河に削られてできた森を、苔を踏みしめて歩けば異次元に迷いこんだようだ。

ヨーロッパ

ルクセンブルク

「小さなスイス」で苔に覆われたトレイルをハイキングしたい。

フランスとドイツに挟まれた小国ルクセンブルクは、ハイキングトレイルの宝庫だ。緑豊かで「小さなスイス」と呼ばれる美しい地域を通るトレイルは魅力にあふれる。うっそうとした森と迫力ある岩山の景色は、秋になるともやが立ち込めて幻想的だ。氷河期に深く削りとられた峡谷は苔むして、秋の弱い光を浴びている。

この国最古の都市エヒタナハで、駅から案内板を頼りにE1に入り、11キロのミュラータール・トレイルを歩こう。崖が切り立つボルフスシュルト（狼の砦）は、人1人がやっと通れる幅しかない場所も。その先のペレコップの岩山からは、樹冠の見事な眺めが楽しめる。「景色がきれいですが、かなりきつい道です」と話すのは、ガイドのハンス・ゲオルク・ライマーだ。ホーレイの洞窟には、中世に道しるべが彫られた跡が残る。

ここに注目

お金持ちの大公国

ルクセンブルクの歴史は魅力的だ。この地域を支配していた一族は、ヨーロッパ各国の王を輩出したが、オーストリア、プロイセン、スペイン、フランスといった強国から次々と戦争をしかけられた。オランダ支配下で大公国を宣言し、最終的に独立を勝ち取ったのは、1839年である。当初は石炭と鉄鋼で栄えたが、1970年代に銀行制度が改革されて租税回避地として注目されると、大量の資本が流れ込むようになった。神奈川県ほどの小さい国土だが、国民1人当たりのGDPは世界最高クラス。

■旅のヒント　**ルクセンブルクのハイキング**　www.mullerthal.lu、www.echternach-tourist.lu、www.visitluxembourg.com

オクトーバーフェストは会場の名前から地元では「ビーゼン」と呼ばれる。

ドイツ

ミュンヘン

本家のオクトーバーフェストを体験し、この地方の豊かな文化にも触れてみよう。

ドイツ南東部、バイエルン州のミュンヘンは、1157年にベネディクト会修道士が建設した古都で、イーザル川に面し、バイエルン・アルプスが南に控える。古めかしい石畳の通りを行けば、目立たない横丁や緑豊かな公園に出くわす。ゴシックやバロック様式の壮麗な宮殿も立つ。春は快適で、夏は愉快な町だが、訪れるなら秋だ。爽やかな空気の中で木々は色づき、町の風景全体が浮きぼりのようだ。

ジョッキを掲げよ！ビールは万人のために

ミュンヘンで16日間にわたって開かれるオクトーバーフェストは、世界最大のビール祭りだ。革製の半ズボンとディアンドルは必須。古き良きドイツと気さくな雰囲気のビアガーデンを目当てに毎年60万人が襲来する。

ビール巡礼者が詣でるのは、ビアホールの巨大テントだ。おしゃれなイッポドロームは4200人収容で、有名人も訪れる。有名なホフブロイ・フェストツェルトは1万人収容。ビルドモー

爽やかな空気の中で
木々は色づき、
町の風景全体が
浮きぼりのように
くっきり見える。

郵便はがき

料金受取人払郵便

葛西局承認

2142

差出有効期間
平成28年1月31日
まで（切手不要）

1 3 4 8 7 3 2

（受取人）
日本郵便　葛西郵便局私書箱第30号
日経ナショナル ジオグラフィック社
読者サービスセンター 行

お名前　フリガナ	年齢	性別 1.男 2.女
ご住所　フリガナ □□□-□□□□		
電話番号 (　　　)	ご職業	
メールアドレス	@	

●ご記入いただいた住所やE-Mailアドレスなどに、DMやアンケートの送付、事務連絡を行う場合があります。このほか、「個人情報取得に関するご説明」（http://nng.nikkeibp.co.jp/nng/p8/）をお読みいただき、ご同意のうえ、ご返送ください。

お客様ご意見カード

このたびは、ご購入ありがとうございます。皆さまのご意見・ご感想を今後の商品企画の参考にさせていただきますので、お手数ですが、以下のアンケートにご回答くださいますようお願い申し上げます。(□は該当欄に✓を記入してください)

ご購入商品名　お手数ですが、お買い求めいただいた商品タイトルをご記入ください

■ 本商品を何で知りましたか（複数選択可）

□ 書店　□ 書店以外のお店（　　　　　　　　　　　　）
□「ナショナル ジオグラフィック日本版」の広告、チラシ
□ ナショナル ジオグラフィックのウェブサイト　□ amazon.co.jp
□ 通信販売（　　　　　　　　）　□ その他（　　　　　　　　）

■ ご購入の動機は何ですか（複数選択可）

□ テーマに興味があった　□ ナショナル ジオグラフィックの商品だから
□ プレゼント用に　□ その他（　　　　　　　　）

■ 内容はいかがでしたか（いずれか一つ）

□ たいへん満足　□ 満足　□ ふつう　□ 不満　□ たいへん不満

■ 本商品のご感想やご意見をご記入ください

■ 商品として発売して欲しいテーマがありましたらご記入ください

■「ナショナル ジオグラフィック日本版」をご存じですか（いずれか一つ）

□ 現在、定期購読中　□ 知っているが読んだことはない　□ 知らない

■ ご感想を商品の広告等、PRに使わせていただいてもよろしいですか(いずれか一つ)

□ 実名で可　□ 匿名で可（　　　　　　　　）　□ 不可

ご協力ありがとうございました。

オクトーバーフェストに欠かせないものは3つ。革の半ズボン、巨大なビールジョッキ、そしてむさくるしい脚を出してはばからない男たち。

1810年以来の歴史を持つオクトーバーフェストは、毎年世界中から60万人が来場する。

ザー・ヒューナーブラーテライは1981年からビルドモーザー家が出しているテントで、定員320人とこぢんまりしている。民族衣装を着て、シュラーガー（歌謡曲）に合わせて踊りの輪に加われば、爽快な気分になれる。出されるビールは、ミュンヘン市内で醸造され、アルコール度数が6%以上のものだけだ。

ビールだけじゃないバイエルンの味

食事ももちろん重要だ。ハクセと呼ばれるブタの膝肉のローストとジャガイモのクノーデルを盛り合わせて茶色いグレービーをかけ、ザワークラウトとカボチャの種入りパンを添える。ぷりぷりのソーセージにマスタードをつけて頬張る。ハーブ入りの子牛肉ソーセージをゆでて、皮をむいていただくバイスブルストはミュンヘン名物だ。青空市場のビクトゥアリエンマルクトでは、ミュンヘンっ子に交じって搾りたてジュースや地元産の蜂蜜、マスタードを買える。ミュンヘン市評議会のディーター・ライターは言う。「オクトーバーフェストはただのお祭りではありません。ミュンヘンから始まり、200年の歴史を持つ世界最大のフェスティバルです。バイエルンの伝統と近代的な都会を祝福しているんです」

芸術に親しむ秋

ミュンヘンの秋は芸術の季節の幕開けでもある。市内にはバウハウス市民センターなど斬新な建物も多い。北京オリンピックのメインスタジアムを設計したヘルツォーク&ド・ムーロンが手がける複合施設、美術集団「青騎士」のコレクションで知られ、改装したレンバッハハウス美術館など、見どころは豊富だ。

現代美術専門のノイエ・ピナコテークや、ハイテク満載のBMW博物館も楽しいが、バイエルン歌劇場は外せない。ヨーロッパ最高峰で、秋に本格シーズンが始まる。11月になると、マリエン広場でクリスマスマーケットが始まる。陽気なクリスマスの喧騒は、秋冬のシーズンの締めくくりにふさわしい。

食の楽しみ
テントのグルメ

地元民が集まるのはアウグスティナーのテント。たるから注がれる黄金色のビールがお目当てだ。ビールに飽きたら、15種類以上のワインが楽しめるバインツェルトへ。食事ならバイエルンの伝統料理を出すアプレズ・カルプス・クフルがおすすめ。子牛肉ステーキのトリュフがけといった豪華版や、カイザーシュマーレン（パンケーキの一種）などのデザートもある。シーフード好きならフィッシャー・ブローニに行けば、ありとあらゆる海の幸がそろう。酔いざましのコーヒーとケーキはゆっくり動く回転式のバー、ビーゼン・グッグルプッフ・カフェ・ドレー・バーへ。

アウグスティナー醸造所の華やかなテント。つい立ち寄って一杯ひっかけたくなる。

■ 旅のヒント **ミュンヘン** www.muenchen.de **オクトーバーフェスト** www.oktoberfest.de **レンバッハハウス美術館** www.lenbachhaus.de **バイエルン歌劇場** ウェブサイトならチケットを割安で入手できることも。www.staatsoper.de

Top10 世界のオクトーバーフェスト

バイエルンに負けじとジョッキを汲みかわすお祭りは世界中にある。

1 カナダ、オンタリオ州／キッチナー・ウォータールー

1916年までベルリンと呼ばれていた町だけに、ドイツ色が色濃く残る。キッチナーのフェスティバルホールはビールと料理、そしてダンスで盛り上がる。ファッションショーや展覧会なども開かれ、感謝祭のパレードが幕を開ける。www.oktoberfest.ca

2 米国オハイオ州シンシナティ／コロンバス

米国でいちばん人気のあるオクトーバーフェスト。ダウンタウンには、地元民や観光客など50万人近くがやってくる。コロンバスにも立ち寄り、シュミッツ・レストラン・ウント・ソーセージ・ハウス名物の半ポンドシュークリームに挑戦を。

www.oktoberfestzinzinnati.com

www.columbusoktoberfest.com

3 米国ワシントン州レブンワース

カスケード山脈北部の麓にあるレブンワースは、バイエルンの面影が残る村だ。10月第1週〜第3週の週末に、ビール飲みが続々と集まってくる。村長による伝統のたる開けの儀式が、祭りの始まりを告げる。

leavenworthoktoberfest.com

4 ベネズエラ、コロニア・トバル

首都カラカスから西に1時間のこの町は、1843年にドイツのシュバルツバルト地方からの移民が建設した。バイエルン風の建築が多く残る「カリブ海のドイツ」で、丸太切り競争を眺めながら地元産のビールを飲もう。www.venezuelatuya.com

www.facebook.com/oktoberfestcoloniatovar

5 ブラジル、ブルメナウ

ブラジル南部のこの町は、19世紀に入植した少数のドイツ人が建設。ラテンアメリカ最大級のオクトーバーフェストで、地元で造られたダス・ビアがおすすめ。広大なジャーマン・ビレッジ・パークでビアガーデンに陣取ろう。www.oktoberfestblumenau.com.br

6 インド、バンガロール

インド最大のビール会社キングフィッシャーが、市中心部のジャヤマハール宮殿で開催する一大音楽フェスティバル。のみの市も有名で、工芸品の店や食べ物の屋台がずらりと並び、毎年2万人以上がやってくる。www.kingfisherworld.com/tgiof

7 中国、香港

ビクトリア・ハーバーに面したマルコポーロ香港ホテルで開催。オープンエアの会場で、バンド演奏を聞きながらハクセ（豚膝肉のロースト）にかぶりつこう。レーベンブロイのオクトーバーフェストビアは1日200杯限定なのでお早めに。www.gbfhk.com/aj

8 アラブ首長国連邦ドバイ

ドバイの10月は町全体がドイツ風の飾りつけになり、古き良きバイエルンへの憧憬が感じられる。ドバイ・スポーツ・シティーや、高級リゾートのジュメイラ・ビーチ・ホテルなどがそれぞれオクトーバーフェストを開く。ジュメイラ・ロタナ・ホテルにあるブラウハウス・ジャーマン・レストランなら、1年中バイエルンの味を楽しめる。www.definitelydubai.com

9 オーストラリア、ブリスベーン

オージーたちのオクトーバーフェストは2週間で、クイーンズランド州東海岸が舞台。力自慢選手権、カウベル演奏、踊り、ヨーデル歌手ハイディの登場と、家族的な雰囲気が楽しい。ビールはバイエルンの伝統ある醸造メーカー、トゥーハーからの直送だ。

www.oktoberfestbrisbane.com.au

10 南アフリカ共和国ポート・エリザベス

ポート・エリザベス・ジャーマン・クラブは会員制のビアガーデンだが、10月の祭りの週末は芝生を開放する。ビバ・ババリアというバンドも登場して、アルプス民謡やロックの名曲、最新のヒット曲を披露してくれる。germanclub.co.za

オーストラリアのブリスベーンで毎年開かれるオクトーバーフェストでは、アルペンローゼン・ダンス・グループが伝統的な踊りを披露する。

スイスではハイメンホーファーやビルドミュザーなど600種以上のリンゴが栽培されている。

ヨーロッパ

スイス

スイスの田舎に点在する果樹園で、熟したリンゴを摘みとろう。

9月下旬のリンゴの収穫期に、レマン湖のほとりにある静かな農業の町、ベルソワを訪れよう。赤や黄の実をたわわにつけたリンゴの木がずらりと並び、ジュラ山脈の稜線と美しく融け合う。農園を訪れた家族連れは、木々の間を歩きまわりながら、どれを摘むか迷う。スイスでは600を超える希少な伝統種が栽培されているのだ。生で食べたり、タルトやサイダーにするとおいしい。

子どもは大きくて果汁たっぷりのメラックやジュナミに手を伸ばし、大人は9キロ入りの袋を満杯にして会計に向かう。ジュネーブの旅行ライター、ミケラ・マンターニは言う。「子どもたちは、自分で採ったリンゴはよく食べるんです」。収穫シーズンは10月初旬、ベルジェ・ド・サン・ループのリンゴ祭りで最高潮となる。リンゴ皮むき競争が開かれ、搾りたてのリンゴジュースが試飲できる。

最新ベストスポット

美食の園

ベルソワの北にあるニヨンの町とその周辺には、スイス屈指の美しい野菜畑が広がる。かつてのサボイア家の居城で、ベルン州政府が置かれたニヨン城のテラスから、レマン湖に至るジグザグの道を下ると、周囲はラ・ドゥシェ市営農園だ。湖の対岸のイボワールには、緑の迷路のような「五感農園」がある。噴水や鳥小屋もあり、薬草も栽培されている。ニヨンに戻り、プランジャン城の由緒ある菜園も訪れてみよう。ここで保存されている古代種のイモは、長く厳しい冬に王族たちの命をつないだ。www.myswitzerland.com

■旅のヒント　**スイスでリンゴ狩り**　リンゴの収穫期は9〜10月中旬。www.geneveterroir.ch　**ジュネーブ**　www.geneve-tourisme.ch

ポーランド

マズリアの湖沼

東欧有数の湖沼地帯で、鏡のような湖面に映る紅葉に時を忘れる。

ポーランドのマズリア湖沼地帯は2000もの湖があり、素晴らしい夏の避暑地だが、最近、秋の魅力が評価されるようになった。8月後半、湖岸の景色がうつろいはじめると、新しいシーズンが幕を開ける。空気が少し冷たくなり、五感が研ぎ澄まされる。9月に入ってもまだ気温は高いので、無数の湖がどこまでも広がるパノラマを眺めながら午後を過ごすのもいい。9月中旬になると周囲が赤とオレンジに染まり、澄み切った湖面が鏡のように色彩を写しとる。

ワルシャワから北東に240キロのマズリア湖沼地帯は、ロシアのカリーニングラードとリトアニア国境まで続く。かつてドイツ領だったことがあるせいか、ゲルマン的な謹厳さが残る。夏は数週間のカヤックツアーが盛んだが、秋にはもっと落ちついた楽しみがある。ボートはもちろんだが、マズリア景観公園の紅葉が美しいトレイルをハイキングして、湖周辺の森や生態系を観察するのも面白い。

ここに注目

狼の砦

美しさと静けさに満ちたマズリア湖沼地帯から48キロのところに、第二次世界大戦中にヒトラーが設営した大本営、暗号名「狼の砦」があった。当時この一帯はドイツ領東プロイセンだったのだ。狼の砦はソ連からの攻撃に備えてドイツ最高首脳が身を隠し、生活できるように造られていた。コンクリートの構造壁や、1944年にヒトラー暗殺未遂事件が起きた会議室などが見学できる。

wolfsschanze.pl

■ 旅のヒント　**マズリア湖沼地帯**　www.masurianlakedistrict.com　**ポーランド**　www.poland.travel

夏の観光客が去ったマズリアのハルシュ湖。爽やかな気候のなか、静かに過ごすには最高の場所だ。

東地中海

キプロス島

島内産のブドウで造るワインを飲み、十字軍より古い島の歴史に思いをはせる。

世界最古のワインといわれるコマンダリアは甘口の赤ワインで、紀元前800年、地中海の島で数種類のブドウを混ぜて造られたという。現在はトロードス山脈の南斜面を利用したブドウ畑から、コマンダリアをはじめとした多種多様なワインが造られている。

9～10月の収穫期には、コイラニなど高地の村々が共同でブドウ収穫祭を開催。50を超えるワイナリーが試飲を行う。島内にいくつもある正教会の修道院も良質なワインを造りつづけている。キッコス修道院は明るくモダンな建物。パナギア・クリソロギアティッサ修道院は標高915メートルの尾根にあり、貯蔵庫は1152年に隠者が造ったという。地元の男性は「ブドウから造るのはワインだけじゃありません」と言うなり、アルコール度数が50度ほどもあるブランデー、ジバニアをグラスに注いだ。ヤムス（乾杯）！

食の楽しみ

キプロスの味覚

ブドウはワインだけでなく、デザートにもなる。キャラメル色のパロウゼズはブドウ果汁と小麦粉を混ぜ、バラ水かシナモンで香りをつけ、温かくして出すプディングのようなお菓子。これと干しブドウを材料にして作るスジュクは、長さ1.8メートルにもなる棒状のあめで、店先に吊るすとソーセージのようだ。ブドウ果汁を煮つめてシロップ状にしたエプシマも人気がある。こうしたデザートは島のどこでも食べられるが、オモドス、コイラニ、アグロスといったワインの名産地では今でも手作りされ、ことのほかおいしい。

■ 旅のヒント　**キプロス島**　観光局のウェブサイトにキプロスワインやワインルートの説明がある。www.visitcyprus.com
キプロス・ワイン博物館　エリミにある。www.cypruswinemuseum.com

1000年以上の歴史を持つキプロス島のワイン造り。ブドウ畑を散策するとその重みが実感できる。

ベイルートのアルベルゴ・ホテルは、屋上のティールームが最高。町の探索に繰り出す前に鋭気を養おう。

レバノン

ベイルートとベッカー渓谷

「中東のパリ」を訪れるなら、混雑が消えて、ワイン祭りが盛り上がる秋がおすすめ。

夏のレバノンは、ビーチも首都ベイルートも人でいっぱいだ。しかし秋になると混雑は影をひそめ、この国の魅力をゆったり楽しめる。内戦ばかりが話題になるが、美しいビーチや数千年前の遺跡、レバノンスギの森をハイキングできる山岳リゾートや、さまざまな宗教の信仰の場がある。

いちばんのおすすめは、中東で最もワイン造りが盛んなベッカー渓谷だ。古代地中海世界と最新のブドウ栽培学、フランスの植民地だった歴史も手伝い、発展した。「ベッカー渓谷には、レバノンの豊かな農業遺産と自然の恵み、歴史の知恵が融合しています」と語るのは、旅行会社を経営するベルト・マクソだ。9月には多くのワイナリーで収穫パーティーが開かれ、観光客も参加できる。渓谷にはバールベックやアンジャルといった古代遺跡が点在し、多くがユネスコ世界遺産に登録されている。

食の楽しみ

中東の伝統メゼ

メゼとは古代ペルシャ語で軽食の意味で、レバノンでは食事の始まりに出される料理のこと。だが、前菜という言葉では片づかないほど、奥が深い。食堂に入ると、何も言わないうちから、ウェイターが大きなトレイを運んでくる。トレイには10～20種類もの中東の料理が並ぶ。フムスとピタ、ババ・ガヌージュ（ナスのペースト、秋が最高）、オリーブ、ドルマ（ピーマンやブドウの葉を使った詰め物）、キッベ（ラム肉のミートボール）など、おなじみの味も多い。これだけ食べたら、もうメインは入らないかも！

■ 旅のヒント　**レバノン**　www.destinationlebanon.gov.lb　**レブツアー**　個人や少人数のツアーを催行。www.lebtour.com

エルサレム旧市街。嘆きの壁、岩のドーム、神殿の丘といった聖地が集中している。

イスラエル

エルサレム

過ごしやすい気候になり、信仰心が高まる秋に、聖地の脈動を体験しに行こう。

ユダヤ教、イスラム教、キリスト教の聖地エルサレム。およそ信仰とは無縁な人も、この町を歩けば魂が揺さぶられる、一生に一度の体験をするに違いない。信者は各々の宗教最高の聖地を詣でるために、観光客は歴史と信仰が交わる十字路を体験しに、エルサレムにやってくる。

見上げるような城壁に囲まれた蜂蜜色の町は、秋がいちばん心をかきたてる。ユダヤ教でも秋は行事やお祝いが目白押しだ。エルサレムに住むラビ、イッサマー・ギンズバーグはこう話す。「何万人ものユダヤ人がここにやってきます。自転車のスポークのように、エルサレムは車輪の中心にあるのです」

にぎやかな通りと聖地

秋は聖地に身も心も浸ることができる季節。砂漠の上に広がる空はくっきりとどこまでも高く、通りが人々であふれかえっていた暑い夏がうそのようだ。

秋の訪れを告げるのが、ユダヤ教の新年を祝う9月の大祭日だ。新年の始まりを告げるローシュ・ハッシャーナーに続き、

おすすめの宿

キング・デビッド・ホテル

ユダヤ教の大祭日を折り目正しく祝うなら、1920年代創業の老舗ホテル、キング・デビッドがいい。屋上テラスは旧市街が一望できて、プールは10月に入っても泳げる。1946年に悲惨な爆破事件の舞台となったが、エルサレムの一流ホテルとして格式を保っている。大祭日の期間は、ガチョウの胸肉や、鶏レバーを詰めたラムといった特別メニュー、デザートにココナツペストリーが供される。

www.danhotels.com

贖《しょくざい》罪の日であるヨム・キプルがやってくる。大祭日の金曜日には、キッパーという帽子を頭にのせたユダヤ教徒の男たちが、祈りの言葉を唱えなら嘆きの壁を目指す。その上には神殿の丘と、イスラム教の預言者ムハンマドが昇天した場所とされる金色の岩のドームがあり、熱心なイスラム教徒が詰めかける。キリストが磔刑に向かったビア・ドロローサ（苦難の道）をたどるのは、キリスト教の巡礼者だ。

対比の季節

この時期は何もかもが対照的だ。ヨム・キプルの日は完全なる静寂が支配するが、収穫を祝う仮庵《かりいお》の祭りでは大騒ぎが7日間続く。スコットと呼ばれる仮庵（仮設の小屋）は、エジプトを脱出したユダヤ人が荒野をさまよったというエピソードに由来する。あちこちに建てられるので、町じゅうが槌音でそれはにぎやかだ。サフラ広場には最大級のスコットが建てられ、無料コンサートや子ども向けイベントが開催される。12月、光の祭りとも呼ばれるハヌカーの8日間は、大燭台の光に家々の窓がきらめき、贈り物に大喜びする子どもたちの声が響く。古代から続く町が、脈々と新しい生命を受け継いでいるのだ。

食の楽しみ

大祭日のごちそう

エルサレムの屋台や食堂では、熱々のピタ（パンの一種）、フムス（ヒヨコ豆とゴマのペースト）、タブーリ（パセリのサラダ）、ファラフェル（ヒヨコ豆か空豆のコロッケ）などの伝統的な中東料理が安く食べられる。ユダヤ教の大祭日ならではの特別なごちそうも。ローシュ・ハッシャーナーには蜂蜜漬けのリンゴ。ヨム・キプルの日は、断食明けに友人や家族と食卓を囲むのが習わしで、チーズ、パン、卵といった素朴なメニューは再生の象徴。生命を祝福する蜂蜜漬けのお菓子も付き物だ。卵麺のクーゲル（オーブン焼き）やチーズ・ブリンツ（クレープのようなもの）といった凝った料理には、アシュケナージやセファルディムといった離散ユダヤ人の伝統が反映されている。

■ 旅のヒント **エルサレム** www.gojerusalem.com **イスラエル** 金曜の日没から土曜の日没までの安息日（シャバット）は都市機能がほぼ停止し、移動が制限される。www.goisrael.com **大祭日** www.jewfaq.org

大祭日の期間、ローシュ・ハッシャーナーとヨム・キプルの日には羊の角でつくったショファーを吹きならす。

アラブ首長国連邦アブダビ

ラクダレース

アブダビのラクダレースは、砂ぼこりの中で人間とラクダとSUVが入り乱れる催しだ。毎週金曜、日の出を合図に各地のレース場で一斉にスタート。地元ベドウィンの首長が所有するラクダが、パキスタン、アフガニスタン、インド出身の乗り手に操られ、やかましいいななきとともに近くの小屋から地面を踏みならして疾走する。

カール・ホフマン、ナショナル ジオグラフィック トラベラー誌ライター

アブダビでは、ラクダレースは人気のスポーツであり、文化でもある。昔は特別な日にだけ行われていたが、現在は毎週金曜日の朝の恒例行事だ。
写真：スタートラインに一斉に並んだラクダ。

夜空を覆うオオコウモリの乱舞。ムソラ川のねぐらに戻るところだ。

ザンビア

カサンカ国立公園

数百万羽のコウモリが秋の空を埋めつくす光景は壮観だ。

セレンゲティの動物大移動は有名だが、アフリカ最大の哺乳動物の移動は、ザンビア中部のカサンカ国立公園で10～12月に見られる、800万～1000万羽のオオコウモリの大移動だ。空を埋めつくす無数のコウモリに、カサンカ国立公園のマネジャーは「あれほど衝撃的で目が離せない光景はありません」と断言する。音もすさまじい。数百万羽の羽ばたきと甲高い鳴き声がサバンナに響きわたる。同園は訪問者が少ないが、野生生物はたっぷり生息する。

カサンカのコウモリの移動は、哺乳動物の生物量としては世界最高密度の250トンとされている。700頭のゾウが頭上を飛びかっているのと同じだ。日が暮れる頃、毎秒1万羽のコウモリが森から飛び立ち、夜空を覆う。翌朝遠くの空に目をやれば、真っ黒い巨大な渦が森の上空で回転するのが見えるだろう。まさにヒッチコックの世界だ。

最新ベストスポット

ザンビアの野生動物

カサンカ国立公園は、ザンビア中央部から隣国のマラウィ、コンゴに広がる野生動物回廊に位置している。回廊には他に10を超える国立公園や動物保護区がある。緑豊かなルアングワ渓谷にある3つの保護区のうち、世界的に知られたサウス・ルアングワ国立公園には最大級のゾウの群れがいて、アフリカスイギュウやカバも生息している。ベンゲラ湿地はアフリカ最大の湿地帯で、鳥とレイヨウの楽園だ。
www.zambiatourism.com

■ 旅のヒント **カサンカ国立公園** kasanka.com **ザンビア** www.zambiatourism.com **ロビン・ポープ・サファリズ** カサンカ国立公園のガイドツアーを催行。オオコウモリの移動も見られる。www.robinpopesafaris.net

南アフリカ共和国

西ケープ州と北ケープ州

サファリはサファリでも、ここで見るのは一面の野の花だ。

北半球の秋は、南アフリカでは春になる。冬場の湿気が最後のひと仕事をして、自然にしか調合できない色彩を生みだす時期だ。アフリカといえば野生動物が必見かもしれないが、自然が演出する最大のショーはそれではない。西ケープ州の春の花の大群落だ。

ケープタウンから車かツアーに参加して、北ケープ州ナマクアランドのスプリングボクを目指そう。だが急ぐ旅ではない。561キロの移動の途中にはケープタウンのカーステンボッシュ国立植物園もあり、花ざんまいコースだからだ。ナマクアランドの平原と斜面には、紫がかった青いヘリオフィラ属の花、ホットピンクのヒナギク、とげだらけのピンクッション（ヤマモガシ科）など、途方もないスケールで花のじゅうたんが敷きつめられている。どんな手段を使っても、この美しさを正確に表現することはできない。花の海の中に横たわり、肌で感じるだけだ。

食の楽しみ

肉好き垂涎のビルトン

ドライブ旅行にはおいしいおやつが欠かせない。南アフリカの道路脇に出る露店にはドライマンゴーが山積みになっているが、ベジタリアンは別として、見逃せないのは干し肉のビルトンだ。米国のガソリンスタンドで売られているぱさぱさのジャーキーとは似ても似つかない。脂肪分はまちまちだが、しっとりしていて、とにかく種類が多い。ダチョウやスプリングボック、クーズーなども試してみよう。ケープタウンでおいしいビルトンを買うなら、ゴゴズ・デリがおすすめ。

gogosdeli.wozaonline.co.za

■ 旅のヒント　**カーステンボッシュ国立植物園**　www.sanbi.org/gardens/kirstenbosch

ナマクアランドの野の花の大群落。夏の太陽で大地が乾ききる前に一斉に開花する。

Top10 スポーツ観戦の聖地

秋のスポーツシーズンは頂上対決で決まり。

1 アイスホッケー：ベル・センター
カナダ、ケベック州モントリオール

モントリオール・カナディアンズが「ハブス」と呼ばれるのは、カナダでいちばん古いホッケー「住民（インハビタント）」だからだ。ナショナル・ホッケー・リーグの強豪で、スタンリー・カップを過去24回獲得。

canadiens.nhl.com

2 野球：フェンウェイ・パーク
米国マサチューセッツ州ボストン

「米国で最も愛されているスタジアム」と正面に書かれているフェンウェイ・パーク。メジャーリーグのボストン・レッドソックスの本拠地で、ファンを苦しめていた「バンビーノの呪い」は、2004年ワールドシリーズを制したことで、86年ぶりに解けた。

boston.redsox.mlb.com

3 バスケットボール：マディソン・スクエア・ガーデン
米国ニューヨーク州ニューヨーク

タイムズ・スクエア・ガーデンをぶらぶら歩いていくと、ニューヨーク・ニックスの栄光とドラマの舞台である大きな円筒形が見えてくる。1万8000人のニューヨーカーのただならぬ興奮ぶりに、ここはバスケットボールの聖地でもあると納得するだろう。

www.nba.com/knicks

4 大学フットボール
米国ペンシルベニア州フィラデルフィアほか

大学フットボール宿命のライバル対決と言えば、陸軍（アーミー）士官学校と海軍（ネイビー）兵学校の試合で、通常、ペンシルベニア州フィラデルフィアで行われる。アーミー・ブラック・ナイツとネイビー・ミッドシップメンの奮闘を、それぞれの軍服姿のサポーターが声を荒げて応援する。

www.phillylovesarmynavy.com

5 ポロ：カンポ・アルヘンティーナ・デ・ポロ
アルゼンチン

ポロ好きならば世界最高峰のクラブ選手権、アルゼンチン・オープンに行こう。会場のカンポ・アルヘンティーナ・デ・ポロは「ポロの聖堂」と呼ばれ、端正なパレルモ地区にある。www.aapolo.com

6 ヨーロッパサッカー：オールド・トラッフォード
英国イングランド、マンチェスター

サー・マット・バスビー・ウェーには、マンチェスター・ユナイテッドで「サー（ナイト）」の称号がつく2人の監督の彫像が立つ。ミュンヘン・クロックは1958年の飛行機事故で犠牲になった「バスビー・ベイブス」を追悼して作られたもの。スタジアムに足を踏み入れたら、90分間の「シアター・オブ・ドリームズ」に酔いしれよう。www.manutd.com

7 ゲーリック・ゲームズ：クローク・パーク
アイルランド、ダブリン

平たいスティックで小さい硬球を打つハーリングは、スピードと高度な技術が要求される。ゲーリック・フットボールは全国チャンピオンを目指して、州同士がしのぎを削る。www.gaa.ie

8 ラグビー
南アフリカ共和国／ニュージーランド

毎秋、南半球では、ラグビー・チャンピオンシップがクライマックスを迎え、南アフリカのスプリンボクスとニュージーランドのオール・ブラックスが、フリーダム・カップをかけて戦う。会場の1つ、ヨハネスブルグのエリス・パーク・スタジアムは、1995年のラグビー・ワールドカップで、ネルソン・マンデラがスプリングボクスに優勝杯を授与したスタジアムだ。

www.sanzarrugby.com/therugbychampionship

9 サッカー：FIFA クラブワールドカップ

世界6大陸のクラブチーム覇者が集まり、最高のクラブを決める大会。世界レベルのサッカーが10日間にわたって繰り広げられる。www.fifa.com/clubworldcup

10 競馬：メルボルン・カップ
オーストラリア、メルボルン

「国を止めるレース」とまで言われるメルボルン・カップは、11月第1火曜にフレミントン競馬場で開催される。メルボルンでは祝日にもなっているので、思いっ切りおめかしして出かけよう。老若男女がサラブレッドの走りを、手に汗を握って見守る。

www.melbournecup.com

アイスホッケーは米国でも人気だが、筋金入りのファンと一緒に声援を送るなら、カナダ、モントリオールのベル・センターだ。

インド

ラージャスターン州

秋の婚礼シーズンを迎え、色とりどりに着飾った招待客に混じってよき日を祝う。

秋になると、ラージャスターン州は婚礼シーズンで盛り上がる。どこのホテルも新郎新婦が行き交い、政治家から映画スターまで、何千人もの招待客がひしめきあい、ゾウが駆りだされることも。婚礼シーズンの幕開けは9月で、10月に最高潮に達し、翌年2月まで続く。どの披露宴も開放的で、外国人も歓迎してくれる。

ラージャスターン州には、中世の寺院や砦が残る町が多い。ウダイプル、ジャイプル、ジョードプルなどに残るムガル帝国時代の建造物は、石の透かし彫りや出窓の屋根付きバルコニーなど豪華な装飾にあふれる。旅行会社ミカト・サファリズに勤めるアベリル・ハイダル・アリは言う。「女性はサリーや宝石で飾り立て、男性は色とりどりの民族衣装シェルワーニーでめかし込む。料理も豪華です。でも体験すれば、インドの結婚式がなぜこれほど豪勢なのかがわかります」

ここに注目

インドの結婚式

婚礼の習慣や手順は地方によって大きく異なる。男女の客がほとんど別々のテントで過ごす婚礼もある。女たちがヘンナで身体に模様を描いている間、男たちは別のテントでウイスキーを飲み、雑談する。婚礼は数日間続き、手作りの料理を持ちよって祝う。カニャダーンという儀式では、新郎が新婦の両親に向かって、新婦を愛し大切にして支えると誓う。ビヤハ・ハートゥでは、ビャクダンとターメリック、バラ水を混ぜたウプタンを新郎と新婦が互いに塗りたくり、魂を浄化させる。初夜の寝床を花で飾る儀式もある。

■ 旅のヒント　**ミカト・サファリズ**　婚礼への招待を手配する。正装としてサリー一式をあつらえることもできる。www.micato.com/india

ラージャスターン州の婚礼に出席する女性たち。色とりどりのサリー姿で、野の花が咲いているようだ。

ケララ州の田舎では伝統的な草ぶきのハウスボートが健在だ。

インド

ケララ州

南インドの幻想的な水郷で、ゾウに乗り、寺院を巡る、のどかな休暇。

インドでも、アラビア海と西ガーツ山脈に挟まれた南部のケララ州ほど多様性に富んだ土地はない。植民地としての歴史の厚みと多様な野生生物、緑がまぶしい高原の茶のプランテーション、黄金色に輝く熱帯のビーチ。

秋になり涼しくなったケララ州を楽しむなら、地元の人にならって自転車で走ろう。サイクリングガイドのピーター・ブラックによると、州内の道路は舗装が行きとどいているので、ひなびた村や、何世紀も前からの砦やヒンドゥー寺院にも楽に行けるという。道すがらゾウを見かけたり、川を下る草ぶきのケットゥバッラムというハウスボートを眺めたり、お茶を飲んだりも。「ケララは気さくな州なので、誰かがお茶に招いてくれます。民家で料理を作り、地元の人の人情に触れるのは、最高の体験です」。香料の一大産地で、ココナツが豊富に採れるケララ州は、ベジタリアン料理やスパイシーなチェティナドゥ料理でも知られる。

おすすめの宿

王宮の生活を体験

のんびりした空気が戻る秋のケララ州では、王宮ホテルの予約も取りやすい。コーチのチットール・コッターラムは全3室で、ほかの宿泊客にわずらわされることなく、一夜の王様気分を満喫できる。料理は、地元の伝統的なサドヤというベジタリアン料理。もちろんアルコールはなし。かつてここに暮らした王や王子たちも、極力無駄を排した質素な生活を旨としていた。王宮だけに、食事に使われる銀器が豪華だ。
www.cghearth.com/chittoor-kottaram

■ 旅のヒント　**ケララ州**　www.incredibleindia.org、www.keralatourism.org　**サイクリングツアー**　www.exodus.co.uk

ジャイアントパンダの生息数は1000頭前後だが、成都の研究基地では次々と子どもパンダが誕生している。

中国、四川省

成都

絶大な人気のジャイアントパンダが、広い囲いの中で跳びまわり、ふざけあう。

四川省の都で古い歴史を持つ成都には、名物がたくさんある。激辛の四川料理のほかに、ジャイアントパンダもその1つ。成都大熊猫繁育研究基地は、絶滅の恐れのある貴重なパンダの研究と保護の一大拠点だ。研究基地を見学するなら秋がいい。亜熱帯の蒸し暑さや雨が和らいで過ごしやすく、美しい紅葉も見ることができる。

午前9時の食事時間には、パンダの動きが活発になる。ナショナル ジオグラフィックのライター、アンドリュー・エバンズは、ここで子パンダを抱かせてもらったのが「生涯最高の経験」だったという。蜂蜜を夢中でなめている隙に抱きかかえるのだ。「パンダは森の土と緑茶が混ざったようないい匂いだった」と振り返る。結構な料金を払えば誰でも抱けるが、本来の生息環境を再現した囲いの中で遊ぶパンダを見るだけでも、来てよかったと思うだろう。

ここに注目

パンダ以外の希少動物

成都のパンダ基地の活動はジャイアントパンダが中心で、訪問者の大半がそれを目当てにやってくるが、他にも繁殖や研究が行われている動物がいる。レッサーパンダは好奇心旺盛だ。アモイトラは数が激減し、野生ではすでに絶滅した可能性がある。ジャイアントパンダほどの人気はないが、こうした動物も急速に絶滅しようとしているので、ぜひ見ておきたい。

■ 旅のヒント　**成都大熊猫繁育研究基地**　成都郊外にある。バスもあるが、タクシーのほうが便利。www.panda.org.cn

中国

上海

秋は上海蟹の旬。肉がぎっしり詰まった爪を割ってかぶりつこう。

上海っ子は年に1度、秋になると目の色が変わる。道端の屋台からミシュランの星付きレストランまで、泥地に生息する上海蟹が、あらゆる調理法、あらゆる味つけで供されるのだ。レストランをのぞくと、誰もが両手でかぶりついている。中国では宴会が仕事の潤滑油になっていて、上海蟹も得意先への贈答品として珍重されてきた。

ロブスターに比べると、食べられる部分は3分の1あるかないか。そんなカニに熱狂するなんて不思議でたまらない外国人もいるだろう。しかし、繊細で香り豊かな上海蟹は絶品で、なかでも上海郊外の陽澄湖産のものは、かつて皇帝の食卓にも上った最高級品だ。またオスとメスでは味わいが異なる。メスは卵を抱いていて、オスは身が詰まっている。丸ごとを自分で割って食べるのがおすすめだが、身を取り出すのに苦労していると、店員が助けてくれる。

食の楽しみ

上海の屋台料理

上海屋台料理の代表格といえば、発酵させた「臭豆腐」だ。地元っ子は熱狂的に愛している。臭いをたどれば、店はすぐに見つかるだろう。干しエビや海藻、ネギなどが入った豆腐スープは昼食にぴったり。烏龍茶の葉としょうゆで卵を煮た茶葉蛋はどこにでも売っている。だがいちばん人気はやはり小籠包だ。軽食だが、高級レストランで名物にしている店もある。

■旅のヒント **上海蟹の季節** 10～11月と短い。地元では手や服が汚れるのもかまわず自分で割ってしゃぶりつくが、高級レストランでは洗練された料理で出してくれる。www.shanghaikanko.com

大雪山国立公園の紅葉。この絶景の中に火山と温泉がある。

日本

北海道

火山と温泉のある大自然の中で秋の色が一斉に輝きはじめる。

雄大な空間と手つかずの自然が魅力の北海道は、摩天楼がきらめく東京とは好対照の土地だ。訪れるなら秋がいい。緑の山々にオレンジや赤の色彩がちりばめられていく様子が美しい。なかでも最高の紅葉を見るなら、大雪山国立公園がおすすめだ。公園内やその周辺を巡るトレイルは、緻密な日本画を連想させる。地元の旅行会社に勤める女性によれば、「高山植物でいちばん色がきれいなのはチングルマです」

天人峡を通るルートはぜひ歩いてみたい。静まりかえった森を進むと、羽衣の滝の轟音が響き、滝の両側から鮮やかな秋の色彩が目に飛び込む。音と風景の躍動だ。紅葉は次第に南下し、知床、阿寒、支笏洞爺といった他の国立公園も10月半ばには見ごろを迎える。紅葉見物の合間に温泉につかり、冬眠前のクマをカメラに収め、間もなく雪をいただく火山を眺めよう。日中の気温は16℃前後と最高だ。

食の楽しみ

北海道の名物料理

北海道には、身体が温まるおいしい料理がたくさんある。紅葉を見ながら戸外で1日過ごした後は、サケと野菜、豆腐を味噌で煮こんだ石狩鍋が最高だ。山椒をちらしていただこう。石狩市にある1880年創業の金大亭などがおすすめ。羊肉と野菜のジンギスカンはテーブルで焼いて食べるのが一般的。函館は、極細に切ったイカをたれにつけて食べるイカソーメンが名物だ。甘いもの好きなら札幌で売っているお菓子「白い恋人」がいい。

■旅のヒント　**北海道**　www.visit-hokkaido.jp　**北海道の国立公園**　www.hokkaido-taiken.jp/park

アジア

タイ

タイ全土の町や村で行われる幻想的な祭り、ロイ・クラトンを体験しよう。

陰暦12月の満月の夜（通常は11月）、伝統的な正装に身を包んだタイ人が、全国の川や運河に向かう。手に持っているのはクラトン。バナナやハスの葉で作った小舟で、硬貨や花で飾り、線香を立て、ろうそくをともす。心の中で願いをつぶやきながら漆黒の水に小舟を浮かべ、水の女神プラ・メー・コンカーの許しを請い、幸運を祈る。水面を埋めつくすろうそくの光は下流へと進み、やがて大きな川から海に出て、悪運や不幸が流れていく。ろうそくの火が消えなければ願い事がかない、長寿が約束されるという。

これはロイ・クラトン、「浮かぶ灯籠」という意味の儀式だ。13世紀のスコータイ王朝の祝日に起源を持ち、シバ、ビシュヌ、ブラフマンというヒンドゥー教の神をたたえる。現在はクラトン作りコンテストや美人コンテスト、パレードや花火など盛りだくさんで、2日以上続くこともある。

最新ベストスポット

各地のロイ・クラトン

■バンコク　サンティチャイ・プラカーン公園に電飾のボートが浮かび、さまざまな出し物が行われる。伝統的なタイ料理の作り方も教えてもらえる。

■チェンマイ　4日間のイーペン祭では花火が上がり、電飾の山車がパレードする。無数の天灯（熱気球の一種）が夜空に向けて放たれる。

■スコータイ　ロイ・クラトン発祥の地だけに規模が大きい。遺跡で音と光のパフォーマンスが行われ、北部伝統のカントーク料理が竹を編んだお盆にずらりと並ぶ。

■旅のヒント　**タイ**　www.thailandtravel.or.jp、thailandforvisitors.com

タイ北部、チェンマイのロイ・クラトン祭り（イーペン祭）。灯籠を夜空に飛ばして悪運を追いはらう。

Top10 紅葉の万華鏡

世界の紅葉の名所に行こう。

1 米国カリフォルニア州ソノマ郡

ソノマ郡では樹木に加えてつる草の紅葉も彩りを添える。ソノマ渓谷を通るアーノルド・ドライブを走れば、左右にはオークやカエデの色とりどりの樹冠が延々と続く。ラシアン川渓谷ではブドウ畑が太陽の炎のように燃え上がり、10月に収穫期を迎えるカボチャとワインのお楽しみも待っている。ww.sonomacounty.com

2 米国ニューメキシコ州北部

常夏と誤解されているニューメキシコ州だが、タオスとレッド・リバーを結ぶ全長134キロのエンチャンテッド・サークルは、緑の渓谷、ハコヤナギの森、ポプラの木立に縁どられた湖と絶景が続き、9～10月には一斉に黄金色に染まる。www.enchantedcircle.org

3 米国オハイオ州ホームズ郡

アーミッシュ・カントリーの中心部では、風に波うつトウモロコシ畑の中を細い道が走り、カエデ、オーク、トチノキが赤や黄に色づいた枝を差しかける。道端に農家が出す販売所に立ち寄ろう。
fallinamishcountry.com

4 カナダ、ケベック州、ガスペ半島

ケベック州沿岸では、カナダ国旗のようにカエデの葉が赤く染まる。ガスペ半島はセント・ローレンス湾の青い海が背景にあってことに美しい。ガスペジー国立公園の山をハイキングしたり、7種類ものクジラが集まってくるというフォリヨン国立公園でホエールウォッチングをしたりと、楽しみ方も多彩だ。
www.sepaq.com、www.pc.gc.ca

5 ポルトガル、ドウロ渓谷

ポルトガル北部に延びるドウロ渓谷は、秋になると赤、オレンジ、黄の海になる。川べりに階段状に広がるブドウ畑が、冬の準備を始めるのだ。名物のポートワインを飲みながら、ドウロ川を200キロ行くクルーズもある。www.dourovalley.eu/en/

6 ドイツ、バイエルン州

ドイツ南部、全長360キロのロマンチック街道が始まるワインの名産地フランコニアは、秋の予定表がお祭りで埋まる。中世からの歴史を誇るローテンブルク・オプ・デア・タウバーや、ディンケルスビュールも訪ね、ゆったりと紅葉を眺めよう。
www.romantic-road.com

7 ルーマニア、トランシルバニア地方

セピアがかった中世の城が月明かりに浮かび上がり、ドラキュラ伯爵伝説の地にも紅葉の季節が訪れる。全長90キロのトランスファガラシャン道路でファガラシュ山脈越えに挑戦しよう。直角カーブやヘアピンカーブが随所にあり、紅葉の眺めは息をのむ。
romaniatourism.com

8 ロシア、モスクワ

ソ連時代のいかつい灰色の都市というイメージは過去のもの。皇帝が所有していた地所が公園に造りかえられ、町を秋色に染め上げる。コローメンスコエ地区は、白塗りの宮殿と玉ねぎ形の屋根の青い教会が、森林やリンゴ果樹園の広がる風景にアクセントをきかせている。mgomz.com/kolomenskoe

9 中国、四川省、九寨溝

九寨溝の動植物相は中国でもとびきり多様性が高い。秋風が吹きはじめる頃には、赤やオレンジの葉と、チベットの村々が飾る虹色の祈りの旗、点在するエメラルド色の湖が劇的なまでの効果をもたらす。
www.jiuzhai.com、whc.unesco.org/en/list/637

10 日本、京都

紅葉狩りは春のお花見と並ぶ季節の楽しみだ。京都は日本を代表する紅葉スポットで、寺社の屋根に赤や黄の葉が舞い落ちる。11月中旬～12月、夜間のライトアップで照らされた木々は、例えようもなく美しい。www.kyokanko.or.jp

京都、北野天満宮のモミジは11 ～ 12月半ばに見ごろを迎える。

ベトナム

中秋節

「ハロウィーンとクリスマスが一度に来たようなものだ。ホイアンのダウンタウンの夜は、それはもうにぎやかだった。龍や獅子や大地の神の人形に子どもたちが入って練り歩く。ウォーターフロントに出た私は、ほかの人にならって紙の灯籠を買い、小さな舟に乗り込む。そしてみんながやるように灯籠に明かりをともし、水に浮かべた」

ジョゼフ・ホッブズ、米国ミズーリ大学ベトナム研究所所長

中秋節は陰暦8月15日。収穫を終えたこの時期、ベトナム各地で家族や友人たちが再会してお祝いをする。
写真：中秋節の祭りに欠かせない紙製の灯籠に火をともす。

カンボジア

プノンペン

秋祭りは気さくな雰囲気で、通りや水辺にたくさんの人が繰り出す。

プノンペンで年に1度行われる水祭りは、まさに興奮のるつぼ。花火が打ち上がり、派手な音楽が鳴り響き、伝統的なクメール舞踊が披露され、250万人が繰り出す。秩序などどこへやらの混沌ぶりだが、カンボジアのお国柄もあって、とても気さくだ。地元の旅行会社のガイドの女性によれば、水祭りは「農業の神様に感謝し、来年もたくさん雨を降らせてくださいとお願いする祭りです」

ポル・ポト政権下では水祭りは禁止されていただけに、現在は祝祭気分が町全体にしみわたり、誰もが開放的になる。お腹を空かせて、ずらりと並んだ屋台をはしごするのも楽しみだ。マンゴーを添えたおこわやタランチュラのフライもある。食欲が落ちついたら、王宮前の川べりでボートレースを応援しよう。水祭りはトンレサップ川が逆流して、漁のシーズンが始まる合図でもある。

ここに注目

ポル・ポト派

1970年代、共産主義のユートピアを建設する理想を掲げたポル・ポトが率いるポル・ポト派（クメール・ルージュ）は、200万人を連行し、拷問、処刑した。トゥール・スレン虐殺犯罪博物館は、S21と呼ばれる元学校の建物に設置された。ポル・ポト時代に尋問と殺害の舞台だったところで、全国に同様の施設が無数にあった。展示写真から、収容者の恐怖が伝わってくる。郊外にあるチョンエク処刑所跡（キリング・フィールド）は広大な墓地となり、納骨堂も建てられている。
www.phnompenh.gov.kh

■ 旅のヒント **カンボジア** www.tourismcambodia.com、www.cambodiatrails.com **カンボジアの水祭り** 10月か11月の満月の日に行われる。屋根付きのVIP席なら日差しや雨をしのげるが、川べりの見物客に混じるのも楽しい。

プノンペンの水祭り最大の催し、ロングボートのレース。おそろいのユニフォームでチームスピリットを盛り上げる。

赤い斑点の花を見かけたら、深呼吸しよう。バニラの香りが胸いっぱいに広がる。

フランス領ポリネシア

ソシエテ諸島

バニラの花が満開の季節、楽園のような島々で甘い香りを思い存分吸い込む。

繊細な美しさを持つラン科の植物、バニラ。お菓子などに使われるあのバニラの香りのもとは、この植物の種子だ。メキシコ原産だが、タヒチ島のあるソシエテ諸島産のバニラは芳香がひときわ強く、最高級と評される。ヤシの木陰で、透明な海と広大な青空、気まぐれに浮かぶピンク色の雲を眺めていれば、それも当然だと納得してしまう。

ソシエテ諸島にあるバニラ・プランテーションの80％以上が集中するのが、花の形をしたタハア島。肥沃な土壌に恵まれ、「バニラの島」とも呼ばれる。バター色の官能的なバニラの花は、メキシコに生息するハリナシバチでしか自然受粉しない。そのためここでは手作業による人工授粉が行われている。プランテーションによっては、授粉作業の見学や体験をさせてくれるところもある。旅の思い出として、ぜひ挑戦してみよう。

ここに注目

タヒチ産バニラのお土産

最高級とされるタヒチ産のブルボン・バニラエキストラクトはぜひ入手しよう。バニラビーンズ、バニラオイル、バニラを使ったシャンプー、コロン、せっけん、酒もある。有名な香水店パルフュメリエ・ティキは、1942年からバニラの各種オイルや化粧品、せっけんを作っている。人気のモノイ・ティキ・タヒチ・バニーユは、ココナツオイルにバニラの花を浸けて抽出したもの。瓶にはバニラビーンズも入っている。
boutique-monoitiki.com

■ 旅のヒント　**タハア島**　一般見学できるバニラ・プランテーションがいくつかある。www.tahiti-tourisme.com

冬

クリスマスのライトアップ、オーロラの夜、
ウィンタースポーツ、そして暖かい南への逃避行。

ノルウェー、アンドーヤ島にある漁業の村ブレイクで、天空をオーローラが舞う。

アンカレジからノームまでの1600キロ以上を走破するアイディタロッド犬ぞりレース。

米国アラスカ州

アンカレジ

「地上最後のグレート・レース」はスリル満点で、アドレナリン噴出間違いなし。

冬の終わりのアラスカにわざわざ行くのは、アイディタロッド犬ぞりレースがあるからだ。1000マイル（1600キロ）を超えるコースの大半は人里離れた場所なので、観戦はできない。それだけに、アンカレジのダウンタウンのスタート地点は大変な騒ぎだ。驚異的なスタミナと高い技術を兼ね備えた選りすぐりの犬たちが、レストランや商店の並ぶ通りを次々と走り出す。

3月第1土曜の初日は、競技というよりアトラクションの要素が強い。だが犬たちはお構いなしだ。マッシャーが「ハイク！」と叫ぶと、犬を押さえていたハンドラーが離れる。犬たちは全身のエネルギーを静かにたぎらせて、次の瞬間を待つのだ。途中でホットチョコレートを飲みたくなっても心配無用。スタートは何時間も続くので、迫力ある場面を見逃すことはない。

ここに注目

アイディタロッド・エア・フォース

アンカレジからノームまで1600キロ以上を駆け抜けるアイディタロッド犬ぞりレースは、補給の苦労も相当のもの。レースが続けられるのは、アイディタロッド・エア・フォース（IAF）のスタッフ全員がボランティアで支えてくれるからだ。IAFの30余名のパイロットは、物資や予備の犬、スタッフの運搬を一手に引き受ける。ドッグフードだけで57トンにもなる。緊急時には救助隊の役目も果たす。パイロットは自前の飛行機で参加し、車輪にはスキーをはかせて雪や氷の上でも着陸できるようにしてある。www.dogflying.com

■ 旅のヒント　**アラスカ**　www.travelalaska.com　**アイディタロッド犬ぞりレース**　iditarod.com

カナダ、ブリティッシュ・コロンビア州

ウィスラー

北米一のゲレンデで、パウダースノーを巻き上げながら直滑降。

山麓にあるウィスラーの町の通りはおしゃれな商店やレストランが立ち並ぶが、人々のお目当てはやはりゲレンデだ。自然のままの林を縫うように滑れば、パウダースノーが高く舞い上がる。12～3月の日曜の夜にはファイヤー＆アイス・ショーを開催。舞い落ちる雪の中、花火の輪をスキーでくぐる。1月のテラス・ウィンター・クラシックは、チーム競技、ダンス、ライブなどが盛りだくさん。ウィスラー在住の女性は、「リフトでたまたま話をした人が、生涯の親友になったり。毎日が金曜の夜みたい」と話す。

2010年冬季オリンピックの舞台にもなった名コース、ブラック・ダイヤモンド・トレイルから、子ども用スロープまで多様なゲレンデが用意され、ウィスラーの峰々を眺めながらスキーを楽しめる。夕暮れの最終滑降は、空を飛んでいるような心地がするだろう。

最新ベストスポット

山の向こうに

滑りすぎて膝が震えだしたら、別の角度から山を体験してみよう。ピーク2ピーク・アルパイン・エクスペリエンスは世界最長のゴンドラで、全長4.8キロのルートのほとんどを支柱なしで進む。谷底からの高さは最高436メートル、上から見ると、鉄道模型のジオラマのようだ。目の前には切り立った尾根と雪が広がる。ウィスラーの雪質はカナダでも最高クラス。ゴンドラ駅ではトディ（ウィスキーのお湯割り）でひと息つこう。
www.whistlerblackcomb.com/p2pg

■旅のヒント　**ウィスラー**　バンクーバーから車で2時間。www.whistler.com　**スキー場の最新情報**　リフト・ゴンドラの予約も。www.whistlerblackcomb.com　**テラス・ウィンター・クラシック**　www.whistlerblackcombfoundation.com

アフタースキーはウィスラーの町歩き。山並みを背景に、絵に描いたようなたたずまいの商店、高級レストランやバーが並ぶ。

Top10 ウィンタースポーツを楽しむ

スキー以外の楽しみに思い切って挑戦しよう。

1 リュージュ
カナダ、カルガリー、カナダ・オリンピック・パーク

グラスファイバー製の座席に刃が2枚ついただけの単純なリュージュ。オリンピック用のコースを、仰向けになって滑ろう。カナダ・リュージュ協会の指導員から基本を教わったら、最高時速60キロ、5つのターンを曲がる体験滑走に出発。www.winsport.ca

2 スノーモービル
米国アラスカ州パルマー

アンカレジの北45マイル（72キロ）のマタヌスカ・サスティナ渓谷では、スノーマシンで凍結した湖を渡り、霜に覆われた草地を抜け、アイディタロッド・トレイルを走破するガイドツアーに参加できる。少人数なので、氷上での釣りや野生動物の撮影、オーロラ観賞と、寄り道も自由がきく。初心者も歓迎。www.youralaskavacation.com、www.snowmobile-alaska.com

3 スキージョリングと犬ぞり
米国メーン州メイソン・タウンシップ

ホワイト・マウンテン国立森林公園にあるホテル、テレマーク・インのおすすめは、泊りがけの犬ぞり体験ツアー。犬に引いてもらってノルディックスキーを楽しむスキージョリングもいい（中級者以上が対象）。www.newenglanddogsledding.com

4 バイアスロン
米国ニューヨーク州レイク・プラシッド

冬季オリンピックを2度開催したホワイトフェイス山のレイク・プラシッドで、オリンピック体験をするなら、バイアスロンで決まりだ。クロスカントリースキーとライフル射撃を組み合わせた競技で、12月後半〜3月初めに体験できる。1時間スキーを練習し、実際の競技場でライフル試射をする。www.whiteface.com

5 カーリング
英国スコットランド

氷上で石を滑らせるカーリングを不思議に思っていた人は、ぜひ「トライ・カーリング」に申し込もう。スコットランド各地のリンクで、ロイヤル・カレドニアン・カーリング・クラブが2時間のワークショップを開催。www.royalcaledoniancurlingclub.org

6 ボブスレーとスケルトン
ノルウェー、ハンダーフォッセン

スカンジナビア唯一のボブスレーとリュージュのトラックは、リレハンメル中心部から北15キロにある冬季オリンピックで使われたトラック。4人乗りのボブスレー、6人乗りでゴム製のボブラフトは、どちらも最高時速120キロに達する。1人乗りが好みならスケルトン。うつぶせになって乗ると、顔と地面の距離はわずか1センチしかない。www.olympiaparken.no/en

7 スキージャンプ
ドイツ、シュタイナハ

レンシュタイグ・アウトドアセンターの目玉は、150メートルのジャンプ台「スキーフライヤー」だ。ハーネスで身体を支えるので、落下する心配はなし。チューリンゲンの森を眼下に見下ろしながら、7〜8秒間の飛翔を楽しめる。www.thuringia-tourism.com

8 夜のそり遊び
スイス、プレーダ＝ベルギューン間

レーティッシュ鉄道アルブラ線のプレーダとベルギューン間は冬季運休になり、照明で照らされた全長6キロのトボガンぞりのコースを滑ることができる。スキー用ヘルメットをかぶり、プレーダ駅でそりを借りて、森や農地や村の中の小道を滑っていく。

www.myswitzerland.com/en/toboggan-run-preda-berguen.html

9 スノーカイト
オーストリア、オーバータウエルン

パラグライダーとスノーボードを融合させたスノーカイトを楽しむには、強い風と雪、それに勇気が必要だ。オーバータウエルンにあるハングオン・スノーカイト・スクールで、道具一式をレンタルしてレッスンを受けたら、いざテイクオフ！ www.obertauern.com

10 スピードスケート
長野県長野市オリンピック記念アリーナ

冬季オリンピックでスピードスケート競技会場として使われたアリーナは、10〜3月、スケート場として営業。スピードスケートのレッスンや、整氷車の乗車体験ができる。www.nagano-mwave.co.jp

スノーカイトは、初日から空中回転はさすがに無理だが、できるまで練習したくなる。

夕陽を受けて輝くエル・キャピタンとスリー・ブラザーズは、冬のヨセミテのハイライト。

米国カリフォルニア州

ヨセミテ国立公園

雪に閉じ込められるこの季節、大自然はいくつもの冒険の舞台になる。

米国で3番目に古いヨセミテ国立公園の来場者は年間400万人近くだが、ほとんどが暖かい季節に集中する。だがシエラ・ネバダ山脈が雪と氷に覆われる冬のヨセミテは、1年でいちばん魅力的かもしれない。自然主義者のジョン・ミューアもこう書いている。「白い季節を冬ごもりして寝て過ごすなんてもったいない。荒れた日も穏やかな日も、私は毎日外に出て……川を渡り、斜面を登り、ひたすら歩きまわって、見るものすべてに喜びを感じる」。ミューアの主張はもっともだ。ヨセミテには、冬にしかできない冒険がある。

スノーシューズで歩く大自然

国立公園ができる前にヨセミテに入植していた開拓者たちは、冬場は雪に閉じ込められるのが普通だった。公園所属の歴史家だったジム・スナイダーによれば、「外界との行き来には、丈夫なスノーシューズが必要」だったという。実用品だったスノーシューズは、時代とともに冬のレクリエーションに活用

12～3月の
ヨセミテ渓谷は凍りつき、
雪深い小道が続く
白い迷宮だ。

バッジャー峠スキー場から出発する350マイル（560キロ）以上のトレイルはよく整備されている。森の中は静まりかえり、雪を踏む音しか聞こえてこない。

花の群生地で知られるトゥオルミ・
メドウズは、冬になると絶好のス
ノーボードポイントに変身する。

されるようになる。
　国立公園局が毎日行う無料のスノーシュー・ウォークに参加しよう。まずレンジャーの指導で、スノーシューズの装着を学ぶ。真っすぐ立てるようになったら歩きまわろう。デューイ・ポイントからバッジャー峠まで、6時間の道のりをスノーシューズで走破する剛の者もいる。セコイアがそびえるトゥオルミ・グローブのオフロードを歩きまわるのも面白い。

冬の日暮れの魔法

　12～3月のヨセミテ渓谷は凍りつき、雪深い小道が続く白い迷宮で、野生動物を撮影するチャンスが増える。クマもずっと冬眠しているわけではないし、新雪に残った足跡をたどれば、ミュールジカ、コヨーテ、ボブキャットの姿も見られる。
　冬のヨセミテは夜も魅力的だ。カリー・ビレッジ・アイススケートリンクでは、ビッグバンドの演奏に合わせてスケートが楽しめる。リンクサイドで暖かい飲み物を飲めば、星のまたたく夜空にハーフ・ドームが浮かび上がる。アッパー・ヨセミテ滝まで「スノー・コーン」を見にいくのもいい。滝のしぶきが凍結して、雪のように高く積もったものだ。家族連れなら週末に開催するテナヤ・ロッジのそり滑りがおすすめ。

スノースポーツ

　バッジャー峠スキー場は、1930年代、ヨセミテが冬季オリンピック会場に立候補したときに開発された、ウィンタースポーツのリゾート施設。緩やかな斜面や短いゲレンデなど、子どもや初心者がスキーやスノーボードを学ぶのにうってつけだ。
　クロスカントリースキーもおすすめだ。グレーシャー・ポイントまでの1周21マイル（34キロ）を走破し、ヨセミテ渓谷を望む古いスキー小屋で1泊。筋金入りのスキーヤーには、本格的なものもある。園内で冬にスキーで通れるトレイルや道は、全長350マイル（565キロ）にもなる。

食の楽しみ

ブレイスブリッジ・ディナー

ヨセミテ渓谷の奥深くにある1927年創業のアワニー・ホテルのクリスマス名物が、ブレイスブリッジ・ディナーだ。ルネサンス期を思わせる古めかしい建物の、ステンドグラスの窓が美しい大食堂で出される7皿のコースは、ワシントン・アービングの短編集『スケッチ・ブック』に触発されたもの。この本の場面を基にしたミュージカル風の寸劇を、公園の職員やボランティアが披露する。台本と構成を考えたのは、著名な写真家でピアノも上手だったアンセル・アダムズ。www.yosemitepark.com/bracebridge-dinner.aspx

狩りの合間に雪上でつかの間の休息をとるコヨーテたち。

■旅のヒント　**ヨセミテ国立公園**　ロッジの予約やスケートリンクの情報も。www.nps.gov/yose、www.yosemitepark.com
テナヤ・ロッジ　www.tenayalodge.com

米国アリゾナ州スコッツデール

ネイティブ・トレイルズ・フェスティバル

「ネイティブ・トレイルズは、米国南西部のさまざまな先住民部族によるパフォーミング・アートの祭典だ。代々伝わる歌、踊り、衣装、楽器が、伝統的な形、あるいは現代的な解釈で披露され、見る人にとっても五感を刺激される体験になる。我々先住民の子孫は、独自の文化を伝えるとともに、エネルギーを１つにまとめ、次の世代に健全な形で引きついでいくのだ」

デリック・スワイマ・デイビス、ホピ族とチョクトー族の血を引く、ネイティブ・トレイルズ芸術監督

スコッツデールのネイティブ・トレイルズ・フェスティバルは、1月後半〜4月初め、スコッツデール・シビック・センター・パークを会場に、木曜と土曜の正午〜午後1時に行われる。写真：伝統的なフープ・ダンス。

カナダ、ケベック州

ケベックシティー

極寒の屋外で行われるウィンターカーニバルに、厚着をして出かけよう。

ケベック生まれのシャンソン歌手、ジル・ビニョーは歌う。私の国、それは国ではなく冬そのもの。気温が氷点下40℃にもなる厳寒の地でありながら、人が温かい土地柄への賛歌だ。冬の訪れを人々は淡々と受け入れ、むしろ寒さを楽しもうとする。あちこちの広場に凝った雪の彫刻が登場し、派手なお祭り騒ぎを繰り広げる。

ケベックのウィンターカーニバルは世界最大級で、さまざまな催しが目白押しだ。セント・ローレンス川沿いにある公園プレインズ・オブ・エイブラハムでは犬ぞりに乗れるし、セント・ローレンス川ではカナダ、フランス、米国から50以上のチームが参加し、カヌーレースが開かれる。ビレッジ・アークティック・スパズは、雪をかぶった松の木立に、屋外のホットタブ、温水プール、サウナが点在する。

おすすめの宿

オーベルジュ・サンタントワーヌ

カーニバル会場のすぐ近くにあるホテル。伝統に裏打ちされた、おしゃれで居心地のいい空間は、ヨーロッパの美術館とマンハッタンのブティックホテルを足して2で割ったような印象だ。750点の古代の遺物が館内のあちこちに展示され、埠頭や砲台、倉庫といった過去の記憶も残されている。95の客室は全面改装し、レストラン「パナシェ」は、石壁に鋳鉄のらせん階段、クッションの利いた長椅子が独特の雰囲気を醸し出し、町でいちばん居心地のよい店だ。www.saint-antoine.com

■ 旅のヒント　**ケベック・ウィンターカーニバル**　イベントは1月後半～ら2月半ばに行われ、四旬節前のお祭り騒ぎはマルディグラまで続く。中心となるケベックシティーのダウンタウン周辺にはホテルがたくさんある。carnaval.qc.ca

ウィンターカーニバルの目玉、ボンノムの氷の宮殿は毎年少しずつ様式を変えてつくられる。

ファーストナイト（大晦日）にライトアップされたボストン公立図書館。

米国マサチューセッツ州

ボストン

北米で最も歴史のあるファーストナイトのお祭り騒ぎに参加して、新しい年を迎えよう。

ニューイングランド地方の文化の都、ボストンの中心に広がる20ヘクタールの緑地、ボストン・コモンは、1634年、植民者たちが土地を購入して造った、米国最古の公園だ。ここは12月31日、ファーストナイトという催しの舞台となる。映画、テクノミュージック、タンゴと盛りだくさんな企画が、午後1時から真夜中の花火のフィナーレまで続く。西側のウォーターフロントや氷の彫刻が並ぶコプリー広場など、近隣の他の会場を、人々は急ぎ足で移動する。

ファーストナイトの主催者、ジョイス・リネハンは言う。「私のお気に入りはグランド・プロセッション。知名度が低いので誰でも参加できます。ハインズ・コンベンション・センターで手作りの大きなパペットを選んで、ボイルストン通りを行進すれば、沿道のボストンっ子が歓声を上げます。新年の始まりを祝うのにぴったりです」

ここに注目

ボストン・コモン101

ピューリタンが建設した植民地ボストンはやがて州都となり、町の中心にあるコモンは市民のよりどころとなった。この緑地は元々牧草地だったが、1830年に牛の放牧は禁止された。公開処刑場としての役割も、1817年に終わる。1913年、ジョンとフレデリックのオムステッド・ジュニア兄弟の手で緑地として生まれ変わった。南北戦争では北軍の新兵募集所が置かれ、第二次世界大戦では戦車や飛行機や兵器を造るために、鉄製のフェンスが撤去された。

■ 旅のヒント　**ファーストナイト・ボストン**　すべての屋内イベントに入場できるボタンは、オンラインで購入できる。屋外イベントは無料。www.firstnightboston.org

クリスマスシーズンのデパートはウィンドウショッピングがひときわ楽しい。

米国ニューヨーク州

ニューヨーク

通りを歩き、クリスマスマーケットとアイススケートに行こう。

きらびやかさが全開になり、熱に浮かされたような冬のニューヨークも乙なものだ。見どころも人も多すぎる町のエネルギーが、クリスマスシーズンを迎えて、ついに針が振りきれる。まばゆいイルミネーション、5番街のウィンドウ、ホリデーショッピングの喧騒が渦まく町には、世界中の観光客がみな集まったかのようだ。

興奮のるつぼに飛び込む前に、どこかに座ってひと息つき、しばし人間ウォッチングをしよう。アーティストのジェーソン・ポランは言う。「友人とホットチョコレートを飲んでいると、800万のニューヨーカーの息づかいを感じるんだ」。長い冬にふと訪れるささやかな瞬間と、ビッグイベントが絶妙に同居するところが、ニューヨークの楽しさかもしれない。

プレゼント探しの楽しみ

のみの市やファーマーズマーケットがあちこちで開かれるニューヨークだが、クリスマスシーズンにはギフト＆クラフト・

町のエネルギーが、
……振りきれる。
まばゆいイルミネーション、
5番街のウィンドウ、
ホリデーショッピングの
喧騒が渦まく町には、
世界中の観光客が
みな集まったかのようだ。

セントラル・パークのスケートリンク。冬のニューヨークには屋外リンクがあちこちにできて、初心者から上級者まで思い思いに楽しめる。

ロックフェラー・センターのシンボル、
プロメテウス像にこの時期だけ仲間
が増える。クリスマスツリーと、ラッ
パを吹きならす天使たちだ。

マーケットも仲間入り。ユニオン・スクエア・ホリデー・マーケットや、コロンバス・サークル・ホリデー・マーケットは混雑がすさまじい。職人手作りのチョコレートから宝飾品まで、扱う品もさまざまだ。新進アーティストの工芸品を探すなら、ブルックリン・フリーズ・ギフテッドへ。掘り出し物を見つけたいなら、グランド・セントラル駅のバンダービルト・ホールで開かれるホリデー・マーケット。ちょっとした日用品から高級品まで、ギフト向きの品々を並べた店が地下にずらりと並ぶ。メイン・コンコースで光と音のアトラクションで目と耳を楽しませた後は、伝説のオイスター・バーでお腹を満たそう。

ライトアップ

クリスマスのイルミネーションはマンハッタン島全体で輝き、エンパイア・ステート・ビルディングも緑と赤に光る。でもいちばんドラマチックな光の芸術を見るなら、ブルックリンに行こう。プロスペクト・パークには、ハヌカーを祝う高さ10メートルものメノラー（ユダヤ教の大燭台）が出現する。8日間の祭りの催しは踊りが中心で、ラトケスと呼ばれるポテトパンケーキがふるまわれる。

次に高級住宅地ダイカー・ハイツへ。家々が工夫を凝らしたイルミネーションが華やかさを競う。昔ながらのクリスマス・ツリーならロックフェラー・センターが有名だが、ブロンクスにあるニューヨーク植物園も11月末から木々のライトアップが始まる。マンハッタンのメトロポリタン美術館のライトアップも美しい。

氷上で遊ぶ

ロックフェラー・センターのスケートリンクは、見物人の前で華麗に滑る、あるいはぶざまに転ぶベストスポットだ。プロポーズの名所でもあるので、婚約ほやほやのカップルを祝福できるかも。セントラル・パークもアイススケート有名だ。リンクはトランプ（地元っ子はウォルマンと呼ぶ）とラスカーの2つがある。

最新ベストスポット

本に親しむ

都会の喧騒にうんざりしたら、ニューヨーク公共図書館の本館、スティーブン・A・シュワルツマン・ビルディングに行こう。美しい建物は美術館の趣さえあり、もちろん本を読むにも最高の場所だ。読書室では顔を上げて、5階分の吹き抜けの天井画にも目を向けてみよう。青空の雲間から差し込む太陽の光が描かれている。館内を探索するのも楽しいし、ショップでお土産も買える。www.nypl.org

ニューヨークで見かけたウィンドウディスプレイ。色とりどりのキャンディで作った、甘いエンパイア・ステート・ビルディングだ。

■旅のヒント **ニューヨーク** www.nycgo.com、urbanspacenyc.com **ブルックリンのみの市** brooklynflea.com **グランド・セントラル駅** www.grandcentralterminal.com **プロスペクト・パークのメノラー** www.worldslargestmenorah.com **ダイカー・ハイツ** www.asliceofbrooklyn.com/christmas.html **植物園** www.nybg.org **メトロポリタン美術館** www.metmuseum.org **スケートリンク** www.rockefellercenter.com、www.wollmanskatingrink.com、www.laskerrink.com

Top10 冬のイルミネーション

あでやかなディスプレイが冬の夜をまぶしく彩る。

1 米国ニューヨーク州ニューヨーク

ニューヨークスタイルのクリスマスに浸るなら、ロックフェラー・センターのスケートリンクに出かけよう。ふと見上げれば、高層ビルを背景に、1930年代からの伝統であるクリスマスツリーがそびえている。てっぺんに輝くのはスワロフスキー製の星だ。

www.rockefellercenter.com

2 米国ワシントンD.C.

ホワイトハウスに隣接する公園エリプスでは、ユダヤ教のハヌカー向けと、キリスト教のクリスマス向けの2つのライトアップが登場。クレーンで高さ9メートルのメノラー（大燭台）に点灯するのを見よう。公園の常緑樹はてっぺんに星が載せられ、人々が「ジングル・ベル」を合唱する。背景にはホワイトハウスの南柱廊が柔らかい光を受けて浮かび上がる。

thenationaltree.org、nationalmenorah.org

3 コロンビア、メデジン

クリスマスの光の洪水がメデジン川からあふれだし、町を埋めつくす。しかし、伝統的なディスプレイだけではない。コーヒーの香りが漂う一画が出現したり、鳥のさえずりが流れたり。マルチメディアを活用した、マルチ感覚の祝祭だ。medellin.travel/en

4 ベルギー、ブリュッセル

バロック様式とルネサンス様式のファサードに囲まれたグラン・プラスは、12月になると音と光が躍動するダンスフロアになる。それがウィンター・ワンダーズだ。

www.brussels.be、www.belgium-travel.jp/brussels

5 イタリア、グッビオ

イタリア中部にある中世の町グッビオでは、インジーノ山の斜面に長さ650メートルという巨大なクリスマスツリーのイルミネーションが出現する。700個以上の巨大な電球を使い、町を挙げて設置するのだ。

www.alberodigubbio.com

6 ハンガリー、ブダペスト

クリスマスシーズンには4万個近い電球で飾られたトラムが登場し、市街を走る。通常のルートを走行するだけだが、道行く人々は歓声を上げる。このトラムに乗れば、クリスマスフェアにも行ける。

www.budapestinfo.hu

7 イスラエル、エルサレム

旧市街のユダヤ人地区は、ハヌカーが始まると柔らかい光に包まれる。最終日の8日目には、石造りの家々が玄関先に飾った燭台やランプすべてに点灯し、光の海にいるようだ。www.jewish-quarter.org.il

8 兵庫県神戸市

1995年の阪神・淡路大震災の追悼と復興祈念のため、イタリアの協力で実現した光の祭典、神戸ルミナリエ。当初は手作業で着色された電球が使用された。現在は12月の恒例行事となっている。

www.kobe-luminarie.jp

9 フィリピン、パンパンガ州サン・フェルナンド

クリスマスの時期、ルソン島中部のサン・フェルナンドでは、家々がベツレヘムの星をかたどったパロル（ランタン）を飾る。ジャイアント・ランタン・フェスティバルは、竹の枠にライスペーパーを貼ったシンプルなパロルで祝っていたが、現在はアーティストが手がける美しいデザインのランタンが登場。

cityofsanfernando.gov.ph

10 オーストラリア、シドニー

シドニーの主な観光スポットが、クリスマスには光のショーのカンバスになる。軽食を調達して、お気に入りの場所を見つけよう。聖メアリー大聖堂の砂岩のファサードにはルネサンス美術の傑作が再現され、シドニー・タウンホールは万華鏡のように光り輝く。

www.sydneychristmas.com.au

1995年の大震災からの復興を願って始まった神戸ルミナリエ。現在では年末の光の祭典として人気を集めている。

文学好きならジョージ・バンダービルトの図書室に魅了されるだろう。残念ながら見学ツアーなので、長居はできない。

米国ノースカロライナ州

アッシュビル

山あいの豪奢な美しい邸宅で金ぴか時代のクリスマスをしのぶ。

ピスガー国立森林公園内にあるビルトモア・エステートは、1.6ヘクタールの敷地に立つ1万6260平方メートルの壮大な屋敷で、部屋数は250。米国の金ぴか時代を体現した、フランス・ルネサンス様式の邸宅だ。広報のリーアン・ドネリーは言う。「ノースカロライナの山奥でヨーロッパの城に出会うとは想像もつかないでしょう」

この邸宅を建てたジョージ・バンダービルトがクリスマスイブに初めて客を招いたのは、1895年のこと。以来、11月から1月1日まで「クリスマス・アット・ビルトモア」として伝統を受け継ぐ。当時の飾りつけがされ、使用されるろうそくやランプは300台、リース500個、ツリー68本にもなる。バンケットホールのツリーは3階建て相当の高さがある。ドネリーは説明する。「夜、明かりが落とされ、暖炉の炎とツリーがクリスマスの朝の思い出をよみがえらせます。魔法のような一夜です」

おすすめの宿

グローブ・パーク・イン・リゾート&スパ

1890年代、マラリア薬で巨万の富を築いたエドウィン・ワイリー・グローブは、ブルー・リッジ山脈の斜面を切り開いて、全512室のホテルを建設した。それが1913年開業のグローブ・パーク・インだ。アーツ&クラフツ様式の家具では世界最大のコレクションを誇り、歴代大統領も宿泊客として訪れた。大広間の高さ4.3メートルの暖炉の裏に、手動のエレベーターまである。地下には5000万ドルかけて造られた4000平方メートルのスパもある。
www.groveparkinn.com

■旅のヒント　**ビルトモア・エステート**　キャンドルライト・クリスマスイブニングは要予約。おすすめの会場は由緒あるステイブル・カフェ。www.biltmore.com

米国フロリダ州

ブルー・スプリング州立公園

冬のバカンスにやってくる希少な動物、マナティーに会いに行こう。

フロリダのマナティーが冬のお気に入りリゾートを選ぶなら、間違いなくブルー・スプリング州立公園だろう。体重450キロを超えるマナティーは、冬になるとセント・ジョンズ川を下り、水温が高く安定しているフロリダ中部に集まる。遠くから眺めると、ブルー・スプリングは灰色の細長い石で埋まっているかのようだが、実はその石はバカンスを満喫している。浮かぶ丸太で遊んだり、ヤシの葉をかじったり。マナティー保護団体代表のパトリック・ローズは、好奇心旺盛なマナティーがアリゲーターに近づくのを見たそうだ（幸いマナティーは無事だった）。「これだけ数がいれば、面白い光景に出会える可能性は大です」

マナティーを見れば、誰もが恋してしまうとローズは言う。だが彼らの姿には胸が痛む。船のプロペラとの接触事故が多く、無傷のものは皆無に等しい。

食の楽しみ

オールド・スパニッシュ・シュガー・ミル

ブルー・スプリング州立公園から車で30分ほどに、温泉に浸かってとびきりの朝食をいただける場所がある。デ・レオン・スプリングス州立公園にあるレストラン、オールド・スパニッシュ・シュガー・ミルだ。その名の通り、製糖工場だった時代をしのばせる道具や展示もある。このレストランの売りはパンケーキ。テーブルに備えつけの鉄板で、自分で生地を流して焼く。www.floridastateparks.org/deleonsprings

■ 旅のヒント　**ブルー・スプリング州立公園**　マナティーのシーズンは11月から始まるが、個体数が最も多くなる1月が遭遇できるチャンス。www.floridastateparks.org/bluespring

ブルー・スプリング州立公園に現れる、フロリダマナティー。冬になると、暖かい水を求めてやってくる。

バハマ

ジャンカヌー

「ジャンカヌーは、12月26日のボクシング・デーと元日に島を挙げて行われる、バハマらしいストリートパーティー。首都ナッソーでは、きらびやかな頭飾りや衣装を身につけた何千人もの踊り手たちが、カウベルや山羊革を張った太鼓が鳴り響くなか、ベイ・ストリートを闊歩（かっぽ）する。むきだしの喜びが爆発するカリブらしいフェスティバルだ」

カレン・カーマイケル、ナショナル ジオグラフィック ライター

アフリカ人奴隷の解放をたたえる祭りがジャンカヌーだ。12月26日と1月1日の年に2回、それぞれ午前2時に始まり、翌日の日暮れまで続く。音楽あり、踊りあり、パレードありと盛りだくさん。
写真：2011年の新年を祝う、ナッソーのジャンカヌー。

バハマ、エルーセラ島

完璧な休暇の過ごし方

メジャーリーグの投手には、1人の時間はあまりない。スタジアムで何万人というファンの視線を浴びて投球する。テレビを通じて、自分の一挙手一投足を何十万人もが見つめる。マウンドに立ったら逃げも隠れもできない。だからこそ、私はバハマのエルーセラ島を愛してやまない。ピンクがかった砂とターコイズ色の海が広がるこの島には、身を隠す場所がたくさんある。エルーセラとはギリシャ語で自由の意味。まさにぴったりの名前だ。

三日月形をした島は全長177キロ。カリブ海にはここより大きく景色がいい島はたくさんあるが、心変わりする気はない。妻のアンと初めて訪れたときに比べれば開発が進んだが、私たちが行くのは旅行ガイドには載っていない場所だ。誰の足跡もついていない真っさらな砂浜と目の前に広がる海は、おとぎの国そのもの。ロビンソン・クルーソーもこんな気持ちだったに違いないし、天国はこんなところに違いない。

お気に入りの場所の1つが、島の南端にあるライトハウス・ポイントだ。奇岩が3つ並んでいて、その間に素朴な洞窟がある。サメもよく出没するが、構わず泳ぐ。全身をアドレナリンが駆けめぐるのは慣れっこだ。義父にちなんで名づけた「サムズ・リーフ」でシュノーケリングをすれば、色鮮やかな魚たちが迎えてくれる。銛で夕食のロブスターを狙うことも。

でもこの島のいちばんの魅力は、毎日がゆったりとシンプルに流れていくこと。知り合いの家にふらりと寄って、コンク貝のフリットをごちそうになる。小さなパン屋でキーライムパイを買う。波の音を聞きながらビーチを走ると、静寂が身体に満ちていく。シーズンオフの冬にのんびり過ごし、ナックルボール魂を再び奮いたたせる場所は、ここしかない。

著者　**R・A・ディッキー**

メジャーリーグのトロント・ブルージェイズの投手。2012年度ナショナル・リーグのサイ・ヤング賞を受賞した。冒険家でもある。

本当に何もしないでいられるか。
エルーセラ島で充電するときは、
真の実力が問われる。

カリブ海

ドミニカ共和国

オフシーズンのウィンターリーグで、メジャーリーグの次のスターを青田買い。

草ぶき屋根のプンタ・カナ空港を出てタクシーに乗り込むと、いきなり運転手が聞いてきた。「野球、話すか?」きょとんとしていると、「マニー・ラミレス！　ブラディミール・ゲレーロ！」なるほど、ドミニカ人は野球の話が三度の飯より好きなのだ。米国のメジャーリーグに200人以上の選手を輩出するこの国からメジャーリーガーになるには、国内開催のウィンターリーグでの活躍が必須だ。

ウィンターリーグは10月中旬〜1月、6チームで戦う。首都サント・ドミンゴにあるキスケージャ球場や、サン・ペドロ・デ・マコリスのテテロ・バルガス球場の試合は盛り上がる。ただし、観客席の雰囲気は独特だ。ダグアウトの上で笛と太鼓が鳴り響き、ピエロがふざけ、チアリーダーが踊る。スポーツというよりカーニバルだ。がなりたてる売り子から、焼きトウモロコシやラム酒の小瓶を買えば、気分はすっかりドミニカ人。

ここに注目

ドミニカのクリスマス

この国にキリスト教が伝来したのは15世紀後半。クリスマスの伝統はじっくり時間をかけて熟成されてきた。なかでも歴史が古いのは、ノチェ・ブエナと呼ばれる真夜中のミサで、その後、朝早くから家族で盛大な食事を始める。クリスマスキャロルはスペイン語と英語の歌をいいところどりしていて、メレンゲのリズムで歌われることもある。ペトラード（爆竹）やコエーテ（打ち上げ花火）も欠かせない。キリスト生誕の場面を人形で再現する際は、多民族国家だけに、人形の顔は国籍や人種をぼかしている。

■ 旅のヒント　**ドミニカ共和国**　www.godominicanrepublic.com　**ドミニカン・ウィンターリーグ**　チケットは試合開催日前日の朝から、スタジアムで発売。www.mlb.com/mlb/events/winterleagues

ドミニカン・ウィンターリーグでヒットを打つ選手。メジャーリーグの明日のスターの誕生か?

チアパス高原北端の丘陵地に威容を現す、マヤ文明のパレンケ遺跡の宮殿。紀元250～800年に王族が居住していた。

メキシコ

チアパス州

野生動物の宝庫である雨林のなかで古代文明の栄華をしのび、その子孫たちと出会う。

メキシコ南部のチアパス州は、広大な雨林に珍しい野生動物が数多く生息し、マヤ文明最大級の遺跡もあり、インディ・ジョーンズばりの体験ができる。訪れるなら、過ごしやすい冬が最適だ。有名なパレンケ遺跡は最大の見どころだが、船でしか行けないヤシュチラン遺跡を訪ねたり、雨林をトレッキングしてホエザルの咆哮《ほうこう》を体感したりと、楽しみは尽きない。地元のガイド、レベカ・デル・ロサルは言う。「古代遺跡もいいですが、現代マヤ族の村を訪ねるのは一生に一度の経験です。気さくな彼らは快く家に招き入れ、食事をふるまい、慣習を教えてくれます」

乾期は水を求めてジャングルから川に下りてくる野生動物を観察する絶好の機会だ。空を見上げるのも忘れずに。冬場は多くの渡り鳥がチアパスを通過する。クリスマスには、カトリックの習慣を取り入れたマヤ族の祭りがあちこちで行われる。

ここに注目

マヤ文明

紀元6世紀に最盛期を迎えたマヤ文明は、グアテマラ、メキシコ、エルサルバドル、ホンジュラスにまで版図を広げ、チアパス州のパレンケ、ユカタン半島のチチェンイツァ、グアテマラのティカルといった大規模な古代都市を建設した。天文学、数学、美術、建築、農業の高度な知識を持っていたマヤ文明だが、やがて多くの都市は放棄された。マヤ民族はスペイン植民者の支配下に置かれたが、その子孫に文化や言語が受け継がれている。

■ 旅のヒント　**チアパス州**　www.visitmexico.com、www.turismochiapas.gob.mx　**マディー・ブート**　川下り、ジャングル、マヤ遺跡などのガイドツアーを催行。www.themuddyboot.org

メキシコ

オオカバマダラ生物圏保護区

「どこを見てもオオカバマダラだらけだ。マツの枝に止まっている様子はクリスマスの飾りのようだし、枝の先に群がっているとハチの巣かと思うほどだ。常緑樹がチョウですっかり覆われて、秋のカエデのように色づいている」

メリナ・ゲローサ・ベローズ、ナショナル ジオグラフィック トラベラー誌 2009年11/12月号

米国やカナダの北部のオオカバマダラ（モナーク・バタフライ）は、気温が下がるとメキシコシティー近郊にあるこの保護区に南下して越冬する。この保護区はユネスコ世界遺産にも登録され、冬は5万6000ヘクタール以上の敷地に数百万頭のチョウが乱舞する。

色鮮やかな雄のケツァール。交尾の季節になると、尾羽が伸びて立派になる。

中米

コスタリカ

霧の立ち込めるジャングルや火山の麓をトレッキングして、美しい「神の鳥」を追う。

雲がたなびき、火山の胎動が伝わり、ジャガーが喉を鳴らす音が聞こえてきそうな、コスタリカのジャングル。豊かな動植物相を誇るこの地で、別格の扱いを受ける鳥がいる。マヤ、アステカ両文明で、羽毛をもつ蛇神のモデルとなった、ケツァール（カザリキヌバネドリ）だ。12〜4月の乾期には、うっそうとした林冠をカラフルなケツァールが飛ぶが、近年、数が減り、なかなかお目にかかれない。

地元では乾期をベラーノ（夏）と呼ぶ。ぬかるんだ道や川が乾き、木々の葉が落ちて、ジャングルでのケツァール探しもやりやすい。アレナル火山やポアス火山など、コスタリカに点在する国立公園に行ってみよう。砕けた貝殻が積もったビーチ、山あいの雲霧林、深い湖、川や滝を探索し、霧の中に消えていくケツァールの姿を目撃できたなら、生涯最高の自然体験として記憶に残るはずだ。

最新ベストスポット

コスタリカの国立公園

コスタリカの冬は乾期に当たり、広大で多彩な魅力を持つ国立公園を訪ねるのにぴったりだ。アレナル火山国立公園はチャット山とアレナ山を擁する。モンテベルデ雲霧林保護区は民間管理の雨林で、植物2500種、鳥類400種が生息し、未発見の種も多い。5000ヘクタールの広さを誇るロス・ケツァレス国立公園は雲と霧に覆われた自然が魅力で、ケツァールのほか、ハチドリ、キヌバネドリ、フウキンチョウ、ハチドリといった鳥、ナマケモノ、コヨーテ、ピューマも生息する。

■ 旅のヒント　**コスタリカの国立公園**　www.visitcostarica.com、www.costarica-nationalparks.com、www.arenal.net　**バードウォッチング**　バード・ルートにある観察スポットではケツァールの目撃例も多い。costaricanbirdroute.com

コロンビア

カルタヘナ

冬ならではの澄み切った空と花々の下、沿岸のリゾートで文学や音楽のイベントに参加。

赤道のすぐ北に位置するカルタヘナは、1年中温暖だ。南米最古の植民都市として1533年に建設され、奴隷、砂糖、金の貿易で富を築いた。旧市街を囲む全長11キロ余りの城壁は、戦略的に重要な町だったことを物語る。ユネスコ世界遺産に登録された町を歩き、バルコニーや窓や庭に咲きほこる熱帯の花々を見ていると、時を遡った感覚に襲われる。クンビアをはじめ、アフロカリビアンのさまざまな音楽が通りに流れる町並みは、南の島に来たようだ。

カルタヘナは陽光あふれる避寒地として知識人に愛されている。ニューヨーク在住のバーバラ・コルバーは、暑い乾期は雨の心配がほとんどなく、ボート遊びや町歩きにぴったりだと言う。「パナマ運河を渡るヨットが世界中から寄港するので、国籍を超えた交流も活発です。1月にはヘイ文学祭と国際音楽祭、2月には国際映画祭も開かれます」

おすすめの宿

17世紀の修道院を改装したホテル

1621年に建てられた修道院を改装したソフィテル・レジェンド・サンタ・クララ・カルタヘナは、おとぎ話の舞台のように浮世ばなれした雰囲気が魅力で、ガブリエル・ガルシア・マルケスの小説『愛その他の悪霊について』にも登場する。古さと新しさが同居する装飾で、旧市街を望める客室と、オーシャンビューの客室がある。改装時に見つかった植民地時代の遺物があちこちに飾られ、カルタヘナの町とのつながりを物語る。
www.sofitel.com

■ 旅のヒント **カルタヘナ** www.colombia.travel、www.cartagenadeindias.travel **音楽、映画、文学のフェスティバル** web.cartagenamusicfestival.com、ficcifestival.com、www.hayfestival.com/cartagena

鮮やかな色と独特のエネルギーに満ちたカルタヘナ旧市街。

近郊の町から夕暮れのリオを眺める。

ブラジル

リオデジャネイロ

華やかなビーチや花の咲きほこる通りで、カーニバルを見物し、新年を祝おう。

リオは世界でいちばん官能あふれる都市。目の前には波が絶えず押し寄せる砂浜が広がり、背後には森に覆われた花崗岩《かこう》の山がそびえ、世界最大のアール・デコ彫刻であるキリスト像が両手を大きく開いて町を見下ろす。北半球の冬に夏を迎えるリオデジャネイロは、クリスマスも、年越しも、カーニバルも蒸し暑い。この季節は自然も素晴らしく、コルコバード山の断崖にあるティジュカ国立公園の雨林も、市街地の舗道に面したささやかな庭も、緑がみずみずしい。

リオのビーチパーティー

リオデジャネイロはビーチ好きにはたまらない町だ。シーズンになると、都会の楽園コパカバーナは大混雑。ボサノバで有名なイパネマは少し高級なイメージだ。ビーチサイドのアトランティカ大通りではサンバのリズムがはじけ、サトウキビを発酵させたカシャッサ（ピンガ）で作るカクテル、カイピリーニャで渇いた喉を潤す。知名度では落ちるが、「赤い砂浜」を意

北半球の冬に夏を迎える
リオデジャネイロは、
クリスマスも、レベイロンと
呼ばれる年越しも、
世界一有名なお祭りである
カーニバルも蒸し暑い。

カーニバルが幕を開けると、リオの町はノンストップのパーティー会場へと変貌し、熱狂的な音楽とダンス、そして食べ物があふれかえる。

サンボードロモでは、カーニバルのパレードがいちばん華やかで熱気を帯びる。

味するプライア・ベルメーリャは近くに軍の基地があり、浜辺で演習風景が見られる。郊外のバラ・ダ・ディジュカはお金持ちの住むエリアで、俗化されていない砂浜と湖がある。

太陽と花火でクリスマスを祝う

ブラジルは宗教に寛容だが、世界最大のカトリック国でもある。クリスマスは家族で過ごすのが基本だが、観光客でも楽しめる催しはある。クリスマスイブの夜、リオ南部のロドリゴ・エ・フレイタス湖に28階建てビル相当の巨大なクリスマスツリーが出現し、打ち上げ花火に照らされる。その後、ダウンタウンにある植民地時代からの教会で、真夜中のクリスマスミサに出席しよう。17世紀建造のサン・ベント修道院は、黄金の礼拝堂が素晴らしい。ボロ・レイ（王様のケーキ）を買うのも忘れずに。

レベイロンと呼ばれる年越し行事では、平和を意味する白い服で人々が砂浜に並び、日付が変わるときに花を海に投げ入れる。アフリカ由来の海の女神、イエマンジャをたたえ、新年の願かけを行うのだ。2月2日のイエマンジャの祝日にも、ココナツやヒョウタンで作った舟にろうそくをともして海に流す。

世界最大のパーティー

リオのカーニバルは復活祭と四旬節を祝う行事として、灰の水曜日の前の週末に幕を開ける。サンボードロモと呼ばれる巨大なスタジアムでサンバ学校が実力を競い合う。観覧席で見物してもいいが、衣装を借りて巨大な山車の後をパレードするのも楽しい。周りはスーパーモデル並みのダンサーだらけだ。

カーニバルを満喫するなら、ストリートパーティーにも参加したい。自由で型破りで楽しいダンスく踊りまくろう。なかでも面白いのが、ブロコと呼ばれるグループだ。数百人ほどの地元密着型から、イパネマやレブロンには数万人規模のブロコもあり、それぞれテーマがある。音楽、ビーチ、ナイトライフ。ブラジルらしさがほとばしる季節だ。

おすすめの宿
コパカバーナ・パレス・ホテル

冬のリオ滞在の拠点にするなら、プライベートビーチときれいなプールがあり、独自のカーニバルパーティーも開催するここがおすすめ。1923年開業の南米でも有数の高級ホテルで、旅行雑誌の名誉ある賞も何度も受賞している。コパカバーナ・ビーチに面した立地で、王族からハリウッドスターまで多くのVIPが滞在してきた。www.belmond.com/copacabana-palace-rio-de-janeiro

あまりにも有名なコパカバーナ・ビーチ。熱狂的なナイトクラブ、けばけばしいホテル、ボサノバのリズムで知られる。

■ 旅のヒント　**リオデジャネイロ**　www.rcvb.com.br　**リオのビーチ**　www.ipanema.com　**リオのカーニバル**　www.rio-carnival.net

Top10 世界のマルディグラ

謝肉祭に別れを告げる豪華絢爛なお祭り騒ぎ

1 米国ルイジアナ州ニューオーリンズ

ナポレオンに売り飛ばされたルイジアナだが、フランスの伝統はマルディグラ（告解火曜日）に色濃く残る。にぎやかなカーニバルは、1月6日の公現祭の仮面舞踏会で幕を開け、四旬節前の5日間に最高潮に達する。www.mardigrasneworleans.com

2 メキシコ、ベラクルス

メキシコ東部の港町、四旬節の8日前に始まるカルナバルの幕開けは、ケマ・デル・マル・ウモールだ。邪気を焼きはらうと称して、悪魔や不人気の政治家の人形に火をつける。祭りの象徴であるカルナバル・フアンの葬式で最高潮を迎える。

www.visitmexico.com、www.carnavalveracruz.com.mx

3 トリニダード・トバゴ、ポートオブスペイン

カリブ海のカーニバルと言えばここ。派手な頭飾りにホットパンツ、ボディペインティングを施した肉体が、ソカのリズムに乗って躍動する。

www.gotrinidadandtobago.com

4 ブラジル、オリンダ

歴史ある海辺の町のカーニバルは、リオに比べると、石畳の道を行くフレボ（煮えたぎったという意味の激しい踊り）や紙製の大きな人形も控えめだ。通りごとにブロコというバンドがあり、華やかな衣装で激しく腰をくねらせるダンサー集団を盛り上げる。

carnaval.olinda.pe.gov.br、www.carnivalbookers.com

5 ボリビア、オルロ

アンデスの山懐に抱かれた静かな鉱山の町が、四旬節を前にした4日間の行列で大いに盛り上がる。ディアブラーダという悪魔の踊りが中心だ。現在では、なだめ役が悪魔の扮装《ふんそう》をして、水風船をぶつけたり、水をかけたりもする。高さ48メートルの聖母マリア像も必見。

www.bolivia.travel、www.orurocarnaval.com

6 ドイツ、ケルン

堅物で知られるドイツ人が、町を挙げてはめをはずすのがカルネバル、またはファッシングと呼ばれる謝肉祭だ。11月11日を皮切りにさまざまな催しが続く。ケルンでもパレードや舞踏会、コンサートなど企画が満載だ。www.koelnerkarneval.de

7 イタリア、ベネチア

世界のすべてのマルディグラはここから始まった。ベネチアのカルネバーレの始まりは13世紀、語源はラテン語のカルネ（肉体）とバーレ（送別）だ。カトリック信仰が根底にあるが、ベネチア人には素性を隠して非現実の世界で狂騒する格好の祭りだ。

www.carnivalofvenice.com

8 ギリシャ、パトラ

神話と現実が出会うパトラのカーニバルには、ギリシャ神話の酒神ディオニュソスの姿が見え隠れする。1月17日の聖大アントニオスの祝日がカーニバルの始まりだ。

carnivalpatras.gr/en、www.visitgreece.gr

9 カボベルデ、ミンデロ

セネガルの沖合に浮かぶカボベルデ諸島のミンデロでは、クレオールの伝統を汲む音楽コラデイラに、アフリカ独特の嘆き節が合いの手で入る響きの中を、安普請の山車と、肉感的な踊りのダンサーたちが行進していく。

www.capeverde.com

10 インド、ゴア

ポルトガルの植民地だったゴアのカーニバルは自由な精神にあふれ、ヒッピーの語り草になった。肥沃な土曜日にカーニバルの王、モモが3日間の支配者となる宣言を読み上げ、お祭り騒ぎを命じる。

www.goatourism.gov.in

ドイツ、バイエルン地方のカーニバルは音が特徴。衣装に縫いつけたり、手に持ったりした鐘や鈴を派手に鳴らして、冬を追いはらう。

ペルー

プーノ

聖母カンデラリア祭では数千人の踊りが何キロにもわたって続く。

太陽と大地の恵み。現在のペルーの地では、2月に収穫を祝う習慣があった。そこにティティカカ湖のほとりの町プーノの守護聖人である聖母カンデラリアへの信仰が融合し、聖母カンデラリア祭となった。毎年2月に18日間開催され、約200チームが踊りと音楽の腕を競う。出場人数は踊り手だけで5万人、楽隊が1万5000人だ。各チームは、こっけいな悪魔の踊りディアブラーダや、闘牛の踊りワカ・ワカなど7種の伝統舞踊から1つを選ぶ。

楽隊を従えて、華やかな衣装に身を包んだ参加者はプーノの通りを踊りながら進む。行列は延々と続き、いつ終わるとも知れない。舗道には臨時の観覧席が設けられ、折り畳み椅子を持ち込んで座る見物人もいる。ニューヨークの感謝祭パレードとリオのカーニバルに、祈りの行列を混ぜ合わせたようなにぎやかさだ。だがここは海抜3830メートルの高地。よそから来た人は坂を登るのもひと苦労だ。

食の楽しみ

ペルーのストリートグルメ

プーノの通りを空腹のまま歩くなんてありえない。カンデラリアで元気よく踊るダンサーたちには、ちょっとつまめるおやつが不可欠だからだ。食べ物を首から下げたり、トレーに満載した売り子を呼んで、おいしいものを物色しよう。チョクロ（トウモロコシ）のチーズ添えに、ローストポークのサンドイッチ、ソラマメやトウモロコシのフライなどいろいろある。喉が渇いた頃には、キンキンに冷えたコーラの売り子が寄ってくるはず。

■ 旅のヒント　**聖母カンデラリア祭**　www.peru.travel、www.go2peru.com/peru_guide/puno/candelaria_feast.htm

華やかな色の衣装で踊るカンデラリアの踊り手たち。

ベロン・デ・アストラーダ近くの湖を渡るアルゼンチンのガウチョ。何世紀も前から続く、人と馬の耐久力試験だ。

アルゼンチン／チリ／ウルグアイ

パンパ

ガウチョたちの伝説のロデオを見物した後、広い空の下でのバーベキューに加わろう。

南米の最南端、アルゼンチン、チリ、ウルグアイにまたがって広がる大平原パンパには、今もエスタンシアと呼ばれる大牧場があり、ガウチョ（カウボーイ）が現役で働く。北半球の冬にこの地を訪ねれば、牧場暮らしに欠かせないヒネテアーダ（ロデオ）の競技会が盛んに開かれる。

ヒネテアーダの多くは小さな町が舞台だ。木の柵で囲っただけの会場に、荒馬にまたがったガウチョが飛び込んでくる。赤いベレー帽に緑のスカーフ、腰に飾り帯を巻いたしゃれたいでたちで、革の鞭を頭上高く振りまわす。ベテランガウチョによれば、「良い乗り手でないとあの格好はできない。乗馬姿を見届けた女性が3点セットを授けるんだ」

ヒネテアーダの後はパーティーだ。青空の下で老若男女が集まり、バーベキューを始める。ロデオ大会の勝者をたたえながら肉を食べられるのは田舎ならではのお楽しみだ。

おすすめの宿

エスタンシア・ホテル

■**エスタンシア・カンデラリア・デル・モンテ**　ブエノスアイレスから1時間の洗練されたアシエンダ。馬との触れ合い、おいしい食事、アンティークな客室が魅力。candelariadelmonte.com.ar

■**エスタンシア・ロス・ポトレーロス**　アルゼンチン北部、コルドバ近郊の2630ヘクタールの有機牧場。トレイルライディングやポロが楽しめる。www.estancialospotreros.com

■**エスタンシア・ランキルコ**　アルゼンチン北部にある馬と牛の牧場。トレイルライディングやアンデス山脈への1泊旅行も。ranquilco.com

■ 旅のヒント　**パンパのロデオ**　www.turismo.gov.ar、chile.travel、www.turismo.gub.uy　**ドマ＆フォルクローレ・フェスティバル**　アルゼンチン、コルドバ近郊で開催のロデオ大会。www.festival.org.ar

アンデス山脈の絶景を背負った、メンドサのブドウ畑。

アルゼンチン

メンドサ

アンデスの麓で季節の恵みを味わえば、収穫祭は最高潮だ。

アルゼンチン西部、ワイン生産地帯の中心に位置するメンドサ。荘厳なるアンデスの麓に、緑豊かなブドウ畑が続く。収穫期は12 ～ 3月だ。周囲は世界有数のワイン産地とあって、アルゼンチンで2番目に観光客が多い。栽培されるのは、黒みがかった濃い紫のマルベック種などさまざま。ワイナリーをはしごして、いろいろ試飲してみよう。

アンデスの絶景とワイナリーツアー

ワイン大国アルゼンチンを満喫するなら、この時期が最高だ。ボレロ・トラベル&ツアーズのサンドラ・ボレロは言う。「空気が乾燥していて、昼は暖かく、夜は涼しいので過ごしやすい。ブドウの木は緑の葉が茂り、色とりどりの甘い果実を実らせています。顔を上げれば、雪を頂いたアンデスの雄姿が目に飛び込んできます」

マイプ渓谷や町に近いルハン・デ・クージョ、砂漠に突如出現するブドウ畑など、この地域の魅力に余すところなく触れる

アルゼンチン西部、
ワイン生産地帯の
中心に位置するメンドサ。
荘厳なるアンデスの麓に、
緑豊かなブドウ畑が続く。

雪を頂いたアンデス山脈の麓でどこまでも続くブドウ畑。ここラガルデ・ワイナリーはレストランも併設している。

バジェ・デ・ウコにあるポスタレス・ホテル・ブティックで、ブドウ畑に囲まれてお茶のひととき。

には、数日間は滞在したい。家族経営のメンデル・ワイナリー、気さくなファミリア・ズッカルディ、現代美術ギャラリーを併設するボデガス・サレンタインなど、小規模ながら優れたワイナリーを訪ねよう。一般的な日帰りツアーは、これらのワイナリーを3、4カ所巡りながら、ブドウ畑でアサードという肉のグリルを昼食にいただく。パスライなど、昔ながらの石臼を使うオリーブ農園も訪ねてみたい。料理教室もある。

収穫祭「ベンディミア」

2月末〜3月初めに開かれるフィエスタ・デ・ラ・ベンディミアは、80年近い歴史を持つ収穫祭だ。目玉の1つは、ビア・ブランカと呼ばれる収穫の女王が、サン・マルティン大通りやヘネラル・ラス・エラス大通りを行進する金曜夜のパレード。メンドサや周辺の地区を代表する娘たちが美しく着飾り、電飾もまぶしい山車に乗って、沿道にブドウやメロン、果てはボトルワインまで投げる。翌日のダンスとガウチョフェスティバルには、アルゼンチンの有名人や政治家も駆けつける。土曜の夜はサン・マルティン広場を会場とする音楽の祭典に数万人が詰めかける。ここで選ばれるベンディミアの女王は、アルゼンチンの農業と伝統を世界に伝える大使の役目を果たす。

アクティブな楽しみなら

この時期は冒険心いっぱいのアクティビティーにも挑戦できる。アンデスの谷を流れるメンドサ川でのラフティング（急流下り）もその1つ。メンドサでトラウト&ワインツアーを経営する、チャーリー・オマリーは言う。「クラスⅣの激流はスリル満点で、満月の夜のラフティングは一生の思い出ですよ」。ほかにも乗馬やカヤック、ハイキング、世界最高のフライフィッシングも体験できる。

おすすめの宿

カバス・ワイン・ロッジ

セシリア・ディアス・チュイトとマルティン・リガルが、メンドサに所有するワイナリーに造った、ぜいたくなリゾート・スパ。全客室が西向きで、アンデス山脈に沈む夕陽を見ることができる。とりわけ収穫期を控えた晩夏は、空気が澄んで、黄金色の日差しがことのほか美しい。母屋には庭園とプール、スパがあり、隠れ家的な雰囲気がロマンチックな新婚カップルにぴったりだ。
www.cavaswinelodge.com

ファミリア・ズッカルディで、たる出しのワインをいただく。

■ 旅のヒント　**メンドサ**　www.turismo.mendoza.gov.ar、www.argentina.travel　**ボレジョ・トラベル**　豪華なカスタムツアーを企画。www.borellotravel.com　**トラウト&ワインツアー**　www.troutandwine.com

イースター島

タパティ・ラパ・ヌイ

「『競争』とは互いに張り合うこと。そんな定義を地で行くのが、イースター島の年に１度の大祭、タパティ・ラパ・ヌイだ。太平洋の真ん中の島で、バナナの茎のような部分に乗って300メートルの斜面を滑り降りるレースは、一生に一度はぜひ見ておきたい」

ヨギ・ロス、テレビ番組司会者、俳優、プロデューサー、作家、旅人

イースター島で毎年2月に開催されるタパティ・ラパ・ヌイは、食べ物、音楽、衣装、アウトドア我慢大会など、ポリネシアの伝統をあらゆる角度から祝福する2週間だ。写真：バナナツリー・スライドの様子。

パタゴニア

世界の底

昔は羊とガウチョ（カウボーイ）しかいなかったエル・カラファテだが、現在ではあちこちから人が移り住み、人口7000人を抱える。カフェ、ビバ・ラ・ペパでスムージーを作ってくれたフリアは「都会に疲れて」、ブエノスアイレスから越してきた。B＆B（1泊朝食付きの宿）を経営するホルヘは、「風を感じられる」からここにやってきたという。黒いベレー帽をかぶり、大通りのベンチに1日中腰かけている老人も、地元の人ではない。

どこまでも広がる空に、1月の夏の太陽が浮かぶ。雲が流れてきて雨を降らせたかと思うと、再び太陽が輝く。やがてまた雨、そして晴れ。たった15分間に天気が目まぐるしく変わる。ピクニックテーブルが転がるほどの強風が吹くこともある。灰色と白の小柄な馬が黄色い草をはみ、ピンクのフラミンゴの群れが乳白色の氷河湖から飛び立つ。

11年前、「何もかもうんざりして」ロサリオから越してきた女性に車を借りると、「ドアがちぎれて風に持っていかれることがある」から、風上に向かって駐車するよう念を押された。

世界の底に近いこの地では、道は狭く無人で、視界に終わりがない。山1つ越えると、ペリト・モレノ氷河の輝く威容が姿を現した。氷の斜面を上ると、アイゼンの金属の歯の下で氷が砕ける音がした。町に戻った私は、小汚いレストランで、人生最大にして最高のステーキを食べる。

無人の道を数時間走りつづけ、エル・チャルテン村の外れに着く。フィッツロイ山の垂直岩壁に挑戦するクライマーたちがアリのようだ。麓近くの斜面を歩き、茂みから濃青色のメギの仲間、カラファテベリーの実を摘み、口に入れる。この実を食べれば、再び戻ってこられる。そんな言い伝えを知って、私は手にいっぱい摘みとった。

著者　**アンドリュー・マッカーシー**
俳優、監督、ナショナル ジオグラフィック トラベラー誌編集主幹。回想録『The Longest Way Home』がベストセラーになった。

鋭く切り立った峰々と、名前の元になった氷河。ロス・グラシアレス国立公園は、トーレ湖周辺のドラマチックな景観を満喫できる。

緑石の不思議な彫刻。ニューグレンジの象徴である3つの渦巻模様もある。

アイルランド

ニューグレンジ

先史時代の墓所だった遺跡には、冬至の日だけ太陽の光が差し込む。

アイルランド東部、ボイン渓谷に立つドーム形の墳墓は、ストーンヘンジやギザの大ピラミッドより古い5000年以上前のもの。長さ19メートルの通路から十字型の石室へ歩きだせば、古代へのタイムスリップが始まる。ここにはぜひ冬至に訪れたい。夜明けとともにひと筋の光線が入り口の上にある開口部に差し込み、少しずつ石室の奥へと進む。日が高くなるにつれて光線は広がり、墓所を光で満たす。生命と再生の循環を象徴する17分間の光のショーを目にすると、自然への畏敬の念が湧き上がる。

地元の専門家マイケル・フォックスはこう語る。「考古学的には羨道墳《せんどうふん》に分類されますが、天文学や宗教儀式にも重要だったと考えられ、古代神殿と呼ぶほうがふさわしいでしょう」。塚の縁石には古代の彫刻が今も残り、渦巻模様はニューグレンジを象徴するデザインになっている。

ここに注目

ニューグレンジで冬至を体験するには

冬至の前後12月18～23日の日の出には、抽選に当たった1日10組20人だけが石室に入ることができる。抽選の申込用紙は、ブルー・ナ・ボーニャ・ビジターセンターで配布。または住所、氏名、電話番号（国番号も忘れずに）、メールアドレスを、ビジターセンターに送って申し込む。9月末、地元の児童がくじを引いて、50組の当選者を決める。詳しくは、ブルー・ナ・ボーニャ・ビジターセンターのウェブページを参照。www.heritageireland.ie/en/brunaboinnevisitorcentre

■ 旅のヒント　**ニューグレンジ**　www.newgrange.com　**ブルー・ナ・ボーニャ・ビジターセンター**　ガイドツアーがある。www.heritageireland.ie/en/brunaboinnevisitorcentre　**ボイン渓谷ツアーズ**　www.boynevalleytours.com

英国イングランド

エクスムーア国立公園

ヨーロッパ初のダークスカイ保護区で輝く無数の星を眺め、流れ星を数える。

イングランド南西部の辺ぴな丘陵地帯にあるエクスムーア国立公園は地味な存在だが、2011年、ヨーロッパ初の国際ダークスカイ保護区に指定された。冬の長い夜、澄み切った空にまたたく星は、天文ショーの名にふさわしい。

日中は、先史時代の塚が点在し、羊が草をはむのどかな丘を歩いて、古き良きイングランドを満喫しよう。やがて日没を合図に、昼間とは趣の異なるドラマが始まる。濃いオレンジ色の夕空にカシオペア座がまたたき、北斗七星や北極星に連れられて、満天の星空が姿を現す。流星のシャワーは裸眼でも確認できるはずだ。星空観察サイトを運営するルーシー・ネイラーは言う。「以前、冬は長くて退屈でした。でも今は一晩中、星を追いかけています」。湿地のナイトウォークに参加して、同好の士が集まるパブに寄ろう。きらめく天の川を眺めた後、パブの暖炉に当たりながら飲むビールは最高だ。

最新ベストスポット

星空を眺めるのにぴったりの宿とパブ

■ブルー・ボール・イン　カウンティズベリーにある13世紀建造の宿兼パブ。星空目当てでエクスムーアを訪れる人々の拠点。www.blueballinn.com

■エクスムーア・ホワイト・ホース・イン　エクス川に面した宿兼パブで、ツタに覆われた建物は16世紀建造。星空観察やサファリツアーを催行。www.exmoor-whitehorse.co.uk

■ヤーン・マーケット・ホテル　ダンスター村にあるホテルで、天文学者による星空観察ガイドツアーを催行。オーナーは、ハイキングや星空観察スポットに詳しい。www.yarnmarkethotel.co.uk

■旅のヒント　**エクスムーア国立公園**　www.exmoor-nationalpark.gov.uk

エクスムーア国立公園の長い夜を彩る星空。

テムズ川南岸のたそがれ。ウェストミンスター宮殿が静かなたたずまいを見せる。

英国

ロンドン

大英帝国の歴史と輝きに思いをはせながら、冬ならではのアクティビティーを楽しもう。

冬になると観光も苦行で、扉を固く閉ざすよりほかない町もあるが、ロンドンは違う。曇天が多いが、からりと晴れる日もある。美術館、ショー、レストラン、パブは変わらず健在だ。観光客が大挙して押し寄せるのはクリスマスウィークぐらいで、あとは混雑と無縁なのもいい。

冬ならではの楽しみにも心惹かれる。この時期、ハイド・パークに出現するウィンター・ワンダーランドは、各種マーケット、アトラクション、ショーがずらりと並ぶ一大遊園地だ。市内のあちこちに設けられる屋外スケートリンクでは、歴史的建造物を眺めながら滑ることもできる。

ロンドン中心部のウィンター・フェア

ロンドン中心部で日暮れを迎えたら、タクシーや赤い2階建てバスが行き交うパーク・レーンを歩き、スピーカーズ・コーナーを通り過ぎる。由緒あるホテル、ザ・ドーチェスターが見えると、そこがハイド・パークの東端だ。

11月後半からハイド・パークは、ウィンター・ワンダーランド

おすすめの宿

ザ・ドーチェスター

ザ・リッツ、ザ・サボイ、クラリッジズなど、ロンドンの由緒正しき老舗ホテルに遅れること数年。1931年に開業したザ・ドーチェスターは、すぐに著名人に愛されるようになった。のちの米国大統領ドワイト・D・アイゼンハワーは、1942年に英国入りしたとき、ここのスイートに滞在した。伝統の重み、質の高い客室とサービス、アール・デコの美しい外装を満喫するなら、冬がおすすめ。すぐ向かいがハイド・パークで、冬のロンドンを楽しむ絶好の立地だ。www.dorchestercollection.com

に姿を変える。巨大観覧車に乗れば敷地全体が一望できるし、高層ビル群の明かりも見える。ドイツ風のクリスマスマーケットには、冬らしい手工芸品や食べ物を売る店が1000以上も並ぶ。子ども連れならサンタランドに立ち寄って、絶叫マシンに挑戦だ。最後はスケートとサーカスで締めくくろう。

都会の真ん中でアイススケート

テレグラフ紙で旅行関連記事を執筆・編集するマギー・オサリバンはこう話す。「昔はテムズ川が凍結して、川の上でフロスト・フェアが開かれていたんです。市内にできるスケートリンクは、その現代版かもしれませんね」

ロンドン市内のスケートリンクは、立地が印象的なところばかり。ハンプトン・コート宮殿前のリンクは、1514年ごろから建設を始めたテューダー様式の建物が圧倒的な迫力だ。ネオ・ゴシック様式のロンドン自然史博物館前のリンクは、近くに科学博物館やビクトリア&アルバート博物館もあるので、滑った後に見学するのもいい。18世紀建造のサマセット・ハウスは、新古典主義様式の中庭がスケートリンクになる。すぐ近くに劇場やギャラリー、レストランがひしめきあうストランドがある。

食の楽しみ

ひと味違うアフタヌーン・ティー

アフタヌーン・ティーはロンドン滞在に欠かせない儀式。クラリッジズでは上品な正統派アフタヌーン・ティーをいただける。紅茶は40種類そろい、フィンガー・サンドイッチに焼き菓子、スコーン、クリーム、ジャムなどが並ぶ（要予約）。ブラウンズ・ホテルでは、伝統的なアフタヌーン・ティーのほかに、健康的に若返りを目指す「ティー・トックス」を提供。その対極がサンクタムで、葉巻とともに楽しむジェントルマンズ・ティーが売り物だ。
www.claridges.co.uk
www.roccofortehotels.coml
www.sanctumsoho.com

■ 旅のヒント　**ウィンター・ワンダーランド**　期間は11月最終週～1月第1週。www.hydeparkwinterwonderland.co.uk、www.royalparks.org.uk　**ハンプトン・コート宮殿**　www.hrp.org.uk　**ロンドン自然史博物館**　www.nhm.ac.uk　**サマセット・ハウス**　www.somersethouse.org.uk

18世紀に建てられたサマセット・ハウスを眺めながら滑るのも、ロンドンの冬の楽しみだ。

英国イングランド、ロンドン

くせになるホリデー・シーズン

初めての海外旅行はロンドンだった。1988年、30歳のときだ。ザ・ドーチェスターに宿を取り、目も耳も力いっぱい開いて、ロンドン見物に出かけた。テート美術館、老舗シャツ店ターンブル&アッサー、劇場や店が立ち並ぶコベント・ガーデン。だが、私が最もロンドンらしいと感じたのは、まねのできないあの発音だった。自分が話すのとほぼ同じ言語なのに、どこまでもブリティッシュ。ならば言葉の殿堂で、最も洗練された形式の言葉にひたってやろう。私は劇場に出かけて、バネッサ・レッドグレイブの「詩人の血」、リンゼイ・ダンカンの「熱いトタン屋根の猫」を見た。

ロンドンっ子は言う。太陽とはまるで縁がなく、もっぱら冬が友達だと。だから寒さに文句1つ言わず、風邪の予防と称して暖炉の前で酒を飲む。クリスマス商戦も控えめだ。大聖堂や聖歌隊のイメージもあるが、私が足を運んだのは、オリビエやロイヤル・コートといった演劇の聖地だ。

2007年のクリスマスは、友人がロンドンの最新演劇事情に触れるツアーを企画してくれた。オールド・ビックで「エンターテイナー」を観劇し、マギー・スミス主演の「ダビュークから来た女」とダニエル・ラドクリフの「エクウス」を見て、ロイヤル・ナショナル・シアターで「戦火の馬」を鑑賞。演劇プロデューサーとJ・シーキーやピカデリーのウーズレーで食事をした。1人でギャリック・クラブを訪れてスティルトンチーズを食べ、ソーターズで葉巻をたしなみ、ハロッズのすしバーで新聞を読んだ。

ロンドンはすっかり癖になり、旅の予定を入れないと耐えられなくなった。ことに、厳粛と皮肉が入り混じり、芸術としての話し言葉に触れられるクリスマスのロンドンは、私にとって第2のわが家となった。

著者　**アレック・ボールドウィン**

ゴールデン・グローブ賞やエミー賞の受賞歴を持つ俳優。社会活動にも力を入れる。

ウェスト・エンドを代表するパレス・シアター。ミュージカルの人気作がロングラン上演されている。

PRISCILLA
QUEEN OF THE DESERT
the musical
GET READY FOR
THE RIDE OF YOUR LIFE!
WINNER BEST NEW MUSICAL

スウェーデン

ラップランド

ハスキー犬たちに引かれながら、北極圏の雪原で風を切って疾走しよう。

ラップランド地域は北極圏内にあり、雪に覆われた山々、うっそうとした森林、手つかずの広大な原野と自然の豊かなところだ。ここでいちばんいい移動手段は犬ぞりだ。専門ガイドの指導を受けながら自分でそりを操り、ロッジからロッジへと移動する。1日の走りを終えたら、薪をたくサウナと星のまたたく春の夜空が出迎えてくれる。

ベストシーズンは3～4月。陽光に雪どけの予感を覚えながら、時折激しい雪嵐も吹き荒れる。ヘラジカやヨーロッパオオヤマネコといった野生動物とも出会えるだろう。パジェランタ国立公園やサーレク国立公園の湖から直接水を飲み、昔ながらのトナカイ放牧を続けるサーミ人の文化に触れる。1日を終えたら、たき火の前で魚や獣の肉にかぶりつこう。日が暮れたら、空を見上げるのも忘れずに。この時期は神秘的なオーロラが見られる季節だ。

おすすめの宿

ツリーホテル

子どもの頃、ツリーハウスで寝たいと願っていたあなた。ついに夢をかなえるときが来た。北極圏の南64キロ、ホーラズ村の外れにあるツリーホテルは、春になると花が咲きみだれる針葉樹の森だ。高い枝の上に個性的な客室が設置されている。バーズ・ネストは草と枝でカモフラージュされ、鏡張りのミラーキューブは言われるまで存在に気づかない。UFOは1950年代の空飛ぶ円盤そのもの。雪が解けたら、8人入れるツリーサウナがおすすめ。浴槽とラウンジもあり、くつろいだ時間を過ごせる。treehotel.se

■ 旅のヒント　**スウェーデンのラップランド地域**　www.swedishlapland.com、hemavantarnaby.se　**犬ぞりツアー**　www.dogsledding-adventures.com　**ネクストジェット**　ヘーマーバン・ターナビーへの航空便がある。www.nextjet.se

ラップランドの森に積もった雪の中を、マッシャーの指示でハスキー犬たちが駆けていく。

凍えるほど冷たい水に浸かってほてりを静め、再び苦行のような熱さに耐えてこそ、フィンランド式サウナだ。

ヨーロッパ

フィンランド

フィンランド式サウナの熱い蒸気で身体をほぐしたら、積もった雪にダイブ！

板張りのうす暗い部屋の中は熱い空気でむせかえるようだ。フィンランド式サウナの目的、それは汗をかくこと。極端な熱さと寒さを交互に体験して発汗をうながすのだが、冬のサウナは格別だ。冷水シャワーの代わりに積もった雪の上を転がったり、氷点下の湖に飛び込んだりしてほてりを静める。その刺激が全身の循環を良くするのだ。

サウナはこの国の歴史そのもので、フィンランド人の衛生習慣でもある。効用は何世紀も前から知られていて、発汗浴や産じょく期に利用されてきた。熱の作用で緊張した筋肉がほぐれ、関節の痛みが和らぎ、血圧が下がることは現代科学で証明された。フィンランド式サウナ協会元役員のピルッコ・バルタカリは言う。「昔から子どもたちはサウナでも教会と同じようにふるまうよう教わります」。サウナにどこか厳粛な雰囲気が漂うのはそのためだ。

ここに注目

フィンランド式サウナの入り方

サウナの熱を全身むらなく浴びるなら、素っ裸になる。水着は着ない。シャワーを浴びて身体の汚れを落とし、いよいよ80～93℃のサウナ室へ。熱くなったらプールで泳いだり、冷水シャワーを浴びたり、外で座ったりして、ほてりを覚ます。これを何度か繰り返し、最後に汗を流して、サウナ室ほど温度の高くない採暖室に移動。冷水シャワーかプールで締めくくったら、飲み物と軽食をとり、汗が収まるまで休息する。

■ 旅のヒント　**フィンランド式サウナ**　自家用がほとんどだが、公衆サウナやホテルのサウナもある。www.visitsauna.fi/en、www.sauna.fi

Top10 バレンタイン・デーの過ごし方

隠れ家、満点の星空、いにしえの庭園。2人の愛を育むのに最高の舞台だ。

1 ポスト・ランチ・イン
米国カリフォルニア州ビッグ・サー

サンタ・ルシア山脈と太平洋の水平線に挟まれた、ビッグ・サーの海岸線にたたずむホテル。オーシャンビュー、マウンテンビューのスイートのほか、プライベートハウスも用意。ハイキングに出かけ、スパでリラックスした時間を過ごそう。www.postranchinn.com

2 セドナ
米国アリゾナ州

赤い岩山の奇観で知られるセドナだが、ロマンチックな隠れ家的スポットとしても絶好の場所だ。サンセット・ハイキングや乗馬をしたり、ベルデ渓谷のワイナリーツアーに出かけたり。プライベートキャビンから高級リゾートまで多彩な宿がある。visitsedona.com

3 屋根付き橋
米国バーモント州

馬車で行き来していた時代には、恋人たちが人知れずキスを交わす橋だった。それから100年ほどたった現在は、趣向を凝らした歴史的な装飾が評価され、ニューイングランド地方を象徴する美しい風景の一部となっている。バーモント州にはそんな屋根付き橋が100以上あり、泊りがけのドライブ旅行にぴったりだ。www.visit-vermont.com/romantic-getaways

4 ブリティッシュ・プルマン
英国イングランド

1920年代の旅の黄金期を体験するなら、豪華列車のブリティッシュ・プルマンに乗車しよう。バレンタイン・デーには英国の田園地帯を走るロマンチックな急行を運行する。地元の食材を使った優雅なランチやディナーをいただこう。
www.belmond.com/british-pullman-train

5 ホテル・カクシラウッタネン
フィンランド、サーリセルカ

敷地内に並ぶガラス屋根のイグルーに泊まれば、暖かい室内で満点の星空やオーロラを眺めながら眠りにつける。昼間はトナカイサファリに出かけたり、4つあるレストランで美食を堪能したり、世界最大級のスモークサウナでリラックス。www.kakslauttanen.fi

6 エッフェル塔
フランス、パリ

月並みと言われようとも、世界でいちばんロマンチックな都市を高いところから一望しよう。2階でコーヒーを飲みながら、愛する人とパリの名所を1つずつ見つけるのも楽しい。www.toureiffel.paris

7 愛の小道
イタリア、チンクエ・テッレ

リグリア海東岸にイタリアでいちばんロマンチックな村々がある。断崖に張りつくように5つの村が点在し、海岸沿いの小道で結ばれている。なかでもリオマッジョーレとマナローラを結ぶ道は愛の小道と呼ばれ、恋人同士の散策にぴったり。ターコイズ色の海景色も素晴らしい。www.cinqueterreriomaggiore.com

8 イストリア半島
クロアチア

なだらかにうねる丘陵と渓谷、丘の上にたたずむ村々、パッチワークのような小麦畑とブドウ畑、オリーブ園が、まさに「クロアチアのトスカーナ」と呼ぶにふさわしい風景をつくりだす。2月14日は、遠くにそびえる山々が雪の帽子をかぶっていることだろう。熱気球で絶景を空から眺めることもできる。
en.gral-putovanja.eu

9 蘇州古典園林
中国

11～19世紀に意匠を凝らして造られた庭園の数々はそれぞれ特徴を表す名前がつけられ、ユネスコ世界遺産に登録されているものもある。大切な人と腕を組み、曲がりくねった小道や優雅な橋を散策しよう。whc.unesco.org/en/list/813、www.shanghainavi.com/special/5041622

10 ハロン湾
ベトナム

ベトナム北部、1600以上の島が浮かぶハロン湾は、石灰岩の尖塔や洞窟、アーチが幻想的な風景を展開する。オレンジや紫に染まる夕暮れと、朝もやに包まれた夜明けを楽しめる1泊クルーズがおすすめ。
whc.unesco.org/en/list/672、www.vietnamtourism.com

フィンランドにあるホテル・カクシラウッタネンのログキャビン。雪景色の中にぽつんと立ち、誰にもじゃまされないバレンタイン・デーを過ごせる。

トロムスタンレーの上空で
揺らめく緑のオーロラ。

ヨーロッパ

ノルウェー

ノルウェーの夜空を彩るオーロラを見にいこう。

ノルウェーの西海岸は、緑豊かなフィヨルドの海岸線にたる板教会が点在し、階段状に落ちる滝、クジラやパフィン（ニシツノメドリ）といった野生生物の宝庫だが、冬は雪に覆われる。だが、この地のオーロラは12～3月が最も鮮やかだ。絶えず形を変えながら躍動する光のカーテンが、冷えきった冬の夜空に出現する。古来からバイキングやサーミ人を魅了し、今も写真家を惹きつける。

フッティルーテン（沿岸急行船）のオーロラ観測クルーズでは、ロフォーテン諸島から、トロムソやオクスフィヨルドといったノールカップ周辺の町までベストスポットを巡る船旅で、東風が吹く好条件のときに、海からオーロラを見ることができる。クルーズに参加した米国の女性はこう振り返る。「携帯電話を登録して、オーロラが出たら知らせてもらうんです。おかげで3夜連続で素晴らしい色彩を見ることができました」

ここに注目

北極圏の動物たち

オーロラばかりに目を奪われがちだが、北極圏にはほかでは見られない野生動物が数多く生息する。ホッキョクグマは、北極圏の海氷でほとんどの時間を過ごす。泳ぎが達者で、氷や陸地から80キロも離れた海上で目撃されることもある。イッカクは最高100頭ほどの群れで生活し、長く突き出た牙を剣のようにぶつけて戦うことも。冬の空を飛ぶのはシロフクロウだ。ホッキョクギツネは夏は体毛が茶色だが、降雪とともに分厚い白い毛に生え変わる。

■ 旅のヒント　**オーロラ**　www.visitnorway.com　**フッティルーテン**　デッキのジャグジーでホットチョコレートを飲みながらオーロラに出会えるクルーズもある。www.hurtigruten.com

ロシア

バイカル湖

世界一深い湖は、冬に凍結すると広大なリゾート地に変貌する。

バイカル湖は水平線が見えるほど大きな湖で、地球上の淡水の20%がここにある。冬になると、雪と雲と氷が混然として距離感がつかめなくなる。気温が氷点下9℃以下なので、全身着ぶくれして動きも取れない。

凍結した冬のバイカル湖は、馬ぞりで移動するのがおすすめだ。馬のひづめは滑りやすい氷を確実につかみ、口からは湯気がもうもうと立つ。そんな馬ぞりで、湖岸に点在する温泉を訪ねよう。氷上を走るホバークラフトは、ヒーター付きでありがたい。夕食には、漁師が透明な氷に穴を開けて釣り上げたカワヒメマスや、サケの仲間のオームリだ。食事のお供はウォッカ。風邪薬にもなる。

冬のバイカル湖は夜が早い。冷え込みが厳しいので、厚着は必須。地元の人にならってウォッカを2、3杯ひっかけ、バニャと呼ばれるサウナにしけこむのもいい。

最新ベストスポット

バイカル湖で迎える新年

バイカル湖の東岸が接するのが、ロシアのブリヤート共和国。毎年2月にはサガールガンと呼ばれる陰暦の正月行事があり、酷寒の季節にもかかわらず、人々は親戚を訪ね、羊乳で作ったチーズやクリームを食べ、クルンガという牛乳酒を飲む。白い大地と呼応するのか、真っ白な食べ物ばかりだ。盛り上がったところで仏教寺院イボルギンスキー・ダツァンにお参りし、古い服をおたきあげして罪を焼きはらう。クルンガを飲みすぎるのは罪には当たらないようだ。

■ 旅のヒント　**バイカル湖**　ブリヤート共和国のウラン・ウデまで飛行機で入るか、シベリア横断鉄道で行く。baikal.ru/en

冬のバイカル湖は、馬ぞりがあれば移動も簡単。

フランス

マントン

フレンチ・リビエラのリゾート地では、地元で愛されるレモンを祝福する祭りが開かれる。

フレンチ・リビエラでいちばん気温が高く、切り立った海岸の絶景が愛されるリゾート地、マントン。冬の終わりには気温が10～15℃に達し、レモンがよく育つ。2月～3月初めに行われるのが、レモン祭りだ。いつもは静かな公園や広場が会場となり、132トンものレモンとオレンジを使った風変わりなオブジェが出現する。エッフェル塔やタージ・マハル、巨大なブッダ像など、毎年テーマが変わる。

「ニースのカーニバルより地元志向で、観光客向きではないかも」と話すのは、リビエラ在住の旅行作家ジーン・オリバーだ。祭りの呼び物は「黄金の果物の行列」。紙ふぶきが散る中、リオのカーニバル風の山車が海辺のソレイユ遊歩道を進み、楽隊やアクロバットが後に続く。終了後、レモンは回収されて、マーマレードや、レモンのリキュール、リモンチェッロになる。

最新ベストスポット

グランド・コルニッシュ

マントンとニースを結ぶ30キロは、海へ真っすぐ落ち込むアルプスの松林に沿いの、スリルも景観も満点のルートだ。並行して走る3本の道路のうち、最も高い位置にあり、最も危険なのがグランド・コルニッシュ。ナポレオン時代に建設され、海からの高さは550メートルに達する。ヒッチコックの名作映画「泥棒成金」のロケ地にもなった。この映画に主演し、後にモナコ大公妃となったグレース・ケリーは、1982年にこの道で交通事故を起こして死去した。事故現場には花が供えられている。

■ 旅のヒント　**マントン**　www.tourisme-menton.fr　**レモン祭り**　www.fete-du-citron.com

マントンのレモン祭りでは、大量のレモンをはめこんだキッチュなオブジェが町じゅうに出現する。

フランス南西部、秘密の穴場でブタが懸命に探すのは、黄金にも匹敵するというトリュフだ。

フランス

ペリゴール地方

人と動物の助けを借りて、フランス南西部の香り高い名物トリュフを探す。

冬はトリュフ狩りのシーズンだ。ボルドーの東約80キロにあるペリゴール地方では、人々がトリュフ狩りに、岩だらけの森や太陽がまだらに当たる牧草地に足を運ぶ。

中世から続く村々ではトリュフの市が立ち、レストランもたくさんあるので、トリュフの魅力を存分に楽しめる。専門家の指導の下、トリュフ狩りを体験することもできる。ひんやりしたオークやセイヨウハシバミの森で、独特の芳香がほのかに漂う穴場にやってきたら、訓練を受けたブタや犬が正確な場所を探し当ててくれる。同じ重さの金と同じ価値と言われる、身が締まって香り高い黒トリュフが見つかれば、言うことなしだ。もちろん食事だけでも楽しめる。地元のビストロでは、トリュフを使ったフォアグラや卵料理といった古典的な料理に加え、アイスクリームやクレーム・ブリュレなどのデザートや、トリュフ漬けウォッカなど、さまざまなトリュフ料理を味わえる。

食の楽しみ

トリュフ市

寒い冬の森に入るのはちょっと、という向きは12～2月にフランス各地で盛んに開かれるトリュフ市をのぞいてみよう。ボクリューズ県リシュロンシュのトリュフ市は世界最大規模で、ケルシー地方のラルベンクはフランス南西部で最大だが、最も人気が高いのはペリゴール地方のサンタルベール村で毎週月曜に立つ市だ。黒トリュフの香りが強い1月の寒い時期がいちばん盛り上がり、有名シェフも在庫確保のためにやってくる。

www.sainte-alvere.com

■ 旅のヒント　**ペリゴール地方**　www.perigorddecouverte.com

灰の水曜日までの12日間、ベネチアでは地元の人々も観光客も、あでやかな衣装と仮面をまとう。
写真：カルネバーレの多くのイベントが開かれる、中心部のサン・マルコ広場。

イタリア、ベネチア

カルネバーレ

「カルネバーレの狂騒を見物するために、世界がベネチアに
集まってくる。女も男も、ありとあらゆる者が古風な衣装に身を包み、
大音量の音楽やふざけまわる子どもたちの間を縫うように、
通りを横切っては、家々を訪ねてまわる。
祭りの間はどの建物も出入り自由だ」

ジョン・イーブリン、英国イングランドの作家、日記作者（1646年）

マヨルカ島のアーモンドの花は1～3月初めまで咲き、ピンク、紫、白の色あいが春の雲を思わせる。

スペイン

マヨルカ島

アーモンドの花の季節、地中海の島はピンクと紫と白のカーペットに埋めつくされる。

山々の雪解けもまだ遠い1～3月初め、マヨルカ（マジョルカ）島東部の高原地帯はアーモンドの花で一面真っ白になり、地元では「マヨルカの雪」と呼ぶ。アーモンド栽培は全島で行われるが、この時期のこの地の風景は筆舌に尽くしがたい。晴れた日には白にピンク、薄紫が混ざり、山の斜面を染め上げる。ロマンチックな風景は多くの画家や写真家を触発してきたが、歩くだけでも楽しい。

マヨルカ・ハイキングのオーナー、フィオナ・マクリーンが勧めるのは、エス・カプデーリャ村から出発してガラツォを通る9キロの道だ。「この一帯は島でいちばんアーモンドの木が密集しています。八重咲きの花もあって、それは見事です」

ここまで来ればガラツォ山の雄姿も眺められる。アーモンドを味わうなら、アーモンドケーキのガトー・デ・アルメンドラがおすすめだ。

食の楽しみ

レスタウランテ・エス・ベルジェル

島の中心地パルマ・デ・マヨルカから北東に30キロのアラロの町を出発し、アーモンドやオリーブの木立を4時間歩きつづけた先に、エス・ベルジェル農園がある。食通には広く知られているが、田舎の魅力は失われていない。羊がのどかに草をはむ前庭も、ローマ時代から続くブドウ畑も、おばあちゃん秘伝のレシピも昔のままだ。なかでもビールに24時間マリネした後、薪のオーブンで焼き上げたラムのローストは最大の楽しみ。お供はもちろん自家製赤ワインだ。www.esverger.es

■ 旅のヒント　**マヨルカ島**　www.infomallorca.net、www.seemallorca.com　**公営交通**　www.tib.org　**ハイキング**　www.mallorcahiking.com

チェコ

プラハ

中世から続く旧市街で、衣装を着た悪魔や天使と一緒に聖ミクラーシュの日をお祝いする。

冬が深まると、古都プラハは光の洪水になる。地元の作家カテリーナ・パブリトバによれば、「プラハは寒い気候がお似合いの町」だという。「12月は午後4時には暗くなり、家々の明かりや街灯に心が温まります」。聖ミクラーシュの日の前日の12月5日には、バロック様式の聖ミクラーシュ教会でクラシック音楽が演奏される。カレル橋を渡り、旧市街広場に出ると、人の数もぐっと多くなる。

聖ミクラーシュは自らの祝日に白いローブをまとい、冠をかぶった姿で、滑稽な格好の天使と悪魔を従えてやってくるという。旧市街広場にある15世紀の天文時計を眺めていると、聖ミクラーシュの扮装《ふんそう》をした一団を見かけるだろう。青空クリスマスマーケットでは、手吹きガラスの飾りなど、ボヘミアの伝統的なお土産が見つかるはず。おすすめは、小鳥のクリップ、松ぼっくり、屋根に雪が積もったミニチュアの家など。

最新ベストスポット

カレル橋撮影のコツ

ブルタバ（モルダウ）川にかかる歩行者専用のカレル橋は600年の歴史を持ち、昼間は観光客のほか、大道芸人もたくさん出る。橋の番人とも言うべきたくさんの聖人像は祈りの姿で、ここが根強いカトリック国であることを物語る。そんな彫刻と川の静けさを撮影するなら、夜明けがおすすめ。霧と朝日が刻々と変化して、町の風景も万華鏡のように移り変わる。三脚を用意して、川岸に並ぶバロック様式の建物をフレームに収めよう。

■ **旅のヒント　プラハ**　音楽の都プラハは、クラシックからジャズまで毎夜さまざまなコンサートが開かれる。街角で配られるチラシで情報を集めよう。www.prague.eu、www.czechtourism.com

プラハの美しい旧市街にツリーが建てられ、無数の電球と天使で飾られる。

Top10 冬のホットドリンク

骨まできしみそうな寒い日は、
地元の文化が凝縮された熱い1杯で温まろう。

1 クラフト・コーヒー
米国ワシントン州シアトル

パイク・プレース・マーケットで、スターバックスの最初の1杯が入ったのは1971年。居心地の良いカフェで深煎りコーヒーを楽しむシアトルのコーヒー文化はここから始まった。キャピトル・ヒル近辺は良店が多く、1995年にオープンしたカフェ・ビータはシアトルの象徴的な店だ。www.caffevita.com

2 マテ茶
アルゼンチン

アルゼンチンの国民的飲料であるマテ茶は、精細な彫刻を施したひょうたんの容器で抽出し、ボンビーリャという金属のストローで回し飲みする。マテ茶ルートを訪ねれば、マテ茶の原料のイェルバ・マテの木から容器作りまで、一通り見学できる。

www.rutadelayerbamate.org.ar

3 ワッセイル
英国イングランド、サマセット

イングランドには、毎年1月に果樹園の豊かな恵みを祈って乾杯する習慣があった。サマセットなどではその伝統が現在も残り、果樹の根にサイダーをかけ、枝にパンを吊るし、ワッセイルと呼ばれるホットアップルサイダーを飲む。www.visitsomerset.co.uk

4 グジャネ・ピボ
ポーランド、クラクフ

ポーランドの伝統は舌を喜ばせるものばかり。スパイスを入れて温めたビール、グジャネ・ピボもその1つだ。ビールの1種であるエールを温め、シナモンやクローブで香りをつけて飲む。マテイキ広場に面したグロノヤッド・ベジタリアン・バーなどたいていのパブで飲める。www.glonojad.com

5 グロッグ
ノルウェー

加熱してスパイスを加えた酒はどの国でも冬の定番。スカンジナビアではグロッグが愛されている。温めた赤ワインに柑橘とシナモンで風味をつけ、蒸留酒に浸けこんだ干しブドウを加える。お湯で薄めたり、そのまま飲んだりする。www.visitnorway.com

6 エスプレッソ
イタリア、フィレンツェ

イタリアを訪れたら、ぜひカフェ文化を肌で感じてほしい。エスプレッソを発祥の国で味わうなら、フィレンツェのサン・ジョバンニ広場に面した老舗カフェ、スクディエリに足を運ぼう。www.scudieri.eu

7 ホットチョコレート
オーストリア、ウィーン

ウィーン文化の源泉であるコーヒーハウスは、この町の日常生活に触れる機会でもある。ホットチョコレートを頼むときはミット・シュラーク（ホイップクリーム添え）にすれば、文句なしにオーストリア風だ。高級カフェ、チョコレート店のデメルでショコラーデ（ホットチョコレート）を注文すれば、ショウガやカルダモンの香り高い一杯がやってくる。ウィーン最古のカフェ、フラウエンフーバーもおすすめ。

www.demel.at、cafefrauenhuber.at

8 マサラ・チャイ
インド、コルカタ

道端の屋台やチャイ売りの下には、赤い素焼きの器の破片が山となっている。甘くてスパイスの効いたマサラ・チャイはインドで広く親しまれているが、飲み終わった器を壁や地面に叩きつけて割るのは、コルカタの習慣だ。www.incredibleindia.org

9 コーヒー・セレモニー
エチオピア、アディスアベバ

エチオピアでコーヒー・セレモニーへの招待は、客人への最高のもてなしだ。緑の生豆を煎るところから始まり、手で挽いてコーヒーを入れる。アディスアベバ中心部にあるハベシャ・レストランで体験できる。

everythingaddis.com

10 プーアル茶
中国、雲南省

かつて中国では茶葉を馬に積み、2250キロにもなるチベットの茶馬古道で運んでいた。茶は運搬中に発酵して黒くなり、道ぞいの交易拠点の名前を取ってプーアル茶と呼ばれるようになった。油っこい料理に合わせると、さっぱりする。en.ynta.gov.cn

メキシコでホットチョコレートのお供はチュロス。甘いお菓子を浸せば風味がいっそう増す。

タンザニア

ザンジバル島

東アフリカの牧歌的な島が、サウンドの激震で揺れる1週間。

東アフリカ沿岸に浮かぶ美しい島、ザンジバル。ストーン・タウンで日が暮れたら、フォローダニ公園に出る屋台で食べ物を買い、オールド・フォートを目指して歩いていくと、ステージでは演奏が始まっている。マリのデザート・ソウル、モザンビークのマラベンタ、ギニアのコラ・ギターの名人芸が次々と登場する。

赤道直下のこの島は2月がいちばん暑いが、2004年に始まったサウティ・ザ・ブサラでは、誰もがかまわずダンスに熱中する。アフリカ内外のさまざまなジャンルが一堂に会し、融合していく。聴衆もいろいろで、「マラウィから来たソウルシンガーの歌を聴きながら横を見ると、マサイ族が踊っていたりする」と語るのは、旅行ライターのエリザベス・ウォレンだ。ダウ船レースやパレードにも大勢の人が詰めかける。市場で手工芸品を物色するのも楽しい。

ここに注目

ターラブの魅力

ザンジバル出身のミュージシャンといえば、クイーンのボーカルだったフレディ・マーキュリーが有名だが、ザンジバルの音楽と言えば、ターラブだ。中東、ヨーロッパ、インドの影響が融合したターラブは、スワヒリ語で「動かされる」「扇動された」という意味のタリバに由来し、その名の通り、聴いていると自然に腰を揺らして踊りたくなる。独奏のこともあるが、アコーディオンやキーボード、バイオリンといった西洋楽器と、アフリカ伝統のウードやカーヌーンの混合オーケストラで聴くのが最高だ。

■ 旅のヒント　**ザンジバル**　www.zanzibartourism.net　**サウティ・ザ・ブサラ**　www.busaramusic.org

サウティ・ザ・ブサラには、アフリカ内外からミュージシャンやダンサーが集まり、ジャンルの垣根を超えたエネルギーを爆発させる。

澄んだ海と白い砂浜が続くモザンビークの海岸線。

モザンビーク

ベンゲラ島

晴れて雲一つない熱帯の空の下、誰もいない砂浜とエメラルドの海で時を忘れる。

モザンビーク南岸の沖合に浮かぶ、バザルト諸島のベンゲラ島。ここではターコイズ色の透明な海と、アクアマリンの空の間で、水平線が溶けていく。海岸は車もめったに通らず、静寂が支配する。北半球の冬に当たる季節は、暑すぎず、からっとした熱帯の気候が心地よい。

ベンゲラ島の交通手段は徒歩だ。午後の雨で蒸し暑さが和らいだ夕暮れは、ことに気持ちいい。ゆるやかな起伏が続く砂浜をどこまでも歩こう。時間はたっぷりある。目に入るのは青い海だけ。海はうららかで、最高に美しい。

アクティビティーを楽しむなら、釣りがおすすめ。夏はカジキやマグロといった大物もよく釣れる。地元の人と木造帆船ダウで出かけ、海で網を引いてもいい。ベンゲラ島には140種類ほどの鳥が生息しているので、バードウォッチングも人気。ダイビングもおすすめだ。

おすすめの宿

エコフレンドリーな高級リゾート

■アズラ・ベンゲラ　ベンゲラ島初のリゾートで、プライベートビーチにビラが点在する。建設時から地域への配慮がなされ、島の住民を積極的に雇用。www.azura-retreats.com/azura-benguerra

■&ビヨンド・ベンゲラ島　草ぶき屋根のビラはビーチサイド・ビューが楽しめる。島の住民と協力して環境保護活動を行い、収益の一部を島の基金に寄付。www.andbeyond.com/benguerra-island

■旅のヒント　**ベンゲラ島**　本土の町ビランクロスから船で渡る。ビランクロス国際空港へは首都マプトか、南アフリカ共和国のヨハネスブルクから入るのが便利。www.visitmozambique.net

極彩色の小さなライラックニシブッポウソウ。セレンゲティ国立公園は「ビッグ・ファイブ」だけではない。

ケニア／タンザニア

セレンゲティ

セレンゲティの移動の季節、ヌーの大群やライオンが地響きを立てて通りすぎる。

ケニアとタンザニアの国境にまたがって広がる3万1800平方キロの一大生態系、それがセレンゲティだ。ユネスコ世界遺産に登録され、マサイ族が遊牧で生活する土地でもある。カレン・ブリクセンが『アフリカの日々』に描いた、サファリ発祥の地だ。野生動物の観察が目的でアフリカを訪れるなら、この地以上の場所はない。いちばんよい時期は、草が豊かに茂り、出産シーズンでもある1～3月だ。

大型動物の迫力

ライオン、ヒョウ、アフリカゾウ、サイ、アフリカスイギュウ。いわゆる「ビッグ・ファイブ」を見るのに、セレンゲティは最適な場所と言われるが、カバ、クロコダイル、チーター、ガラゴなど、ほかにも何百という野生動物が生息する。遠い昔から祖先が通った道を粛々と進む動物の大群は、地球上最大のパレードであり、自然界の驚異だ。

大移動の観察は、激しい雨が時折降り、ヌーが2、3週間に40万頭以上の子どもを出産する時期がいい。旅が始まるのは

ここに注目

セレンゲティの絶滅危惧種

牙狙いの密猟がたたり、急速に数を減らしているのがサイ。セレンゲティではとくにクロサイが危機的な状況にある。ゾウも象牙が目的で多くの個体が殺されている。集団で移動するリカオンは目撃例が少なく、一瞬でも見かけたらニュースになる。大型ネコ科動物も絶滅の危機に直面する。チーターがなわばりとする平坦な草原は減る一方で、セレンゲティを貫くハイウェー計画が生息域を脅かしている。

タンザニア領のンゴロンゴロ・クレーター近辺で、目指すはケニア南部のマサイ・マラ国立保護区。移動距離は800キロを超え、途中で命を落とす者も少なくない。この大移動を目と耳で体感するには、「渡河ポイントに近い民間の動物保護区に滞在すること」だと言うのは、地元のガイド、レウェラ・ムワワザだ。「熱気球かヘリコプターを使えば、言うことなしです」

小さな動物たち

ガゼルやシマウマなどの草食動物も200万頭の規模で移動する。岩だらけの丘に登り、水場や風の強い平原で休息を取る姿を、手を伸ばせば触れられそうな距離で観察できる。胸の羽毛がカラフルなライラックニシブッポウソウ、臆病なキリンの群れなど、性格がおとなしく珍しい生き物を至近距離で写真に収めるため、繰り返しセレンゲティを訪れる人も多い。

サファリのベテランでさえ、動物の大移動を見ると胸が高鳴るようだ。タンザニアの旅行会社の創業者トム・リスゴーは言う。「大移動を見るツアーは毎年案内しますが、一大叙事詩を見ているようで、畏怖の念に打たれます。同じ光景には二度とお目にかかれません」

食の楽しみ

サンダウナーの歴史

サンダウナーとはイギリス英語のくだけた表現でカクテルを意味するが、「いつ」「どこで」「何を」飲むかが重要だ。セレンゲティの観光客なら、サファリドライブから帰ってきて、1日の締めくくりに飲む1杯だ（もちろんお代わりも可）。サンダウナーはアフリカでぜひ体験しよう。サファリの興奮を静めるだけでなく、広大な風景の偉大さにも思いをはせることができるからだ。元々サンダウナーという言葉自体、20世紀初頭にサファリと酒を愛したカレン・ブリクセンやアーネスト・ヘミングウェイ、セオドア・ローズベルトが広めたものだ。

■ 旅のヒント　**ミカト・サファリズ**　数あるツアーのなかでもいちばんという評判。www.micato.com　**&ビヨンド**　野生動物観察ツアーを催行。地元ガイドは博学で、人間味がある。宿泊施設も豊富。www.andbeyond.com

何万頭というヌーに、シマウマなど大小の動物が混じった大集団がセレンゲティを横切っていく。

中国

ハルビン

雪と氷のおとぎの国で、きらめく城やパゴダの間をさまよう。

ロシアのシベリアと国境を接する中国東北部、黒竜江省の冬はとてつもなく厳しい。極寒の暗い日々を過ごす州都ハルビン市民の楽しみは、1～2月に行われ、幻想的な氷の彫刻がいくつも登場する、国際氷雪祭りだ。

冬の弱い太陽に照らされた会場には、世界の名所が実物大で再現されている。雪を踏みしめながらアテネのアクロポリスに上り、紫禁城の門をのぞく。凍結した松花江には巨大な氷のすべり台が造られ、氷と色彩のワンダーランドが出現する。日が落ちると、透明な氷のブロックは紅色やサファイア、ライムグリーンの光を放ちはじめる。

氷雪祭りツアーを催行する旅行会社のクリスティアン・スタンリーはこう話す。「規模の大きさといい、華やかな照明といい、ファンタジー映画の世界そのままです。よくぞ短期間でこれだけのものを造ったと感心します。しかも数週間もすれば、すっかり解けてなくなってしまうんです」

最新ベストスポット

東北虎林園

ハルビンの北西、松花江沿いにある東北虎林園は、ネコ科で最大級のアムールトラを保護するための施設。ハルビン市街から日帰りで行ける。広さ144ヘクタールの敷地には、数百頭の純血のアムールトラが冬の寒さをものともせず歩きまわり、他にもヒョウやピューマが飼育されている。見学者は金網で保護されたバスで見てまわるが、好奇心旺盛なトラが中をのぞきこむこともある。度胸があれば金を出して、アヒルやニワトリ、牛を買い、トラが獲物に忍びよって襲いかかり、食べるところを見学できる。

www.dongbeihu.net.cn

■ 旅のヒント　**ハルビン国際氷雪祭り**　www.icefestivalharbin.com

中国東北部のハルビン国際氷雪祭り。氷と照明、果てしない想像力で造られたた氷の作品は、夜見るのがおすすめ。

河口と海を一望できるビーチ、
ハット・サイ・カオの夕暮れ。

タイ

チャーン島

川、海、ジャングル、滝と何でもある。どこに行くか迷ったら、白い砂浜でのんびり過ごそう。

冬のチャーン島は気候が温暖で湿度も低く、暖かい陽光を満喫できる。ナショナル ジオグラフィックのライター、クリスチャン・デベネデッティは「深く切れ込んだ湾を探索したり、霧深い山に登ったり、沖合のサンゴ礁に潜ったり」と楽しみを数え上げる。西海岸には象牙色の砂浜が広がる楽園のようなビーチがあり、東側はうっそうとしたマングローブ林があり、美しい滝を見ることができる。

島でいちばん長く、人気が高いのがハット・サイ・カオ、別名ホワイトサンド・ビーチだ。さらに南には癒やしのビーチ、ハット・クロン・プラオがある。海岸は2本の川で3つに区切られ、真ん中の入り江は海と河口の景色が一度に楽しめる。カヤックやカヌーを借りて入り江を遡れば、素朴な漁村がある。反対に入り江を出れば、近くのユアク島やプリ島はシュノーケリングのベストスポットだ。

おすすめの宿

にぎやか vs. 静けさ

■エメラルド・コーブ・チャーン島　専用バルコニーでくつろぎながら、朝もや漂う山から昇る朝日を浴び、クロン・プラオ・ビーチに沈む夕陽を眺める。ビーチやスパでのんびりしたら、夜はハット・サイ・カオや、チャイ・チェット村のVJプラザでナイトライフだ。
www.emeraldcovekohchang.com

■アンバー・サンズ・ビーチ・リゾート
静かに過ごすなら、島の北東側にあるここ。2人の英国人が経営するリゾートで、静ひつな雰囲気が滞在客を包み込む。
www.ambersandsbeachresort.com

■旅のヒント　**チャーン島**　タイ南東部。本土のレーム・ゴープからフェリーが出る。島最北端のアオ・サパロットがいちばん便利。www.tourismthailand.org、www.thailandtravel.or.jp

歓楽街のオーチャード・ロードは、クリスマスの時期は光の洪水になる。

アジア

シンガポール

世界でいちばん派手なクリスマスを体験するなら、ここ熱帯の小国だ。

ビル3階分の高さのジンジャーブレッド・ハウスに、M＆M'Sチョコレートの着ぐるみが登場。雪をかぶった森の中を、トナカイが走り抜ける。金色の電球をびっしりつけた街路樹のそばで、スノーマンがキャロルを口ずさむ。大通りのずっと先まで、どこを見ても光、光、光だ。

シンガポールのキリスト教徒は国民の15%に満たないのに、クリスマスシーズンにこの町を訪れると、マンハッタンと見まがう。違うのは、熱帯の暑さと、世界一派手なクリスマスデコレーションを作るという、ただならぬ意気込みだ。作家のエイドリアン・タンは言う。「シンガポールには雪も松林もトナカイも煙突もないので、聖夜はお呼びじゃないんです。でもクリスマスはシンガポール人にとって、大切なお祭りです。ボーナスも出て、人々はショッピングとグルメに情熱を燃やし、町は異様な雰囲気になります」

ここに注目

もう1つの光の祭典「ディーパバリ」

シンガポールのホリデーシーズンは、ヒンドゥー教の光の祭典、ディーパバリ（ディーワーリー）で幕を開ける。1週間の祭りの間、リトル・インディアのセラングーン通りに、光のアーチやディスプレイが並ぶ。ヒンドゥー教徒の家庭ではオイルランプをともし、クリシュナ神が悪に勝利したことを祝う。ヘンナで手に模様を描き、花火を打ち上げ、特別なお菓子も用意する。人々は新調したサリーを着て近くのヒンドゥー教寺院にお参りし、インドの歌や踊りに興じる。www.littleindia.com.sg/Diwali_in_Singapore.aspx

■ 旅のヒント　**シンガポール観光案内**　www.yoursingapore.com　**シンガポールのクリスマス**　ccis.sg

オーストラリア

ゴールド・コースト

巻きあがる白波に乗ってハングテンを決める。

クイーンズランド州のゴールド・コーストは全長64キロで、オーストラリアでいちばんいい波が期待できる場所だ。12～4月、太平洋から吹きつける強い東風が常時30～60センチの波を起こすこの海岸は、まさにサーファーの楽園。世界中から腕自慢たちがやってくる。

朝焼けとともに、ボード片手に浜に出よう。この時間に砂浜にいるのは本気のサーファーばかりだ。スピット、レインボー・ベイ、右方向のポイントブレイクがチューブ状の長い波を作るバーレイ・ヘッズなど、名所もたくさんある。迫りくる波を見つけたら、ここぞとばかりにパドリングしよう。何とか立ち上がることができれば、立派なサーファーだ。次の瞬間には波をもろにかぶって水中に落ちるかもしれないが、すぐにボードをつかんで体勢を立て直し、再び沖に出よう。次のビッグウェーブが待っている。

最新ベストスポット

隠れ家サウス・ストラディー

サーファーの楽園も混雑が玉にキズ。ならばサウス・ストラドブローク島、通称「サウス・ストラディー」を目指そう。ゴールド・コーストの北の外れからすぐの自然保護区で、全長23キロのビーチはほとんど人が来ない。いるのは物おじしない数百頭のワラビーだけだ。ブッシュをハイキングすれば、黄金色のオグロワラビー、シモフリコミミバンディクート、ハリモグラといった有袋類に出会えるかもしれない。
www.mystraddie.com.au

■ 旅のヒント　**ゴールド・コースト**　www.visitgoldcoast.com　**サーフ・イン・パラダイス**　スピットで初心者向けレッスンを実施するサーフスクール。www.surfinparadise.com.au

ゴールド・コーストの波は絶えず激しくうねり、サーファーの腕と度胸を試す。

Top10 世界の年越し

**1年の締めくくりを海外で過ごすなら、
新年を迎える行事にぜひ参加しよう。**

1 米国ニューヨーク州ニューヨーク

大みそかのタイムズ・スクエアの様子は、全世界にテレビ中継される。ブロードウェーと7番街の交差点はお祭り騒ぎで、LEDボールが、旧ニューヨーク・タイムズ・ビルから落ちるのを見守る。100年以上続く米国の伝統だ。www.nycgo.com

2 米国ネバダ州ラスベガス

ラスベガス流のキッチュな年越しは、パリス・ラスベガス、MGMグランド、ベラージオなど、ストリップ大通りにずらりと並ぶカジノホテルの上空に派手な花火が打ち上げられる。お祭り騒ぎは砂漠に朝日が昇るまで続く。www.lvcva.com

3 ブラジル、リオデジャネイロ

リオのレベイロンは世界最大規模の年越しだ。カンドンブレの聖職者をまねて白装束に身を包んだ人々が砂浜に整列し、アフリカの海の女神イエマンジャに捧げて、花を海に投げる。儀式が終われば、町は音楽と踊りで朝まで大にぎわいだ。www.rcvb.com.br

4 英国イングランド、ロンドン

大みそかのロンドンでは、テムズ川のウォーターフロントやトラファルガー広場に大勢の人が集まり、その瞬間を待つ。ビッグ・ベンの鐘が12回鳴り終わると同時に、人々の視線は大観覧車のロンドン・アイに向けられる。町じゅうに響きわたるブリティッシュ・ロックに合わせて、花火と光のショーが幕を開ける。

www.visitlondon.com

5 フランス、パリ

光の都パリは、大みそかには花火の都になる。シャンゼリゼ通りに繰り出した人々は、シャンパンボトルを片手にエッフェル塔を見上げる。新年の始まりとともに花火に包まれるエッフェル塔は、世界一美しいディスプレイだ。サクレ・クール寺院やトロカデロ広場からもよく見える。en.parisinfo.com

6 スペイン、マドリード

マドリードの年越しは、時計の鐘に合わせて12粒のブドウを食べるのが習わしだ。時間通りに食べられたら、良い年になるという。プエルタ・デル・ソル広場の大時計の前には数万人が集まってこの儀式を行い、グラン・ビアで打ち上げ花火を見物する。

www.spain.info

7 レバノン、ベイルート

長く内戦が続いたレバノンの首都ベイルートの年越しは、希望の約束そのものだ。中心部のネジュメ広場に立つ1933年建造のアール・デコ様式の時計塔で、光のショーが行われる。日付が変わると、花火が打ち上げられる。教会の尖塔もモスクのミナレットもライトアップされ、コスモポリタンな都市は新年を迎える。

www.destinationlebanon.gov.lb

8 東京

東京の大みそかは、通りや飲食店に大勢の人が詰めかけ、新しい年の健康と幸運を祈って、年越しそばを食べるのが習わしだ。日付が変わる頃には寺院が除夜の鐘を鳴らし、あたりは厳粛な空気に包まれる。

www.gotokyo.org/

9 キリバス、キリスィマスィ島

キリバスにあるキリスィマスィ島は、クリスマスにちなんでクリスマス島とも呼ばれる。人が定住する場所としては、世界でいちばん早く新年を迎えるところだ。とはいえ、人口わずか5000人なので、年越しも家族的な雰囲気で行われる。島の大半は野生生物の保護区になっている。kiribatitourism.gov.ki

10 オーストラリア、シドニー

年越しのためにみんなが出かけるのはウォーターフロント。新年を祝ってシドニー・ハーバー・ブリッジと近くの建物で打ち上げられる花火は、世界でも有数の規模を誇る。www.sydneynewyearseve.com

観光地として人気のシドニー・オペラハウスも、新年のときは花火に主役を譲る。

氷の音楽

南極半島

フランシス・ベーコンはある著作にこう記した。「誰であれ自然を探索しようという者は、雪あるいは氷の学校に通いたまえ」

宇宙が誕生してから138億年たつことは、ほとんどの科学者が認めている。南極は誕生してまだ6000万年だが、世界が刻むテンポを数え、気候変動が引き起こした変容を把握できるところだ。あるリズムと別のリズムを混ぜると、どんなビートになるかがわかる。

今、私は南極半島を訪れていて、曲の習作に取り組んでいる。ここでの経験を基に、弦楽四重奏曲や、交響曲を完成させることになるだろう。風景から受けるさまざまな印象を集めて構成要素に作りかえ、音や視覚や文章にここでの様子を語らせるのだ。

ここから先はまとめの段階に入る。DJカルチャーは、言ってみればコラージュだ。サンプリング、スプライシング、ダイシングの繰り返し。すべてがミックスの一部で、音源に境界線はない。環境それ自体をマッピングし、サンプリングするのも自由自在。世界はとてつもなく大きい1枚のレコードのようなものだ。私たちはその鳴らし方を突きとめなくてはならない。

南極への旅は、フィクションと日常の現実が衝突する仮説の領域の旅だった。音楽は私たちが社会に向けて掲げる鏡のようなもの。音色やピッチや進行がどこから引き出されているのかを考える。南極は世界地図の端にあるが、それは深いところで地球のテンポ、移り変わる季節のリズムを支配している。そんな発想に勢いをつけるだけでいいのだ。私はそう思うに至った。

著者　**ポール・D・ミラー（DJスプーキー）**

作曲家、マルチメディアアーティスト、作家。2012～2013年、ニューヨークのメトロポリタン美術館初の座付き作曲家を務めた。

南極の海に浮かぶ海氷と、遠くに見える山、雲、空。現在のところ、特定の国の支配からも、開発からも免れている。

ニュージーランド

マールボロ・サウンズ

南島の稜線、秘密の入り江、静かな洞窟。海沿いのワンダーランドをトレッキング。

ニュージーランド南島の北東部、海から内陸へと複雑に切れ込む峡谷が続くマールボロ・サウンズは、2月の気温は20 ～ 26℃と快適だ。クイーン・シャーロット・トラックからは、エメラルド色のシダの茂みがまだらに海まで続く美しい風景が見られる。

クイーン・シャーロット・サウンドはこの国で最も歴史のある場所で、クック船長もお気に入りだった。地元の博物学者マルコム・キャンベルは言う。「クック船長がこの一帯をしきりと賞賛したために、以後50年間、英国人はニュージーランド全体がそういうところだと信じていました」

現在も、サウンズの自然の魅力と、容易にはたどりつけない不便さは変わらない。水しぶきを立てる清流、静かな入り江、絶景続きの海岸線を行くトレイル、荒涼とした茂み。新鮮なシーフードと地元産のワインも最高だ。

ここに注目

マオリ文化を知る「テ・タウ・イフ」

南島の北部は、マオリ語で「テ・タウ・イフ」と言う。神格化されたカヌーの「舳先（へさき）」という意味だ。8つのイウィ（部族）が暮らすネルソン・マールボロ地域は、古代から現代に至るまでマオリ文化の牙城だ。ピクトン郊外、ワイカワにあるマラエ（集会場）を訪ねると、戦士たちがホンギという鼻と鼻をくっつける挨拶で迎え、歌や踊りなどを披露して食事をふるまってくれる。
www.waikawamarae.org.nz

■ 旅のヒント　**マールボロ・サウンズ**　www.newzealand.com　**マールボロ・サウンズ・アドベンチャー**　ハイキングやマウンテンバイク、シーカヤックのツアーを催行。www.marlboroughsounds.co.nz

マールボロ・サウンズの絶景を眺めていると、最果ての地に来たことを実感する。

南極大陸のデービス海で、海に入ろうとするコウテイペンギンの集団。

南極大陸

洋上バーベキューに舌鼓を打ちながら、よちよち歩くペンギンたちを眺める。

今から100年ほど前、南極を目指したのは、アムンゼン、スコット、シャクルトンといった英雄だった。地球に残された最後の未開地、白い大陸の威力は、現在も少しも失われていない。南極大陸を訪れるなら、12～3月だ。地球のいちばん南にも太陽光線が届くこの季節は、クジラやペンギンにも会える。女性だけのチームで徒歩で南極点に到達したサンニバ・ソルビーは、「生きている感覚を共有できる」と力説する。「荒涼とした土地にぽつんといると、自分がどういう人間なのか、いやでも考えさせられます」

そんな本格的な探検でなくとも、現在は安全で快適な南極クルーズがある。ペンギンの群生地が点在する雪の丘陵地をハイキングし、ラフトに乗って青い氷山の間を進み、クジラやアザラシの姿を観察できる。船に戻ったらデッキでバーベキューをして、エネルギー補給だ。

おすすめの宿

アイスキャンプ

シャベル、寝袋、ビビーサックなど1泊分の装備をかついで、ボートから雪の積もった土手に上がる。いったい自分は何をしに来たのか？　そんな疑問をかき消すように、雪掘り作業の開始だ。今夜自分が寝るための雪穴を掘らなくてはならない。マットレスなし、ルームサービスはもちろんなし、暖房なし。それでも南極の雪に埋もれて過ごす一夜はまたとない経験で、アムンゼンやスコットたちの苦労がわずかながらしのばれる。オーシャンワイド・エクスペディションズなど数社が実施。
www.oceanwide-expeditions.com

■ 旅のヒント　**南極クルーズ**　クルーズ船の大半はアルゼンチン南端のウシュアイアから出航。日本から南極へ観光に行く場合、環境省への届け出が必要。iaato.org、www.env.go.jp/nature/nankyoku/kankyohogo/kankyou_hogo

イベントカレンダー

春

- ■3月中旬　サウス・バイ・サウスウェスト（米国テキサス州オースティン）P.20-21
- ■3月最初の満月の後　ホーリー祭（インド、ジャイプル）P.72-73
- ■3月19日　サン・ファン・カピストラーノのツバメ（米国カリフォルニア州）P.12
- ■3月20日　テオティワカンで迎える春分の日（メキシコ、メキシコシティー）P.34
- ■3月　大相撲三月場所（東京都、国技館）P.76
- ■復活祭の前の週　セマナ・サンタ（聖週間）（ニカラグア、レオン）P.31、（スペイン、セビリア）P.60
- ■4月上旬　ティン・パン・サウス・ソングライターズ・フェスティバル（米国テネシー州ナッシュビル）P.15
- ■3月下旬～4月中旬　チューリップ祭り（トルコ、イスタンブール）P.62-63
- ■4月第1週　マスターズ・トーナメント（米国ジョージア州オーガスタ）P.25
- ■4月27日　キングズ・デー（国王誕生祭）（オランダ、アムステルダム）P.42
- ■4月下旬　バーモント・メープル・フェスティバル（米国バーモント州セント・オールバンズ）P.22
- ■5月　大相撲五月場所（大阪府、大阪府立体育会館）P.76
- ■4月末～5月初め　セーリング・ウィーク（アンティグア・バーブーダ）P.30
- ■4月最終週～5月第1週　ニューオーリンズ・ジャズ＆ヘリテージ・フェスティバル（米国ルイジアナ州）P.19
- ■5月1～9日　メーデー（ウクライナ、キエフ）P.74-75
- ■5月7～15日　ジローナの花祭り（スペイン、ジローナ）P.58-59
- ■5月中旬　バーベキュー・クッキング世界選手権（米国テネシー州メンフィス）P.18
- ■5月24・25日　ロマの巡礼祭（フランス、サント・マリー・ド・ラ・メール）P.52-53
- ■5月最終週　インディアナポリス500マイルレース（米国インディアナ州）P.16-17
- ■5月下旬　F1モナコ・グランプリ（モナコ）P.45
- ■6月上旬　フラッグ・デーと初物ニシンのオークション（オランダ、スヘフェニンゲン）P.43
- ■6月上旬　世界宗教音楽祭（モロッコ、フェズ）P.66
- ■6月16日　ブルームズデー（アイルランド、ダブリン）P.38

春におすすめの旅先とアクティビティー
- ■スヌーバ（米領プエルトリコ）P.28
- ■セントルシア（カリブ海）P.29
- ■カカオの収穫期（エクアドル）P.35
- ■グアテマラ高地（中央アメリカ）P.36-37
- ■ビクトリア滝（ザンビア／ジンバブエ）P.70
- ■シュエダゴン・パゴダ（ミャンマー、ヤンゴン）P.71
- ■お花見（日本）P.77

夏

- ■夏至（6月20・21日）の数週間前～　白夜祭（ロシア、サンクトペテルブルク）P.129
- ■6月中旬～下旬　白夜のゴルフ（アイスランド）P.115
- ■夏至（6月20・21日）　インティ・ライミ（ペルー、サクサイワマン遺跡）P.112-113
- ■6月下旬　クイーンズタウン・ウィンター・フェスティバル（ニュージーランド）P.160-161
- ■7月2日と8月16日　パリオ（イタリア、シエナ）P.137
- ■7月4日　米国独立記念日（米国各地）P.103-105
- ■7月上旬　ナショナル・チェリー・フェスティバル（米国ミシガン州トラバースシティー）P.95
- ■7月上旬～中旬　ヘイバ・イ・タヒチ（フランス領ポリネシア）P.155
- ■7月11～13日　ナーダム（モンゴル各地）P.152
- ■7月16日　ラ・ティラナ祭り（チリ）P.110
- ■7月中旬　グレート・ノーザン・アーツ・フェスティバル（カナダ、イヌビック）P.81
- ■7月中旬～下旬　カルガリー・スタンピード（カナダ）P.88
- ■7月中旬～下旬　ジャスト・フォー・ラーフス（カナダ、モントリオール）P.99
- ■7月最終水曜日　シンコティーグ・ポニースイム（米国バージニア州アサティーグ海峡）P.106-107
- ■7月下旬～8月上旬　ニューポート・ジャズ・フェスティバルとニューポート・フォーク・フェスティバル（米国ロードアイランド州）P.102
- ■7月下旬～8月上旬　ホンダ・セレブレーション・オブ・ライト（カナダ、バンクーバー）P.80
- ■7月下旬～8月上旬　ザルツブルク音楽祭（オーストリア）P.136
- ■8月　エディンバラ・フリンジ（英国スコットランド）P.118-121
- ■8月上旬　中世週間（スウェーデン、ゴットランド島）P.125
- ■8月11～13日　ペルセウス座流星群（北半球各地）P.100-101
- ■8月中旬　アイオワ・ステート・フェア（米国アイオワ州デモイン）P.98
- ■8月中旬～下旬　タンゴ・ワールドカップ（アルゼンチン、ブエノスアイレス）P.114
- ■レイバー・デー（9月第1月曜日）直前の週末　テルライド映画祭（米国コロラド州）P.94

夏におすすめの旅先とアクティビティー

秋

■9月中旬　国際甲殻類フェスティバル（カナダ、プリンス・エドワード島）**P.176**
■9月下旬　アカディア・ナイト・スカイ・フェスティバル（米国メーン州アカディア国立公園）**P.180–181**
■9月下旬　ナショナル・ブック・フェスティバル（米国ワシントンD.C.）**P.184–185**
■9月または10月上旬　ユダヤ教の大祭日（イスラエル、エルサレム）**P.208–209**
■9月または10月上旬　中秋節（ベトナム）**P.224–225**
■9月下旬　アメリカバイソンの駆り集め（米国サウスダコタ州カスター州立公園）**P.168**
■9月下旬～10月上旬　オクトーバーフェスト（ドイツ、ミュンヘン）**P.198–201**
■10月第1週　国際熱気球フィエスタ（米国ニューメキシコ州アルバカーキ）**P.166–167**
■10月第1日曜日　ガウチョの巡礼（アルゼンチン、ルハン）**P.190**
■10月第2週　ケンタッキー芸術工芸ギルドフェア（米国ケンタッキー州ベリア）**P.173**
■10月中旬　シェトランド・アコーディオン＆フィドル・フェスティバル（英国スコットランド、シェトランド諸島）**P.192**
■10月中旬　ケルティック・カラーズ・フェスティバル（カナダ、ノバスコシア州ケープ・ブレトン島）**P.177**
■11月1・2日　死者の日（メキシコ、オアハカ）**P.188**
■11月上旬　コナ・コーヒー文化祭（米国ハワイ州）**P.164**
■10月か11月の満月の日　水祭り（カンボジア、プノンペン）**P.226**
■11月（陰暦12月）の満月の夜　ロイ・クラトン（タイ）**P.221**

秋におすすめの旅先とアクティビティー

■国立エルク保護区（米国ワイオミング州グランド・ティートン国立公園）**P.165**
■マッキトリック渓谷（米国テキサス州グアダルーペ国立公園）**P.169**
■ホッキョクグマ観察（カナダ、チャーチル）**P.170–171**
■NFLグリーン・ベイ・パッカーズの試合観戦（米国ウィスコンシン州グリーン・ベイ）**P.172**
■猛禽類の渡り（米国ペンシルベニア州ホーク・マウンテン）**P.174–175**
■秋の紅葉（米国ニューヨーク州アディロンダック山地）**P.182–183**
■カンカマガス・シーニックバイウェー（米国ニューハンプシャー州ホワイト・マウンテン国立森林公園）**P.186**
■ジンベエザメ観察（メキシコ、バハ・カリフォルニア州）**P.187**
■ガラパゴス諸島（エクアドル）**P.189**
■イグアスの滝（ブラジル／アルゼンチン／パラグアイ）**P.191**
■ボルドーのブドウ収穫（フランス）**P.193**
■シャンパーニュのブドウ収穫（フランス）**P.196**
■ルクセンブルクでハイキング（ヨーロッパ）**P.197**
■スイスでリンゴ収穫（ヨーロッパ）**P.204**
■マズリア湖沼地帯（ポーランド）**P.205**
■ブドウ収穫祭（キプロス）**P.206**
■ワイン祭り（レバノン、ベイルートとベッカー渓谷）**P.207**
■ラクダレース（アラブ首長国連邦アブダビ）**P.210–211**
■オオコウモリの大移動（ザンビア、カサンカ国立公園）**P.212**
■野の花の観賞（南アフリカ共和国西ケープ州と北ケープ州）**P.213**
■秋の婚礼シーズン（インド、ラージャスターン州）**P.216**
■ケララ州でサイクリング（インド）**P.217**
■ジャイアントパンダの観察（中国、四川省成都）**P.218**
■上海蟹料理（中国）**P.219**
■北海道の国立公園をハイキング（日本）**P.220**
■満開のバニラの花（フランス領ポリネシア、ソシエテ諸島）**P.227**

冬

■12月5日　聖ミクラーシュの日（チェコ、プラハ）**P.293**
■12月21・22日　ニューグレンジで迎える冬至（アイルランド、ボイン渓谷）**P.276**
■12月26日と1月1日　ジャンカヌー（バハマ、ナッソー）**P.250–251**
■11月～1月上旬　クリスマス・アット・ビルトモア（米国ノースカロライナ州アッシュビル）**P.248**
■11月～1月上旬　ホリデーシーズンのニューヨーク（米国ニューヨーク州）**P.242–245**
■11月下旬～1月上旬　シンガポールのクリスマス（東南アジア）**P.302**
■12月31日　ファーストナイト（米国マサチューセッツ州ボストン）**P.241**
■1月5日～2月上旬　国際氷雪祭り（中国、黒竜江省ハルビン）**P.300**
■1月下旬～2月中旬　ウィンターカーニバル（カナダ、ケベックシティー）**P.240**
■2月または3月上旬（灰の水曜日までの12日間）　カルネバーレ（イタリア、ベネチア）**P.290–291**
■2月上旬　聖母カンデラリア祭（ペルー、プーノ）P266
■2月上旬～中旬　タパティ・ラパ・ヌイ（イースター島）**P.272–273**
■2月中旬　サウティ・ザ・ブサラ（タンザニア、ザンジバル島ストーン・タウン）**P.296**
■2月下旬～3月上旬　レモン祭り（フランス、マントン）**P.288**
■3月第1土曜日　アイディタロット犬ぞりレース（米国アラスカ州アンカレジ）**P.230**

冬におすすめの旅先とアクティビティー

■ウィスラーでスキー（カナダ）**P.231**
■ヨセミテ国立公園（米国カリフォルニア州）**P.234–237**
■ネイティブ・トレイルズ・フェスティバル（米国アリゾナ州スコッツデール）**P.238–239**
■マナティ観察（米国フロリダ州ブルー・スプリング州立公園）**P.249**
■エルーセラ島（バハマ）**P.252–253**
■野球のウィンターリーグ（ドミニカ共和国）**P.254**
■チアパス（メキシコ）**P.255**
■オオカバマダラ生物圏保護区（メキシコ、メキシコシティー）**P.256–257**
■ケツァール（カザリキヌバネドリ）観察（コスタリカ）**P.258**
■カルタヘナ（コロンビア）**P.259**
■リオデジャネイロ（ブラジル）**P.260–263**
■パンパでロデオ（アルゼンチン／チリ／ウルグアイ）**P.265**
■ワイン収穫祭（アルゼンチン、メンドサ）**P.268-271**
■パタゴニア（チリ／アルゼンチン）**P.274–275**
■エクスムーア国立公園で星を観察（英国イングランド）**P.277**
■ロンドン（英国イングランド）**P.278–281**
■ラップランドで犬ぞり体験（スウェーデン）**P.282**
■サウナ（フィンランド）**P.283**
■オーロラ観賞（ノルウェー）**P.286**
■バイカル湖（ロシア）**P.287**
■トリュフ狩り（フランス、ペリゴール地方）**P.289**
■アーモンドの花の観賞（スペイン、マヨルカ島）**P.292**
■ベンゲラ島のビーチ（モザンビーク）**P.297**
■セレンゲティの動物大移動（ケニア／タンザニア）**P.298–299**
■チャーン島（タイ）**P.301**
■ゴールド・コーストでサーフィン（オーストラリア）**P.303**
■南極半島（南極大陸）**P.306–307**
■マールボロ・サウンズをハイキング（ニュージーランド）**P.308**
■ペンギン観察（南極大陸）**P.309**

索引

■カ行

■ハ行

■マ行

写真クレジット

2-3, Michael Melford/NG Stock; 4, LOOK Die Bildagentur der Fotografen GmbH/Alamy; 6, Giovanni Simeone/SIME; 10-11, TAKASHI SATO/amanaimages/Corbis; 12, littleny/Shutterstock; 13, Dr. W. B. Karesh; 14, Don Johnston/All Canada Photos/Getty Images; 15, Will Van Overbeek/NG Stock; 16-7, William Manning/Corbis; 18, Randy Harris/Redux; 19, Amy Harris/Corbis; 20-21, ZUMA Wire Service/Alamy; 22, Robert F. Sisson/NG Stock; 23, Greg Von Doersten/Aurora/Getty Images; 24, Christy Massie/Courtesy of visit charlottesville.org; 25, Andrew Davis Tucker/Staff/the Augusta Chronicle/ZUMAPRESS. com/Alamy; 26-7, Visuals Unlimited, Inc./Adam Jones/Getty Images; 28, Vilainecrevette/Alamy; 29, Wildroze/iStockphoto; 30, Alison Langley/Aurora/Getty Images; 31, THALIA WATMOUGH/aliki image library/Alamy; 33, Hemis/Alamy; 34, Frans Lemmens/Hollandse Hoogte/Redux; 35, Owen Franken/Corbis; 36-7, holgs/iStockphoto.com; 38, AP Images/John Cogill; 39, Jim Richardson/NG Stock; 41, Stuart Monk/Alamy; 42, Paul van Riel/Hollandse Hoogte/Redux; 43, VALERIE KUYPERS/AFP/Getty Images; 44, Andy Rouse/naturepl.com; 45, O.DIGOIT/Alamy; 46, JTB MEDIA CREATION, Inc./Alamy; 47, CW Images/Alamy; 48, Bruno De Hogues/Getty Images; 49, PCN/Corbis; 51, Bon Appetit/Alamy; 52, Nigel Dickinson; 53, Luca da Ros/Grand Tour/Corbis; 54, Sandra Raccanello/SIME; 55, Massimo Ripani/SIME; 56, Craig Oesterling/NG My Shot; 57, Zoltan Nagy/SIME; 58-9, Owen Franken/Corbis; 60, Peter Turnley/Corbis; 61, imagebroker/Alamy; 62, Günter Gräfenhain/Huber/SIME; 63, Borderlands/Alamy; 64-5, Matt Moyer/NG Stock; 66, Bertrand Rieger/Hemis/Corbis; 67, Anders Ryman/Corbis; 69, Terry Eggers/Corbis; 70, Neil_Burton/iStockphoto; 71, Günter Gräfenhain/Huber/SIME; 72-3, KAMAL KISHORE/Reuters/Corbis; 74-5, kiyanochka/iStockphoto; 76, Orient/Huber/SIME; 77, JTB MEDIA CREATION, Inc./Alamy; 78-9, Richard Taylor/4Corners/SIME; 80, Ugur OKUCU/Shutterstock; 81, Sasha Webb; 82, Mark Conlin/Getty Images; 83, Alaska Stock LLC/NG Stock; 84, Danita Delimont/Alamy; 85, Barrett Hedges/NG Stock; 87, WaterFrame/Alamy; 88, Steve Estvanik/Shutterstock.com; 89, Joel W. Rogers/Corbis; 90-91, Danita Delimont/Alamy; 92-3, Rich Reid/NG Stock; 94, David McNew/Getty Images; 95, AP Images/the Record-Eagle, Keith King; 97, BARBARA GINDL/epa/Corbis; 98, Marvin Dembinsky Photo Associates/Alamy; 99, Yves Marcoux/Getty Images; 100-101, Matt Currier Photography; 102, AJ Wilhelm/NG Stock; 103, Hemis/Alamy; 105, Buddy Mays/Alamy; 106-107, Medford Taylor/NG Stock; 108, Christian Heeb/laif/Redux; 109, Carolyn Brown/Photo Researchers/Getty Images; 110, Hemis/Alamy; 111, imagebroker/Alamy; 112-13, Keren Su/China Span/Alamy; 114, Ralph Lee Hopkins/NG Stock; 115, diddi@diddisig.is/Flickr/Getty Images; 117, Frans Lanting/NG Stock; 118, Marco Secchi/Alamy; 119, nagelestock.com/Alamy; 120, AdamEdwards/Shutterstock; 121, Jeff J Mitchell/Getty Images; 123, Gail Mooney/Corbis; 124, Pietro Canali/4Corners/SIME; 125, Albert Moldvay/NG Stock; 126-7, Ralph Lee Hopkins/NG Stock; 128, BOISVIEUX Christophe/hemis.fr/Getty Images; 129, Massimo Ripani/SIME; 130, Peter Essick/NG Stock; 131, Richard Manin/Hemis/Corbis; 132-3, Belenos/Huber/SIME; 134, Richard Taylor/4Corners/SIME; 135, mediacolor's/Alamy; 136, Massimo Borchi/SIME; 137, Grant Rooney/Alamy; 139, Jens Schwarz/laif/Redux; 140-41, David Noton Photography/Alamy; 142, Sabine Lubenow/Getty Images; 143, Richard Du Toit/Minden Pictures/NG Stock; 144-5, Chris Bolin/First Light/Getty Images; 146, Guenter Guni/iStockphoto; 147, Frans Lanting/NG Stock; 148, Monica Gumm/laif/Redux Pictures; 149, Justin Foulkes/4Corners/SIME; 150, Van Berge, Alexander/the food passionates/Corbis; 151, Michael Melford/NG Stock; 152, Bruno Morandi/Getty Images; 153, Walter Bibikow/Getty Images; 154, amana images inc./Alamy; 155, Rothenborg Kyle/Getty Images; 156-7, Fred Bavendam/Minden Pictures/NG Stock; 158, Peter Walton Photography/Getty Images; 159, Photograph by David Messent/Getty Images; 160, David Wall/Alamy; 161, Doug Pearson/JAI/Corbis; 162-3, Giovanni Simeone/SIME; 164, Inga Spence/Alamy; 165, Jodi Cobb/NG Stock; 166-7, P Robin Moeller/iStockphoto.com; 168, Blaine Harrington III/Corbis; 169, Rolf Nussbaumer Photography/Alamy; 170-1, Paul Nicklen/NG Stock; 172, Allen Fredrickson/Icon SMI/Corbis; 173, Kevin R. Morris/Corbis; 174-5, H. Mark Weidman Photography/Alamy; 176, Doug Wilson/Alamy; 177, Pete Ryan/NG Stock; 179, Martin Thomas Photography/Alamy; 180, Chris Murray/Aurora/Getty Images; 181, Tyler Nordgren; 182-3, Michael Melford/NG Stock; 184-5, Bill O'Leary/the Washington Post via Getty Images; 186, Corbis; 187, Reinhard Dirscherl/Alamy; 188, AP Images/Marco Ugarte; 189, Dordo Brnobic/NG My Shot; 190, Sebastian Giacobone/Shutterstock; 191, Michael & Jennifer Lewis/NG Stock; 192, Dave Donaldson/Alamy; 193, Benoit Jacquelin/iStockphoto; 195, Cephas Picture Library/Alamy; 196, John Miller/Robert Harding World Imagery/Corbis; 197, Heiko Specht/laif/Redux; 198, Intrepix/Shutterstock.com; 199, CAMERA PRESS/Sergey Pyatakov/RIA Novosti/Redux; 200, Greg Dale/NG Stock; 201, Reinhard Schmid/Huber/SIME; 203, oktoberfestbrisbane.com.au; 204, imagebroker.net/SuperStock; 205, ARCO/C Bömke/age fotostock; 206, KIKETXO/Shutterstock; 207, Guido Cozzi/SIME; 208, Reinhard Schmid/Huber/SIME; 209, Yonatan Sindel/Flash90/Redux; 210-211, Dave Yoder; 212, NHPA/SuperStock; 213, Danita Delimont/Gallo Images/Getty Images; 215, Francois Lacasse/NHLI via Getty Images; 216, Huw Jones/4Corners/SIME; 217, Danita Delimont/Getty Images; 218, Alfred Cheng Jin/Reuters/Corbis; 219, imagebroker/Alamy; 220, Michael Yamashita/NG Stock; 221, PONGMANAT TASIRI/epa/Corbis; 223, Travelasia/Asia Images/Corbis; 224-5, Joseph J. Hobbs; 226, Dave Stamboulis/Alamy; 227, Michael Leach/Getty Images; 228-9, Roy Samuelsen/NG My Shot; 230, Alaska Photography/Flickr/Getty Images; 231, Rolf Hicker/All Canada Photos/Getty Images; 233, Joe McBride/Getty Images; 234, Chao Kusollerschariya/NG My Shot; 235, Diane Cook & Len Jenshel/Corbis; 236, Bill Hatcher/NG Stock; 237, Michael Rubin/iStockphoto; 238-9, Jeffrey Noble/Photo of Derrick Suwaima Davis (Hopi/Choctaw), six-time World Hoop Dance Champion/Courtesy of Scottsdale Convention & Visitors Bureau; 240, Nik Wheeler/Corbis; 241, Evan Richman/the Boston Globe via Getty Images; 242, Patrick Batchelder/Alamy; 243, Irek/4Corners/SIME; 244, Michael S. Yamashita/NG Stock; 245, Cora/Bildagentur Schapowalow/SIME; 247, STR/AFP/Getty Images; 248, Used with permission from The Biltmore Company, Asheville, North Carolina; 249, Doug Perrine/Getty Images; 250-51, Shane Pinder/Alamy; 252-3, Günter Gräfenhain/Huber/SIME; 254, Orlando Barria/epa/Corbis; 255, Kenneth Garrett/NG Stock; 256-7, Medford Taylor/NG Stock; 258, Konrad Wothe/Minden Pictures/NG Stock; 259, Mike Theiss/NG Stock; 260, Raymond Choo/NG My Shot; 261, John Stanmeyer LLC/NG Stock; 262, Giordano Cipriani/SIME; 263, Catarina Belova/Shutterstock.com; 265, Bernd Römmelt/Huber/SIME; 266, Travelscape Images/Alamy; 267, O. Louis Mazzatenta/NG Stock; 268, Michael S. Lewis/NG Stock; 269, Yadid Levy/Photolibrary/Getty Images; 270, Yadid Levy/Anzenberger/Redux Pictures; 271, Eduardo Longoni/Corbis; 272-3, Horizons WWP/Alamy; 274-5, Frank Lukasseck/Corbis; 276, DEA/G. DAGLI ORT/Getty Images; 277, Press Association via AP Images; 278, Colin Dutton/SIME; 279, John Lamb/Getty Images; 280-81, Massimo Ripani/Grand Tour/Corbis; 282, Massimo Borchi/SIME; 283, Gregor Lengler/laif/Redux; 285, Anna Watson/Corbis; 286, Rune Rormyr/NG My Shot; 287, Stefan Volk/laif/Redux; 288, Emportes Jm/Getty Images; 289, Berthold Steinhilber/laif/Redux; 290-91, Guido Cozzi/SIME; 292, Martin Siepmann/imagebroker/Corbis; 293, Kajano/Shutterstock; 295, Lew Robertson/Getty Images; 296, Mandy Glinsbockel/Demotix/Corbis; 297, Guido Cozzi/SIME; 298, Allen Woodman/NG My Shot; 299, Eric Isselee/Shutterstock; 300, Imaginechina/Corbis; 301, Otto Stadler/Huber/SIME; 302, LOOK Die Bildagentur der Fotografen GmbH/Alamy; 303, Blaine Harrington III/Corbis; 305, HP Huber/Huber/SIME; 306-307, John Eastcott and Yva Momatiuk/NG Stock; 306, DJ Spooky; 308, Paul Abbitt rf/Alamy; 309, Tui De Roy/Minden Pictures/NG Stock.

■カバー写真

表：春のオランダはチューリップが美しい。
Jaap Hart/Getty Images
裏：チェコの首都プラハの旧市街広場は、12月になるとクリスマスマーケットが開かれる。
Aflo

FOUR SEASONS OF TRAVEL
400 of the World's best destinations
in Winter, Spring, Summer, and Fall

Published by the National Geographic Society
John M. Fahey, Chairman of the Board and Chief Executive Officer
Declan Moore, Executive Vice President; President, Publishing and Travel
Melina Gerosa Bellows, Executive Vice President; Chief Creative Officer, Books, Kids, and Family
Lynn Cutter, Executive Vice President, Travel
Keith Bellows, Senior Vice President and Editor in Chief, National Geographic Travel Media

Prepared by the Book Division
Hector Sierra, Senior Vice President and General Manager
Janet Goldstein, Senior Vice President and Editorial Director
Jonathan Halling, Design Director, Books and Children's Publishing
Marianne R. Koszorus, Design Director, Books
Barbara A. Noe, Senior Editor, National Geographic Travel Books
R. Gary Colbert, Production Director
Jennifer A. Thornton, Director of Managing Editorial
Susan S. Blair, Director of Photography
Meredith C. Wilcox, Director, Administration and Rights Clearance

Staff for This Book
Lawrence M. Porges, Editor
Carol Clurman, Project Editor
Elisa Gibson, Art Director
Nancy Marion, Illustrations Editor
Jennifer Pocock, Rhett Register, Researchers
Carl Mehler, Director of Maps
XNR Productions, Map Research and Production
Mark Baker, Larry Bleiberg, Karen Carmichael, Maryellen Duckett, Olivia Garnett, Adam Graham, Jeremy Gray, Graeme Green, Rachael Jackson, Tim Jepson, Justin Kavanagh, Margaret Loftus, Michael Luongo, Jenna Makowski, Barbara A. Noe, Christine O'Toole, Gabrielle Piccininni, Ed Readicker-Henderson, Emma Rowley, Jenna Schnuer, Kelsey Snell, Olivia Stren, Phil Trupp, Joe Yogerst, Contributing Writers
Marshall Kiker, Associate Managing Editor
Judith Klein, Production Editor
Mike Horenstein, Production Manager
Galen Young, Rights Clearance Specialist
Katie Olsen, Production Design Assistant
Sarah Alban, Danielle Fisher, Jane Plegge, Marlena Serviss, Contributors

Production Services
Phillip L. Schlosser, Senior Vice President
Chris Brown, Vice President, NG Book Manufacturing
George Bounelis, Vice President, Production Services
Nicole Elliott, Manager
Rachel Faulise, Manager
Robert L. Barr, Manager

ナショナル ジオグラフィック協会は、米国ワシントンD.C.に本部を置く、世界有数の非営利の科学・教育団体です。

1888年に「地理知識の普及と振興」をめざして設立されて以来、1万件以上の研究調査・探検プロジェクトを支援し、「地球」の姿を世界の人々に紹介しています。

ナショナル ジオグラフィック協会は、世界の41言語で発行される月刊誌「ナショナル ジオグラフィック」のほか、雑誌や書籍、テレビ番組、インターネット、地図、さらにさまざまな教育・研究調査・探検プロジェクトを通じて、世界の人々の相互理解や地球環境の保全に取り組んでいます。日本では、日経ナショナル ジオグラフィック社を設立し、1995年4月に創刊した「ナショナル ジオグラフィック日本版」をはじめ、DVD、書籍などを発行しています。

ナショナル ジオグラフィック日本版のホームページ
nationalgeographic.jp
ナショナル ジオグラフィック日本版のホームページでは、音声、画像、映像など多彩なコンテンツによって、「地球の今」を皆様にお届けしています。

一生に一度だけの旅 discover
世界の四季　ベストシーズンを楽しむ

2014年11月18日　第1版1刷

著者　マーク・ベイカー他
訳者　藤井 留美
編集　武内 太一　長友 真理
装丁　Concent, inc.(チュウジョウタカアキ　中村 友紀子)
制作　朝日メディアインターナショナル

発行者　伊藤 達生
発行　日経ナショナル ジオグラフィック社
〒108-8646　東京都港区白金1-17-3
発売　日経BPマーケティング
印刷・製本　日経印刷

ISBN978-4-86313-297-9
Printed in Japan

本書の編集にあたっては最新の正確な情報の掲載に努めていますが、詳細は変更になっていることがありますので、旅行前にご確認ください。また、一部にはテロや紛争などの危険性が高い地域も含まれます。外務省の渡航関連情報などを参考に、計画を立てることをお勧めします。